UML 2
par la pratique

Études de cas et exercices corrigés

DU MÊME AUTEUR

P. Roques, F. Vallée. – **UML 2 en action**. *De l'analyse des besoins à la conception J2EE.*
N°11462, 3e édition, 2004, 380 pages + poster (collection Architecte logiciel).

P. Roques. – **UML – Modéliser un site e-commerce.**
N°11070, 2002, 180 pages (collection Cahiers du programmeur).

CHEZ LE MÊME ÉDITEUR

Modélisation objet – UML

H. Bersini, I. Wellesz. – **L'orienté objet**. *Cours et exercices en UML 2 avec Java, Python, C# et C++*
N°11538, 2004, 520 pages (collection Noire)

B. Meyer. – **Conception et programmation orientées objet**.
N°9111, 2000, 1223 pages.

P.-A. Muller, N. Gaertner. – **Modélisation objet avec UML**.
N°11397, 2e édition, 2000, 532 pages (format semi-poche).

G. Booch, J. Rumbaugh, I. Jacobson. – **Le guide de l'utilisateur UML**. Collection *Technologies objet/Référence.*
N°9103, 2000, 552 pages.

C. Soutou. – **De UML à SQL**. *Conception de bases de données.*
N°11098, mai 2002, 450 pages.

Processus de développement

J.-L. Bénard, L. Bossavit , R.Médina , D. Williams. – **L'Extreme Programming, avec deux études de cas.**
N°11051, 2002, 300 pages.

A. Shalloway. – **Design patterns par la pratique**.
N°11139, 2002, 278 pages.

A. Cockburn. – **Rédiger des cas d'utilisation efficaces**.
N°9288, 2001, 320 pages.

I. Jacobson, G. Booch, J.Rumbaugh. – **Le processus unifié de développement logiciel**.
N°9142, 2000, 510 pages.

Autres

E. Puybaret. **Premières applications avec Java.**
N°11478, 2004, 320 pages (collection Cahiers du programmeur)

S. Mariel – **PHP 5.** *PHP objet et XML.*
N°11234, 2004, 288 pages.

Pascal Roques

UML 2 par la pratique

Études de cas et exercices corrigés

EYROLLES

ÉDITIONS EYROLLES
61, bd Saint-Germain
75240 Paris Cedex 05
www.editions-eyrolles.com

Cet ouvrage est la troisième édition, avec mise à jour et titre actualisé,
de l'ouvrage de Pascal Roques paru à l'origine sous le titre UML par la pratique
(ISBN : 2-212-09280-6 pour la première édition et 2-212-11246-7 pour la deuxième édition).

A est un bon modèle de B si A permet de répondre de façon satisfaisante à des questions prédéfinies sur B.

Douglas. T. Ross

La différence entre la théorie et la pratique, c'est qu'en théorie, il n'y a pas de différence entre la théorie et la pratique, mais qu'en pratique, il y en a une.

Jan van de Sneptscheut

Depuis des temps très anciens, les hommes ont cherché un langage à la fois universel et synthétique, et leurs recherches les ont amenés à découvrir des images, des symboles qui expriment, en les réduisant à l'essentiel, les réalités les plus riches et les plus complexes.

Les images, les symboles parlent, ils ont un langage.

O.M. Aïvanhov

tieusement commentés. Le caractère unique de ce livre réside dans la mise par écrit de commentaires essentiels, qui visent à expliquer un choix de modélisation et qui, généralement, ne sont donnés que par oral sur le « terrain ». Le lecteur pourra ainsi revenir à loisir sur ce qui lui fait souvent défaut, par exemple la justification de l'emploi de tel ou tel trait syntaxique plutôt qu'un autre pour représenter une idée particulière. La mise en parallèle de solutions « alternatives » permet également de comprendre les avantages d'une modélisation sur une autre et la précision sémantique apportée par la solution choisie.

C'est toute la puissance d'expression d'UML et la complétude de sa syntaxe qui sont démontrées par l'exemple dans cet ouvrage pragmatique et très accessible, que le lecteur, j'en suis certain, prendra plaisir comme moi à lire d'un bout à l'autre. Je me permets cependant de recommander de bien réaliser les exercices complémentaires, excellents travaux pratiques, mais aussi remarquables tests d'auto-évaluation. En couvrant tous les aspects de l'analyse et de la conception orientée objets, Pascal Roques illustre et explique les variations possibles dans l'usage d'UML pour chacune de ces étapes.

En tant que responsable de la définition de l'offre formation chez Valtech, j'ai souvent eu beaucoup de difficulté à recommander un livre qui serait un bon complément à nos formations à la modélisation objet avec UML. Merci Pascal, grâce à la qualité pédagogique de ton livre, *UML par la pratique*, cette tâche est aujourd'hui considérablement plus simple…

Gaël Renault

Directeur technique et pédagogique

Valtech Training

Sommaire

PARTIE II – POINT DE VUE STATIQUE

PARTIE III – POINT DE VUE DYNAMIQUE

PARTIE IV – ÉTUDES DE CAS

ANNEXES

Introduction

Objectifs du livre

Depuis quelques années, les ouvrages sur le langage UML et la modélisation objet se sont multipliés. *De Merise à UML*[1], *De UML à SQL*[2], *Bases de données avec UML*[3], etc. représentent autant de sujets intéressants pour les professionnels de l'informatique.

Cependant, ma pratique de la formation (plus d'un millier de personnes formées à OMT, puis UML, depuis 1993…) m'a convaincu qu'il existe encore un besoin qui n'est pas couvert par la multitude d'ouvrages disponibles actuellement : un livre d'exercices corrigés. Je consacre en effet de plus en plus de temps pendant les sessions que j'anime à des séances de discussion avec les stagiaires sur les mérites comparés de telle ou telle solution de modélisation. Et je suis intimement persuadé que ces périodes d'interactivité sur des sujets concrets ont un impact bien plus durable pour eux que la présentation théorique des subtilités du formalisme UML !

Cela m'a amené à constituer une importante base de données d'exercices, tirés pour la plupart de formations, présentes ou passées, proposées par la société Valtech Training. Je me suis également inspiré des livres fondamentaux qui m'ont aidé personnellement dans mon approfondissement de ce sujet, en particulier celui de J. Rumbaugh sur OMT[4] (l'un des premiers à proposer des exercices après chaque chapitre de présentation) et le best-seller de C. Larman[5] sur l'analyse et la conception objet.

---

1. *De Merise à UML*, N. Kettani *et al.*, Eyrolles, 1998.
2. *De UML à SQL : Conception de bases de données,* C. Soutou, Eyrolles, 2002.
3. *Bases de données avec UML*, E. Naiburg, R. Maksimchuk, Campus Press, 2002.
4. *Object-Oriented Modeling and Design*, J. Rumbaugh *et al.*, Prentice Hall, 1991.
5. *Applying UML and Patterns*, C. Larman, Prentice Hall, 1997. La deuxième édition de cet ouvrage a été traduite en français : *UML et les Design Patterns*, Campus Press, 2003.

C'est ce matériel pédagogique, fondé sur des heures de discussions enrichissantes avec des stagiaires de tous horizons, que je voudrais partager aujourd'hui avec vous. Par leurs questions et leurs propositions, ils m'ont forcé à prendre en compte les points de vue les plus divers sur un même problème de modélisation, à améliorer mon argumentation et parfois à envisager de nouvelles solutions auxquelles je n'avais absolument pas pensé !

Il est à noter que cette troisième édition incorpore également un certain nombre de nouveautés issues de la version 2.0 d'UML, principalement dans les chapitres traitant des diagrammes dynamiques (5 et 6).

Cette nouvelle version n'est cependant pas encore officiellement adoptée par l'OMG, nous nous sommes donc appuyés sur les documents de travail existants[6]. Pour cette raison, nous n'avons pu être vraiment assistés par les outils de modélisation du marché qui n'incorporent pas encore les spécificités UML 2 (bientôt ?).

STRUCTURE DE L'OUVRAGE

Pour ne pas mélanger les problèmes, le livre est découpé suivant les trois points de vue classiques de modélisation : fonctionnel, statique et dynamique, en insistant pour chacun sur le ou les diagrammes UML prépondérants.

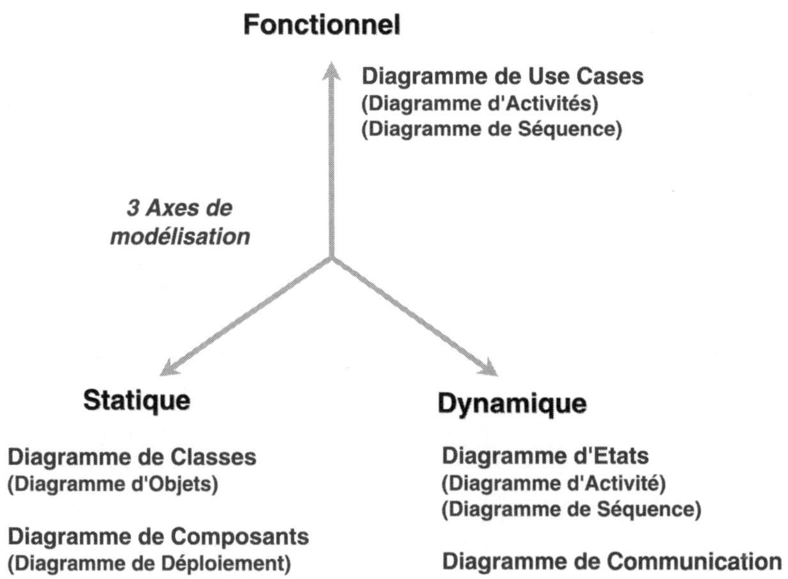

6. Le document le plus récent utilisable lors de cette troisième édition a été le « 03-08-02.pdf » téléchargeable sur le site de l'OMG (www.uml.org). Il s'agit de « UML Superstructure Spécification » (*Final Adopted Specification*).

Les trois premières parties du livre correspondent donc chacune à un point de vue de modélisation. Pour chaque partie, une étude de cas principale, spécifique, sert de premier chapitre. Avant l'étude de cas, on trouve un rappel des principales définitions utilisées dans la partie concernée. Des exercices complémentaires et un récapitulatif des conseils méthodologiques se trouvent dans un deuxième chapitre.

La quatrième partie contient deux études de cas, dont une complète. Cette étude de cas très détaillée prend bien sûr en compte les trois points de vue précités, mais couvre également en amont la modélisation métier, et en aval la programmation en Java et C# !

Une table des matières condensée est donnée ci-après.

CONVENTIONS TYPOGRAPHIQUES

Pour apporter plus de clarté dans la lecture de ce livre, les exercices et les solutions sont mis en évidence par des polices de caractères et des symboles graphiques différents de la façon suivante :

EXERCICE 1-1.
Les acteurs

Identifiez les acteurs du GAB.

Solution

Quelles sont les entités externes qui interagissent directement avec le GAB ?

Considérons linéairement les phrases de l'énoncé.

Pour guider un peu plus le lecteur, les questions ont un niveau de difficulté évalué de un à quatre, et représenté graphiquement :

question facile,

question moyenne,

question assez difficile mettant en jeu des concepts UML avancés,

question difficile nécessitant une argumentation complexe.

De façon ponctuelle, pour rompre la monotonie du texte, j'ai également utilisé des encadrés « À retenir » pour isoler une note sur une question d'un niveau avancé :

À retenir

REPRÉSENTATIONS GRAPHIQUES D'UN ACTEUR

La représentation graphique standard de l'acteur en UML est l'icône appelée « stick man », avec le nom de l'acteur sous le dessin. On peut également montrer un acteur sous la forme rectangulaire d'une classe, avec le mot-clé `<<actor>>`. Une troisième représentation (intermédiaire entre les deux premières) est également possible, comme indiqué ci-après.

REMERCIEMENTS

Ce livre n'aurait pas pu voir le jour sans l'accord de la direction de la société Valtech Training, qui m'a autorisé à exploiter le matériel accumulé dans les différentes formations que j'ai pu dispenser sur UML.

Je tiens donc à remercier spécialement tous ceux qui ont participé au fil des années à l'élaboration des supports de cours UML Valtech puis Valtech Training[7], comme Pierre Chouvalidzé, Thibault Cuvillier, Michel Ezran, Patrick Le Go, Franck Vallée, Philippe Riaux, Philippe Dubosq, Yann Le Tanou, Françoise Caron, Christophe Addinquy, etc., sans oublier nos collègues américains, en particulier Craig Larman, Ken Howard et Chris Jones.

Je voudrais également remercier tous ceux dont les discussions, les remarques et les suggestions m'ont conduit à améliorer mon argumentation. Je pense tout d'abord à mes nombreux stagiaires (et la liste ne cesse de grossir !), ainsi qu'à mes correspondants lors de prestations de conseil sur l'introduction d'UML dans des projets de tous types.

Merci aussi à Éric Sulpice des Éditions Eyrolles pour son témoignage renouvelé de confiance et, surtout, qui a su me motiver en me proposant de réaliser ce livre d'exercices corrigés. Un grand bravo également à l'équipe des éditrices : Muriel, Sophie et Anne qui ont contribué notablement à la réussite de ce projet.

Enfin, un grand merci à Sylvie qui m'aporte l'équilibre sans lequel je ne pourrais pas continuer à avancer…

À retenir

7. L'activité de formation de Valtech a été filialisée fin 2002 pour donner naissance à la société Valtech Training.

Chapitre 1

Modélisation fonctionnelle

Mots-clés

■ Acteur ■ Contexte statique ■ Cas d'utilisation ■ Acteur principal, acteur secondaire ■ Diagramme de cas d'utilisation ■ Scénario, enchaînement ■ Fiche de description d'un cas d'utilisation ■ Diagramme de séquence système ■ Diagramme d'activité ■ Inclusion, extension et généralisation de cas d'utilisation ■ Généralisation/spécialisation d'acteurs ■ Package de cas d'utilisation.

Ce chapitre va nous permettre d'illustrer pas à pas, sur une première étude de cas, les principales difficultés liées à la mise en œuvre de la technique des cas d'utilisation.

Après avoir identifié les acteurs qui interagissent avec le système, nous y développons un premier modèle UML de haut niveau, pour pouvoir établir précisément les frontières du système. Dans cette optique, nous apprenons à identifier les cas d'utilisation et à construire un diagramme de cas d'utilisation reliant les acteurs et les cas d'utilisation. Ensuite, nous précisons le point de vue fonctionnel en détaillant les différentes façons dont les acteurs peuvent utiliser le système. À cet effet, nous apprenons à rédiger des descriptions textuelles de cas d'utilisation, ainsi qu'à dessiner des diagrammes UML complémentaires (comme les diagrammes de séquence ou d'activité).

PRINCIPES ET DÉFINITIONS DE BASE

ACTEUR

Un acteur représente un rôle joué par une entité externe (utilisateur humain, dispositif matériel ou autre système) qui interagit directement avec le système étudié.

Un acteur peut consulter et/ou modifier directement l'état du système, en émettant et/ou en recevant des messages susceptibles d'être porteurs de données.

Comment les identifier ?

Les acteurs candidats sont systématiquement :

- les utilisateurs humains directs : faites donc en sorte d'identifier tous les profils possibles, sans oublier l'administrateur, l'opérateur de maintenance, etc. ;
- les autres systèmes connexes qui interagissent aussi directement avec le système étudié, souvent par le biais de protocoles bidirectionnels.

Comment les représenter ?

La représentation graphique standard de l'acteur en UML est l'icône appelée *stick man*, avec le nom de l'acteur sous le dessin. On peut également figurer un acteur sous la forme rectangulaire d'une classe, avec le mot-clé `<<actor>>`. Une troisième représentation (intermédiaire entre les deux premières) est également possible, comme cela est indiqué ci-après.

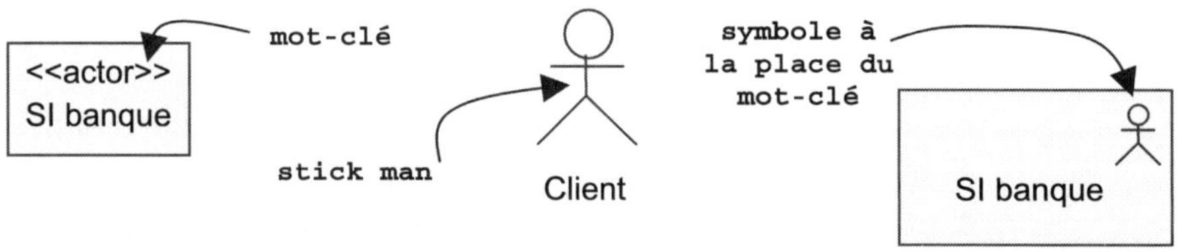

Figure 1-1. *Représentations graphiques possibles d'un acteur*

Une bonne recommandation consiste à faire prévaloir l'utilisation de la forme graphique du *stick man* pour les acteurs humains et une représentation rectangulaire pour les systèmes connectés.

CAS D'UTILISATION

Un *cas d'utilisation* (« use case ») représente un ensemble de séquences d'actions qui sont réalisées par le système et qui produisent un résultat observable intéressant pour un acteur particulier.

Chaque cas d'utilisation spécifie un comportement attendu du système considéré comme un tout, sans imposer le mode de réalisation de ce comportement. Il permet de décrire *ce que* le futur système devra faire, sans spécifier *comment* il le fera.

Comment les identifier ?

L'objectif est le suivant : l'ensemble des cas d'utilisation doit décrire exhaustivement les exigences fonctionnelles du système. Chaque cas d'utilisation correspond donc à une fonction métier du système, selon le point de vue d'un de ses acteurs.

Pour chaque acteur, il convient de :

- rechercher les différentes intentions métier avec lesquelles il utilise le système,
- déterminer dans le cahier des charges les services fonctionnels attendus du système.

Nommez les cas d'utilisation par un verbe à l'infinitif suivi d'un complément, du point de vue de l'acteur.

Comment les analyser ?

Pour détailler la dynamique du cas d'utilisation, la procédure la plus évidente consiste à recenser de façon textuelle toutes les interactions entre les acteurs et le système. Le cas d'utilisation doit avoir un début et une fin clairement identifiés. Il faut également préciser les variantes possibles, telles que les différents cas nominaux, les cas alternatifs, les cas d'erreurs, tout en essayant d'ordonner séquentiellement les descriptions, afin d'améliorer leur lisibilité.

Comment les représenter ?

Le diagramme de cas d'utilisation est un schéma qui montre les cas d'utilisation (ovales) reliés par des associations (lignes) à leurs acteurs (icône du « stick man », ou représentation graphique équivalente). Chaque association signifie simplement « participe à ». Un cas d'utilisation doit être relié à au moins un acteur.

Figure 1-2.
Diagramme de cas d'utilisation

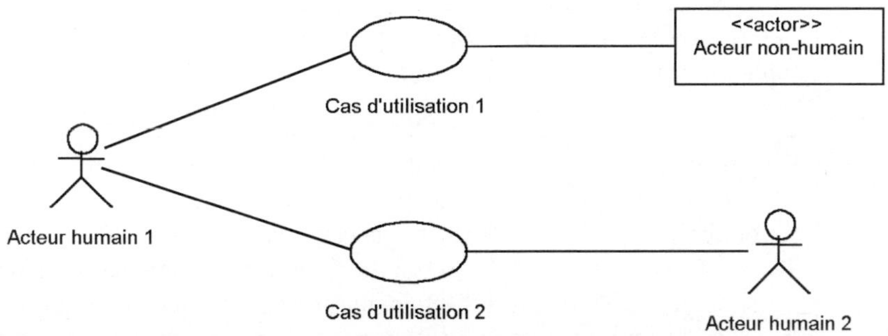

Une fois les cas d'utilisation identifiés, il faut encore les décrire !

SCÉNARIO

Un *scénario* représente une succession particulière d'enchaînements, s'exécutant du début à la fin du cas d'utilisation, un *enchaînement* étant l'unité de description de séquences d'actions. Un cas d'utilisation contient en général un scénario nominal et plusieurs scénarios alternatifs (qui se terminent de façon normale) ou d'erreur (qui se terminent en échec).

On peut d'ailleurs proposer une définition différente pour un cas d'utilisation : « ensemble de scénarios d'utilisation d'un système reliés par un but commun du point de vue d'un utilisateur ».

Figure 1-3. *Représentation des scénarios d'un cas d'utilisation*

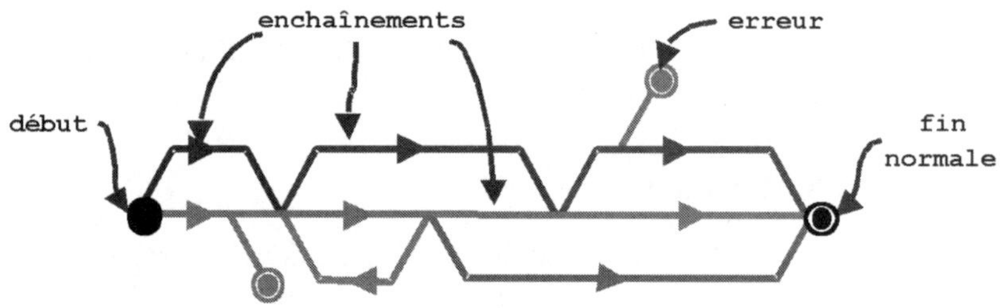

EN PRATIQUE...

La fiche de description textuelle d'un cas d'utilisation n'est pas normalisée par UML. Nous préconisons pour notre part la structuration suivante :

Sommaire d'identification (obligatoire)	Inclut titre, résumé, dates de création et de modification, version, responsable, acteurs...
Description des scénarios (obligatoire)	Décrit le scénario nominal, les scénarios (ou enchaînements) alternatifs, les scénarios (ou enchaînements) d'erreur, mais aussi les préconditions et les postconditions.
Exigences non-fonctionnelles (optionnel)	Ajoute, si c'est pertinent, les informations suivantes : fréquence, volumétrie, disponibilité, fiabilité, intégrité, confidentialité, performances, concurrence, etc. Précise également les contraintes d'interface homme-machine comme des règles d'ergonomie, une charte graphique, etc.

ÉTUDE D'UN GUICHET AUTOMATIQUE DE BANQUE

Cette étude de cas concerne un système simplifié de Guichet Automatique de Banque (GAB). Le GAB offre les services suivants :

1. Distribution d'argent à tout porteur de carte de crédit, *via* un lecteur de carte et un distributeur de billets.
2. Consultation de solde de compte, dépôt en numéraire et dépôt de chèques pour les clients porteurs d'une carte de crédit de la banque adossée au GAB.

N'oubliez pas non plus que :

3. Toutes les transactions sont sécurisées.
4. Il est parfois nécessaire de recharger le distributeur, etc.

À partir de ces quatre phrases, nous allons progressivement :

- identifier les acteurs ;
- identifier les cas d'utilisation ;
- construire un diagramme de cas d'utilisation ;
- décrire textuellement les cas d'utilisation ;
- compléter les descriptions par des diagrammes dynamiques ;
- organiser et structurer les cas d'utilisation.

L'énoncé précédent est volontairement incomplet et imprécis, comme il en est dans les projets réels !!
Notez également que le problème et sa solution sont basés sur l'utilisation de cartes à puce dans le contexte des systèmes bancaires français. Si le GAB que vous avez l'habitude d'utiliser ne fonctionne pas exactement comme le nôtre, ce n'est pas très important. C'est surtout un pretexte pour vous montrer comment raisonner fonctionnellement avec les cas d'utilisation UML.

Étape 1 – Identification des acteurs du GAB

EXERCICE 1-1.
Les acteurs

Identifiez les acteurs du GAB.

Solution

Quelles sont les entités externes qui interagissent directement avec le GAB ?

Considérons linéairement les phrases de l'énoncé.

La phrase 1 nous permet d'identifier immédiatement un premier acteur évident : tout « Porteur de carte». Il pourra uniquement utiliser le GAB pour retirer de l'argent avec sa carte.

En revanche, attention : le lecteur de carte et le distributeur de billets font partie du GAB. Ils ne peuvent donc pas être considérés comme des acteurs ! Vous pouvez noter ici que l'identification des acteurs oblige à fixer précisément la frontière entre le système à l'étude et son environnement. Si nous restreignions l'étude au système de contrôle-commande des éléments physiques du GAB, le lecteur de carte et le distributeur de billets deviendraient alors des acteurs.

Autre piège : la carte bancaire elle-même est-elle un acteur ? La carte est bien externe au GAB, et elle interagit avec lui… Pourtant, nous ne recommandons pas de la répertorier en tant qu'acteur, car nous appliquons le principe suivant : éliminer autant que possible les acteurs « physiques » au profit des acteurs « logiques ». L'acteur est celui qui bénéficie de l'utilisation du système. C'est bien le porteur de carte qui retire de l'argent pour le dépenser ensuite, pas la carte !

La phrase 2 identifie des services supplémentaires qui ne sont proposés qu'aux clients de la banque porteurs d'une carte de crédit de cette dernière. Il s'agit donc d'un profil différent du précédent, que nous matérialisons par un deuxième acteur, appelé *Client banque*.

La phrase 3 nous incite à prendre en compte le fait que toutes les transactions sont sécurisées. Mais sécurisées par qui ? Il existe donc d'autres entités externes qui jouent le rôle de système d'autorisation et avec lesquelles le GAB communique directement. Une interview de l'expert métier est nécessaire, pour nous permettre d'identifier deux acteurs différents :

- le Système d'autorisation global Carte Bancaire, pour les transactions de retrait ;
- le Système d'information de la banque, pour autoriser toutes les transactions effectuées par un client avec sa carte de la banque, mais également pour accéder au solde des comptes.

Enfin, la phrase 4 nous rappelle qu'un GAB nécessite également des actions de maintenance, telles que le rechargement en billets du distributeur, la récupération des cartes avalées, etc. Ces actions de maintenance sont effectuées par un nouvel acteur, que nous appellerons pour simplifier : *Opérateur de maintenance*.

Plutôt que de répertorier simplement les acteurs textuellement, on peut réaliser un premier diagramme que nous appelons *diagramme de contexte statique*[1]. Il

1. Nous pourrions par exemple identifier un acteur supplémentaire appelé « Convoyeur », chargé spécifiquement de remplir la caisse du GAB.

suffit pour cela d'utiliser un diagramme de classes dans lequel chaque acteur est relié par une association à une classe centrale unique représentant le système, ce qui permet en outre de spécifier le nombre d'instances d'acteurs connectées au système à un moment donné.

Bien que ce diagramme ne fasse pas partie des diagrammes UML « officiels », nous l'avons très souvent trouvé utile dans notre expérience des projets réels.

EXERCICE 1-2. Diagramme de contexte statique

Élaborez le diagramme de contexte statique du GAB.

Solution

Le GAB est un système fondamentalement mono-utilisateur : à tout instant, il n'y a qu'une instance de chaque acteur (au maximum) connectée au système.

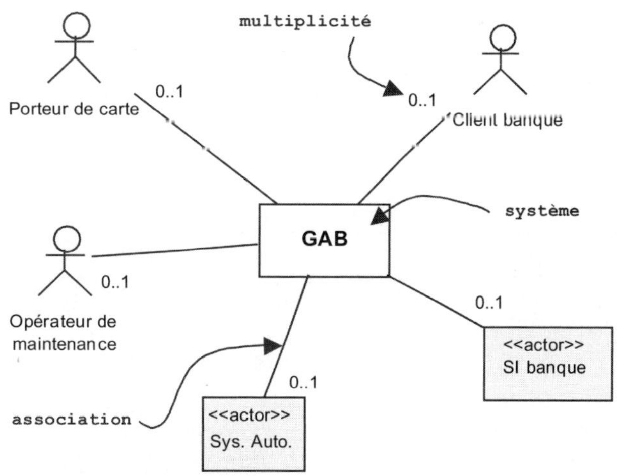

Figure 1-4. *Diagramme de contexte statique du GAB*

Il faudrait en toute rigueur ajouter une note graphique pour indiquer qu'en outre les acteurs humains *Client banque* et *Porteur de carte* sont mutuellement exclusifs, ce qui n'est pas implicite d'après les multiplicités des associations.

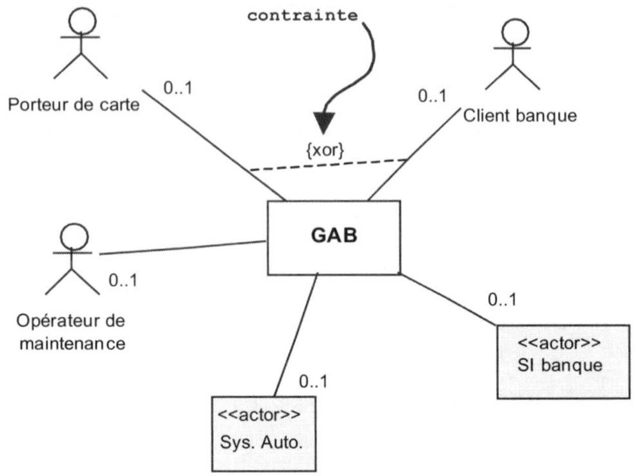

Figure 1-5.
Diagramme de contexte statique du GAB complété

Une autre solution, un peu plus élaborée, consiste à considérer que *Client banque* est une spécialisation de *Porteur de carte*, comme cela est illustré sur la figure suivante. Le problème précité d'exclusivité est ainsi résolu par construction, grâce à l'héritage entre acteurs.

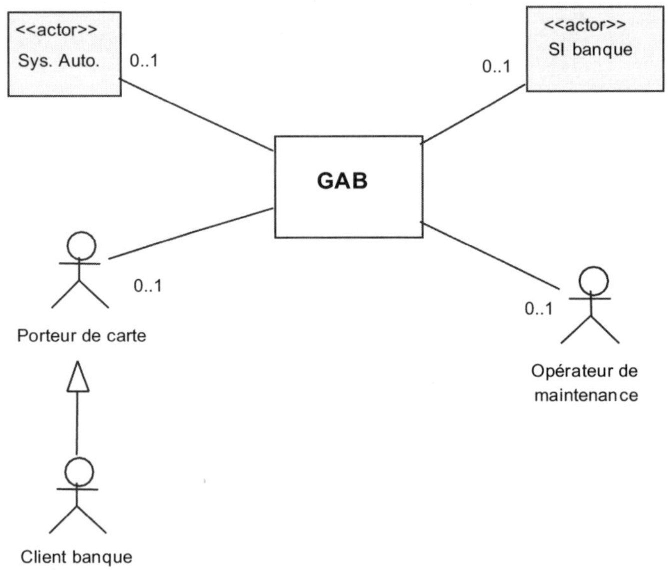

Figure 1-6.
Version plus élaborée du diagramme de contexte statique du GAB

Étape 2 – Identification des cas d'utilisation

EXERCICE 1-3.
Cas d'utilisation

Préparez une liste préliminaire des cas d'utilisation du GAB, par acteur.

Solution

Reprenons un à un les cinq acteurs et listons les différentes façons qu'ils ont d'utiliser le GAB :

Porteur de carte :

- Retirer de l'argent.

Client banque :

- Retirer de l'argent (à ne pas oublier !).
- Consulter le solde de son compte courant.
- Déposer du numéraire.
- Déposer des chèques.

Opérateur de maintenance :

- Recharger le distributeur.
- Récupérer les cartes avalées.
- Récupérer les chèques déposés.

Système d'autorisation (Sys. Auto.) :

- Néant.

Système d'information (SI) banque :

- Néant.

À retenir

ACTEUR PRINCIPAL OU SECONDAIRE

Contrairement à ce que l'on pourrait croire, tous les acteurs n'utilisent pas forcément le système ! Nous appelons acteur *principal* celui pour qui le cas d'utilisation produit un résultat observable. Par opposition, nous qualifions d'acteurs secondaires les autres participants du cas d'utilisation. Les acteurs secondaires sont souvent sollicités pour des informations complémentaires ; ils peuvent uniquement consulter ou informer le système lors de l'exécution du cas d'utilisation.

C'est exactement le cas des deux acteurs « non humains » de notre exemple : le *Sys. Auto.* et le *SI banque* sont uniquement sollicités par le GAB dans le cadre de la réalisation de certains cas d'utilisation. Mais ils n'ont pas eux-mêmes de façon propre d'utiliser le GAB, d'objectif à part entière.

Étape 3 – Réalisation de diagrammes de cas d'utilisation

On obtient sans difficulté un diagramme préliminaire en transcrivant la réponse précédente sur un schéma qui montre les cas d'utilisation (ovales) reliés par des associations (lignes) à leurs acteurs principaux (icône du « stick man »).

Figure 1-7.
Diagramme de cas d'utilisation préliminaire du GAB

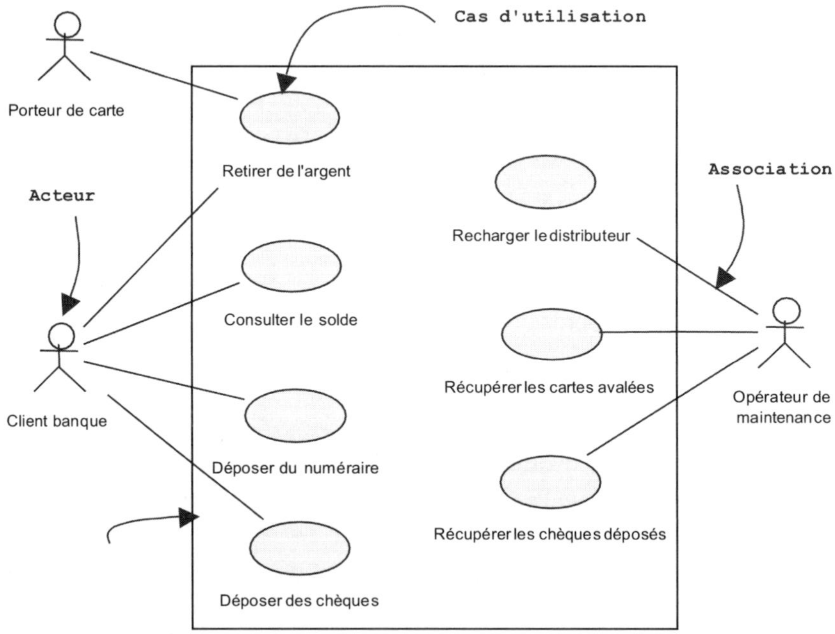

EXERCICE 1-4.
Généralisation entre acteurs

Proposez une *autre* version, plus sophistiquée, de ce diagramme de cas d'utilisation préliminaire.

Solution

Le cas d'utilisation *Retirer de l'argent* a deux acteurs principaux possibles (mais exclusifs du point de vue de la simultanéité). Une autre façon de l'exprimer consiste à considérer l'acteur *Client de la banque* comme une spécialisation (au sens de la relation d'héritage) de l'acteur plus général *Porteur de carte*, comme nous l'avons déjà indiqué sur la figure 1-6. Un client de la banque est en effet un porteur de carte particulier qui a toutes les prérogatives de ce dernier, ainsi que d'autres qui lui sont propres en tant que client.

UML permet de décrire une relation de généralisation/spécialisation entre acteurs, comme cela est indiqué sur le diagramme de cas d'utilisation suivant.

Figure 1-8.
Version plus sophistiquée du diagramme de cas d'utilisation préliminaire

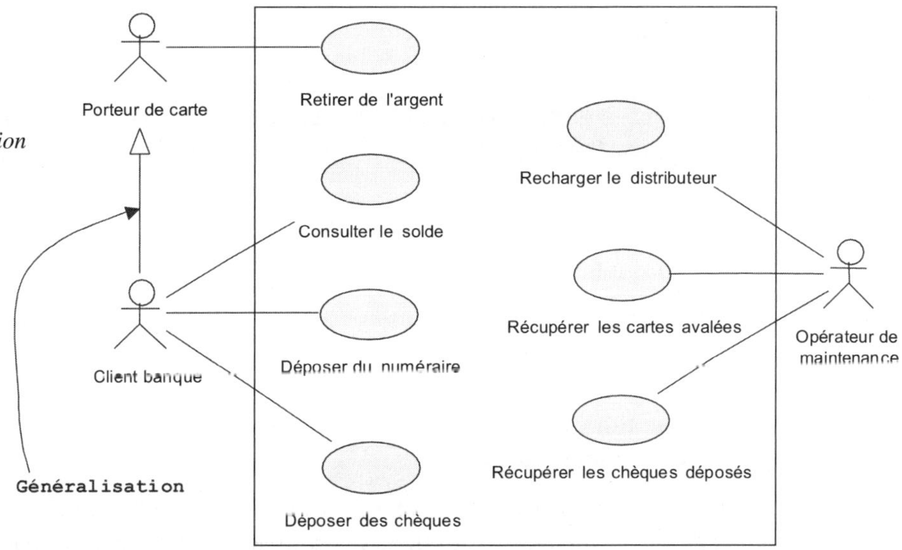

Cependant, dans notre exemple, l'intérêt de cette relation de généralisation n'est pas évident. Elle permet certes de supprimer l'association entre l'acteur *Client banque* et le cas d'utilisation *Retirer de l'argent*, qui est maintenant héritée de l'acteur *Porteur de carte*, mais ajoute en revanche le symbole de généralisation entre les deux acteurs… De plus, nous verrons au paragraphe suivant que les acteurs secondaires sollicités ne sont pas les mêmes dans le cas du porteur de carte non client et dans celui du client de la banque.

Nous ne retiendrons donc pas cette solution et, pour renforcer ce choix, nous renommerons le premier acteur en *Porteur de carte non client*, pour plus de clarté.

Il nous reste maintenant à ajouter les acteurs secondaires pour compléter le diagramme de cas d'utilisation. Pour cela, UML propose simplement en standard de faire apparaître ces acteurs avec des associations supplémentaires vers les cas d'utilisation existants.

À retenir PRÉCISIONS GRAPHIQUES AU DIAGRAMME DE CAS D'UTILISATION

Pour notre part, afin d'améliorer le contenu informatif de ces diagrammes, nous recommandons d'adopter les conventions suivantes :

- par défaut, le rôle d'un acteur est « principal » ; si ce n'est pas le cas, indiquez explicitement que le rôle est « secondaire » sur l'association, du côté de l'acteur ;
- dans la mesure du possible, disposez les acteurs principaux à gauche des cas d'utilisation et les acteurs secondaires à droite.

EXERCICE 1-5. Acteurs secondaires

Complétez le diagramme de cas d'utilisation préliminaire en ajoutant les acteurs secondaires. Pour simplifier, ne tenez plus compte de l'opérateur de maintenance.

Solution

Pour tous les cas d'utilisation propres au client de la banque, il faut clairement faire intervenir comme acteur secondaire *SI banque*.

Mais un problème se pose pour le cas d'utilisation partagé *Retirer de l'argent*. En effet, si l'acteur principal est un porteur de carte non client, il faudra faire appel au *Sys. Auto.* (qui se chargera ensuite de contacter le SI de la banque du porteur), alors que, s'il s'agit d'un client de la banque, le GAB contactera directement le *SI banque*.

Une première solution consiste à ajouter une association avec chacun des deux acteurs non-humains. Cette modélisation simpliste ne permet pas au lecteur du diagramme de comprendre que les acteurs participent au cas d'utilisation *Retirer de l'argent* sélectivement deux par deux et non pas tous ensemble (figure 1-9).

Une autre solution consiste à distinguer deux cas d'utilisation pour le retrait d'argent : *Retirer de l'argent* et *Retirer de l'argent avec une carte de la banque*. Cette modélisation plus précise, mais plus lourde, est plus parlante pour l'expert métier. Elle milite d'ailleurs clairement contre l'utilisation de la généralisation entre acteurs évoquée précédemment. En effet, la distinction entre les deux cas d'utilisation est contradictoire avec la tentative d'héritage par l'acteur *Client banque* du cas unique *Retirer de l'argent*, qui avait été envisagée plus haut, alors que les acteurs secondaires n'avaient pas encore été ajoutés. Nous garderons cette seconde solution pour la suite de l'exercice[2] (figure 1-10).

2. Il s'agit ici d'un choix de modélisation arbitraire ! Nous ne disons pas que tout autre solution serait mauvaise, mais nous expliquons avec des arguments concrets pourquoi nous préférons la nôtre.

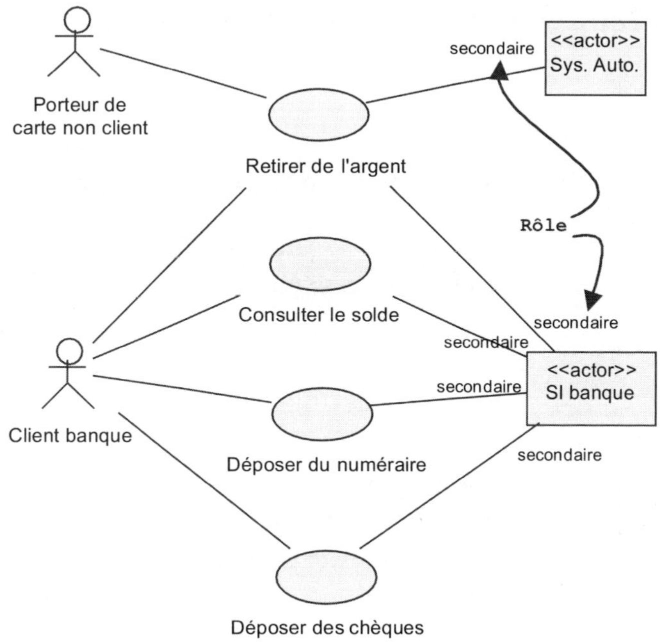

Figure 1-9.
Version simple du diagramme de cas d'utilisation complété

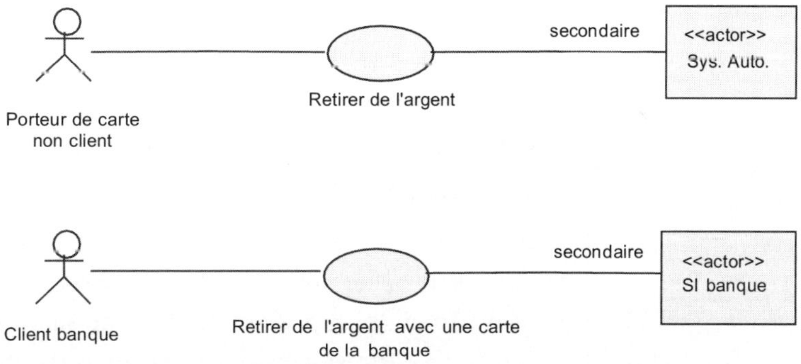

Figure 1-10.
Fragment de la version plus précise du diagramme de cas d'utilisation complété

On notera que le *SI banque* n'est pas un acteur direct du cas d'utilisation *Retirer de l'argent*, car nous considérons que le *Sys. Auto.* se charge de le contacter, en dehors de la portée du GAB.

Étape 4 – Description textuelle des cas d'utilisation

EXERCICE 1-6.
Partie obligatoire du cas d'utilisation

Décrivez la partie obligatoire du cas d'utilisation RETIRER DE L'ARGENT (pour l'acteur non client de la banque).

Solution

Sommaire d'identification

Titre : Retirer de l'argent

Résumé : ce cas d'utilisation permet à un porteur de carte, qui n'est pas client de la banque, de retirer de l'argent, si son crédit hebdomadaire le permet.

Acteurs : Porteur de carte non client (principal), *Sys. Auto. (secondaire).*

Date de création : 02/03/02 **Date de mise à jour** : 18/04/04

Version : 3.2 **Responsable** : Pascal Roques

Description des scénarios

Préconditions

- La caisse du GAB est alimentée (il reste au moins un billet !).
- Aucune carte ne se trouve déjà dans le lecteur.

Scénario nominal

1. Le porteur de carte introduit sa carte dans le lecteur de cartes du GAB.
2. Le GAB vérifie que la carte introduite est bien une carte bancaire.
3. Le GAB demande au porteur de carte de saisir son code d'identification.
4. Le porteur de carte saisit son code d'identification.
5. Le GAB compare le code d'identification avec celui qui est codé sur la puce de la carte.
6. Le GAB demande une autorisation au système d'autorisation global.
7. Le système d'autorisation donne son accord et indique le solde hebdomadaire.
8. Le GAB demande au porteur de carte de saisir le montant désiré du retrait.
9. Le porteur de carte saisit le montant désiré du retrait.
10. Le GAB contrôle le montant demandé par rapport au solde hebdomadaire.

11. Le GAB demande au porteur de carte s'il veut un ticket.
12. Le porteur de carte demande un ticket.
13. Le GAB rend sa carte au porteur de carte.
14. Le porteur de carte reprend sa carte.
15. Le GAB délivre les billets et un ticket.
16. Le porteur de carte prend les billets et le ticket.

Une autre présentation intéressante[3] consiste à séparer les actions des acteurs et du système en deux colonnes comme suit :

1. Le porteur de carte introduit sa carte dans le lecteur de cartes du GAB.	2. Le GAB vérifie que la carte introduite est bien une carte bancaire. 3. Le GAB demande au porteur de carte de saisir son code d'identification.
4. Le porteur de carte saisit son code d'identification.	5. Le GAB compare le code d'identification avec celui qui est codé sur la puce de la carte. 6. Le GAB demande une autorisation au système d'autorisation gloval.
7. Le système d'autorisation donne son accord et indique le solde hebdomadaire.	8. Le GAB demande au porteur de carte de saisir le montant désiré du retrait.
9. Le porteur de carte saisit le montant désiré du retrait.	10. Le GAB contrôle le montant demandé par rapport au solde hebdomadaire. 11. Le GAB demande au porteur de carte s'il veut un ticket.
12. Le porteur de carte demande un ticket.	13. Le GAB rend sa carte au porteur de carte.
14. Le porteur de carte reprend sa carte.	15. Le GAB délivre les billets et un ticket.
16. Le porteur de carte prend les billets et le ticket.	

3. Cette présentation a été recommandée par C. Larman dans la première version de *Applying UML and Patterns*.

Enchaînements alternatifs[4]

A1 : code d'identification provisoirement erroné

L'enchaînement A1 démarre au point 5 du scénario nominal.

6. Le GAB indique au porteur de carte que le code est erroné, pour la première ou deuxième fois.
7. Le GAB enregistre l'échec sur la carte.

Le scénario nominal reprend au point 3.

A2 : montant demandé supérieur au solde hebdomadaire

L'enchaînement A2 démarre au point 10 du scénario nominal.

11. Le GAB indique au porteur de carte que le montant demandé est supérieur au solde hebdomadaire.

Le scénario nominal reprend au point 8.

A3 : ticket refusé

L'enchaînement A3 démarre au point 11 du scénario nominal.

12. Le porteur de carte refuse le ticket.
13. Le GAB rend sa carte au porteur de carte.
14. Le porteur de carte reprend sa carte.
15. Le GAB délivre les billets.
16. Le v prend les billets.

Enchaînements d'erreur

E1 : carte non-valide

L'enchaînement E1 démarre au point 2 du scénario nominal.

3. Le GAB indique au porteur que la carte n'est pas valide (illisible, périmée, etc.), la confisque ; le cas d'utilisation est terminé.

E2 : code d'identification définitivement erroné

L'enchaînement E2 démarre au point 5 du scénario nominal.

6. Le GAB indique au porteur de carte que le code est erroné, pour la troisième fois.
7. Le GAB confisque la carte.
8. Le système d'autorisation est informé ; le cas d'utilisation se termine en échec.

4. Nous distinguons les enchaînements alternatifs (Ax) qui reprennent ensuite à une étape du scénario nominal des enchaînements d'erreur (Ey) qui terminent brutalement le cas d'utilisation en échec. L'objectif de l'acteur principal est donc atteint par les scénarios nominaux et alternatifs mais pas par ceux d'erreur.

E3 : retrait non autorisé

L'enchaînement E3 démarre au point 6 du scénario nominal.

7. Le système d'autorisation interdit tout retrait.
8. Le GAB éjecte la carte ; le cas d'utilisation se termine en échec.

E4 : carte non reprise

L'enchaînement E4 démarre au point 13 du scénario nominal.

14. Au bout de 15 secondes, le GAB confisque la carte.
15. Le système d'autorisation est informé ; le cas d'utilisation se termine en échec.

E5 : billets non pris

L'enchaînement E5 démarre au point 15 du scénario nominal.

14. Au bout de 30 secondes, le GAB reprend les billets.
15. Le système d'autorisation est informé ; le cas d'utilisation se termine en échec.

E6 : annulation de la transaction

L'enchaînement E6 peut démarrer entre les points 4 et 12 du scénario nominal.

4-12[5]. Le porteur de carte demande l'annulation de la transaction en cours.
Le GAB éjecte la carte ; le cas d'utilisation se termine en échec.

Postconditions

La caisse du GAB contient moins de billets qu'au début du cas d'utilisation (le nombre de billets manquants est fonction du montant exact du retrait).

Une transaction de retrait a été enregistrée par le GAB avec toutes les informations pertinentes (montant, numéro de carte, date, etc.)

5. Notez cette convention proposée par Cockburn pour indiquer que la condition d'extension est valable entre les points 4 et 12 : 4-12.

EXERCICE 1-7.
Paragraphes optionnels du cas d'utilisation

Complétez la description du cas d'utilisation RETIRER DE L'ARGENT avec les paragraphes optionnels. Détaillez les besoins en interface homme-machine.

Solution

Exigences non fonctionnelles

Contraintes	Descriptif
Temps de réponse	L'interface du GAB doit réagir en l'espace de 2 secondes au maximum. Une transaction nominale de retrait doit durer moins de 2 minutes.
Concurrence	Non applicable (mono-utilisateur).
Disponibilité	Le GAB est accessible 7 jours sur 7, 24 h sur 24 (global[6]). L'absence de papier pour imprimer les tickets ne doit pas empêcher les retraits.
Intégrité	Les interfaces du GAB doivent être très robustes pour prévenir le vandalisme.
Confidentialité	La comparaison du code d'identification saisi sur le clavier du GAB avec celui de la carte doit être fiable à 10^{-6}.

Besoins d'IHM

Les dispositifs d'entrée/sortie à la disposition du porteur de carte doivent être :

- Un lecteur de carte bancaire.
- Un clavier numérique (pour saisir son code), avec des touches « validation », « correction » et « annulation ».
- Un écran pour l'affichage des messages du GAB.
- Des touches autour de l'écran pour sélectionner un montant de retrait parmi ceux qui sont proposés.
- Un distributeur de billets.
- Un distributeur de tickets.

6. Cette exigence non-fonctionnelle n'est as spécifique au vas d'utilisation et devra donc se retrouver au final dans un document plus global

Étape 5 – Description graphique des cas d'utilisation

Pour documenter les cas d'utilisation, la description textuelle est indispensable, car elle seule permet de communiquer facilement avec les utilisateurs et de s'entendre sur la terminologie métier employée.

En revanche, le texte présente des désavantages puisqu'il est difficile de montrer comment les enchaînements se succèdent, ou à quel moment les acteurs secondaires sont sollicités. En outre, la maintenance des évolutions s'avère souvent fastidieuse. Il est donc recommandé de compléter la description textuelle par un ou plusieurs diagrammes dynamiques UML.

À retenir

DESCRIPTIONS DYNAMIQUES D'UN CAS D'UTILISATION

Pour les cas d'utilisation, nous préconisons le *diagramme d'activité* car les utilisateurs le comprennent d'autant plus facilement qu'il paraît ressembler à un organigramme traditionnel.

Pour des scénarios particuliers, le *diagramme de séquence* est une bonne solution. Nous recommandons de le présenter en montrant l'acteur principal à gauche, puis un objet unique représentant le système en boîte noire, et, enfin, les éventuels acteurs secondaires sollicités durant le scénario à droite du système. Nous utiliserons l'intitulé *diagramme de séquence système* comme cela est proposé dans [Larman 97].

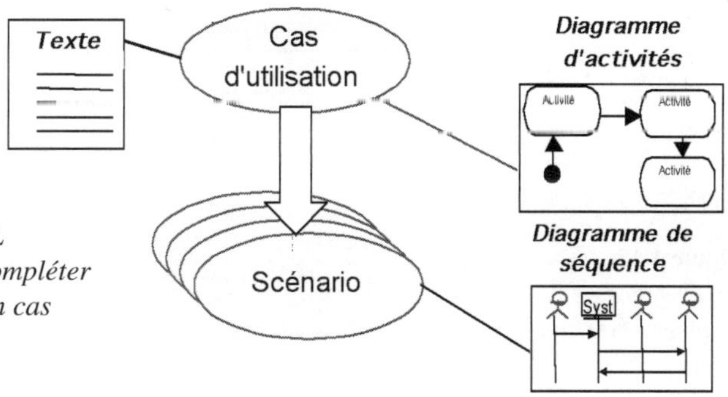

Figure 1-11.
Diagrammes UML préconisés pour compléter la description d'un cas d'utilisation

EXERCICE 1-8.
Diagramme de séquence système

Réalisez un diagramme de séquence système qui décrit le scénario nominal du cas d'utilisation RETIRER DE L'ARGENT.

Solution

Il suffit de transcrire sous forme de diagramme de séquence les interactions citées dans le scénario textuel de la réponse 1-6, en utilisant les conventions graphiques citées plus haut :

- l'acteur principal *Porteur de carte* à gauche ;
- un participant représentant le GAB au milieu ;
- l'acteur secondaire *Sys. Auto.* à droite du GAB.

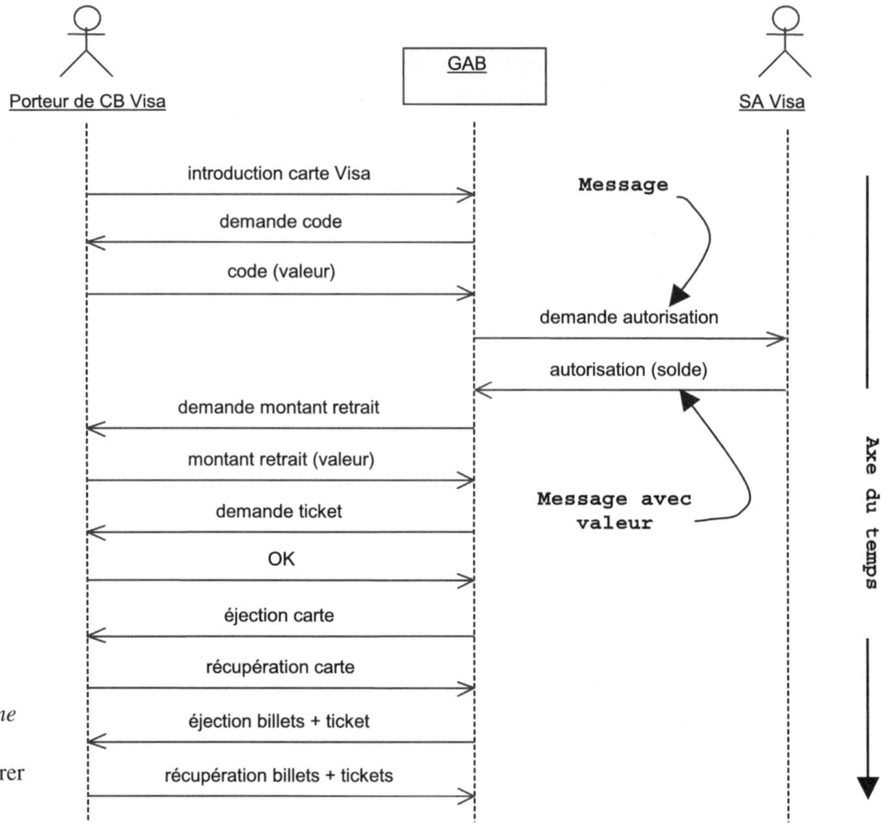

Figure 1-12.
Diagramme de séquence système du scénario nominal de Retirer de l'argent

Contrairement au diagramme de séquence précédent qui ne décrit que le scénario nominal, le diagramme d'activité doit représenter l'ensemble des actions réalisées par le système, avec tous les branchements conditionnels et toutes les boucles possibles.

C'est un graphe orienté d'actions et de transitions. Les transitions sont franchies lors de la fin des actions ; des étapes peuvent être réalisées en parallèle ou en séquence.

EXERCICE 1-9.
Diagramme d'activité

Réalisez un diagramme d'activités qui décrit la dynamique du cas d'utilisation RETIRER DE L'ARGENT AVEC UNE CARTE VISA.

Le diagramme d'activité est décrit sur la figure suivante avec un repérage des concepts fondamentaux.

Solution

Le diagramme d'activité est décrit sur la figure suivante avec un repérage des principaux symboles graphiques.

Notez que le diagramme diffère légèrement du texte : il omet l'étape de demande de ticket dans un souci de simplification. Néanmoins, le résultat de cette demande est pris en compte par la condition de garde avec le label « ticket demandé ».

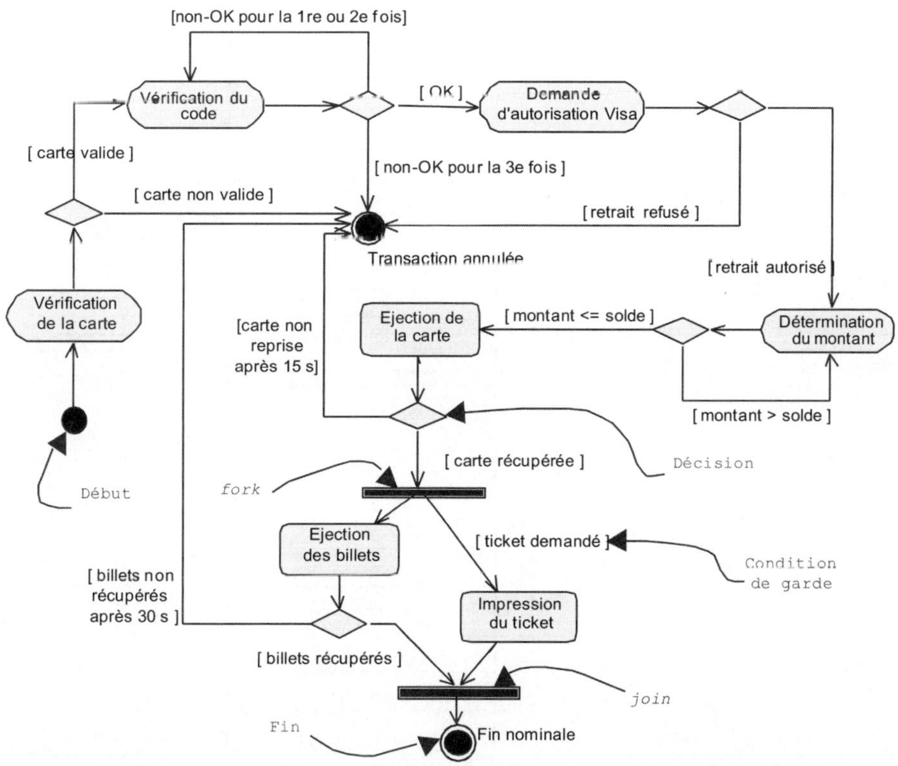

Figure 1-13. *Diagramme d'activité de* Retirer de l'argent

EXERCICE 1-10.
Diagramme de séquence système enrichi

À retenir

AJOUTS AU DIAGRAMME DE SÉQUENCE SYSTÈME

Une possibilité intermédiaire consiste à enrichir le diagramme de séquence système du scénario nominal pour faire apparaître également :

- les principales actions internes du système (au moyen de messages qu'il s'envoie à lui-même) ;
- les renvois aux enchaînements alternatifs et d'erreur (au moyen de notes).

Cela donne souvent un diagramme moins complexe à lire que ne l'est un diagramme d'activité, car moins riche en symboles, mais au contenu informatif appréciable pour l'expert métier.

Enrichissez le diagramme de séquence système qui décrit le scénario nominal du cas d'utilisation RETIRER DE L'ARGENT.

Solution

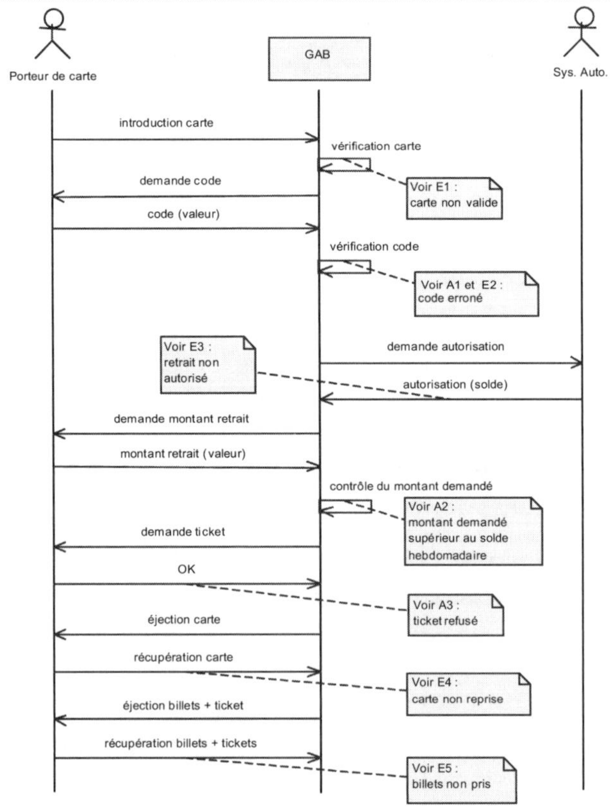

Figure 1-14. *Diagramme de séquence système enrichi du scénario nominal de* Retirer de l'argent

Étape 6 – Organisation des cas d'utilisation

Dans cette dernière étape, nous allons affiner nos diagrammes et nos descriptions.

Avec UML, il est en effet possible de détailler et d'organiser les cas d'utilisation de deux façons différentes et complémentaires :

- en ajoutant des relations d'inclusion, d'extension et de généralisation entre cas d'utilisation ;
- en les regroupant en packages, afin de définir des blocs fonctionnels de plus haut niveau.

Abordons tout d'abord la relation *d'inclusion* : le cas d'utilisation de base en incorpore explicitement un autre, de façon obligatoire, à un endroit spécifié dans ses enchaînements. On utilise cette relation pour éviter de décrire plusieurs fois le même enchaînement, en factorisant le comportement commun dans un cas d'utilisation à part.

EXERCICE 1-11.
Inclusion entre cas d'utilisation

Identifiez une partie commune aux différents cas d'utilisation et factorisez-la dans un nouveau cas inclus dans ces derniers.

Solution

Si l'on examine en détail la description textuelle du cas d'utilisation *Retirer de l'argent*, on s'aperçoit que le début du scénario nominal va également être applicable à tous les cas d'utilisation du client de la banque, en remplaçant « porteur de carte » par « client de la banque » :

1. Le porteur de v introduit sa carte dans le lecteur de cartes du GAB.
2. Le GAB vérifie que la carte introduite est bien une carte bancaire.
3. Le GAB demande au porteur de carte de saisir son code d'identification.
4. Le porteur de carte saisit son code d'identification.
5. Le GAB compare le code d'identification avec celui qui est codé sur la puce de la carte.

Cet enchaînement nominal est en outre complété par les enchaînements alternatifs ou d'erreur A1 (code d'identification provisoirement erroné), E1(carte non valide) et E2 (code d'identification définitivement erroné).

On peut donc légitimement identifier un nouveau cas d'utilisation inclus dans les précédents, que nous appellerons *S'authentifier*, et qui contient les enchaînements cités plus haut. Cela nous permettra d'enlever des autres cas d'utilisation toutes ces descriptions textuelles redondantes, en se concentrant mieux sur leurs spécificités fonctionnelles.

En UML, cette relation d'inclusion obligatoire est formalisée par une flèche de dépendance entre le cas d'utilisation de base et le cas inclus, nommée avec le mot-clé <<`include`>>, comme cela est indiqué sur le schéma suivant.

Figure 1-15.
Relation d'inclusion entre cas d'utilisation

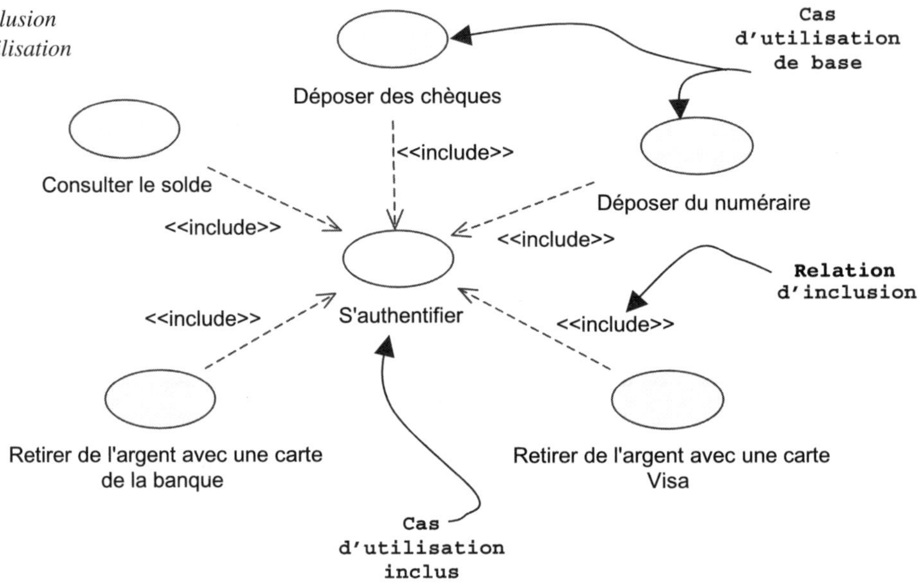

Poursuivons notre analyse par la relation *d'extension* : cette fois-ci, le cas de base en incorpore implicitement un autre, mais de façon optionnelle, à un endroit spécifié indirectement dans celui qui procède à l'extension. On utilise cette relation pour séparer un comportement optionnel ou rare du comportement obligatoire.

EXERCICE 1-12.
Extension entre cas d'utilisation

En extrapolant sur les besoins initiaux, identifiez une relation d'extension entre deux cas d'utilisation du client de la banque.

Solution

En réexaminant la question du retrait d'argent, on a tôt fait de s'apercevoir que le client de la banque applique quasiment le même enchaînement nominal que le porteur de carte. Mais, en tant que client, il a également accès aux autres cas d'utilisation : pourquoi ne pas lui permettre de consulter son solde juste avant qu'il ne choisisse le montant de son retrait ? Il pourrait ainsi ajuster le montant demandé avec ce qu'il lui reste à ce moment sur son compte.

Si l'on retient ce nouveau besoin fonctionnel, pour le modéliser en UML il suffit d'ajouter une relation d'extension optionnelle comme cela est indiqué sur la figure suivante.

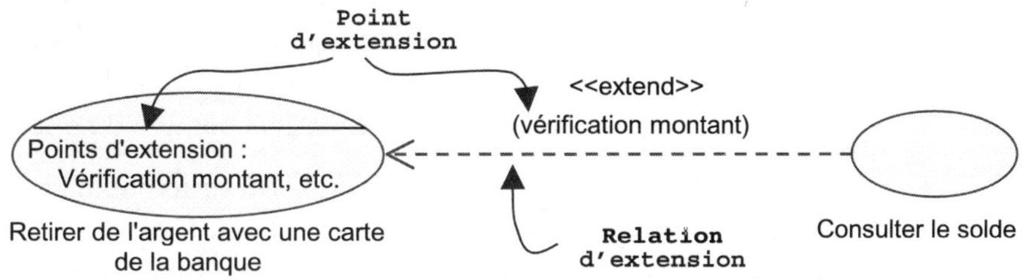

Figure 1-16. *Relation d'extension entre cas d'utilisation*

Les deux cas d'utilisation peuvent bien sûr s'exécuter indépendamment, mais *Consulter le solde* peut également venir s'intercaler à l'intérieur de *Retirer de l'argent avec une carte de la banque*, au point d'extension *Vérification montant*. Ce point d'extension doit être déclaré dans la description textuelle, par exemple en modifiant comme ceci l'enchaînement nominal :

7. Le SI banque donne son accord et indique le solde hebdomadaire.
8. Le GAB demande au client banque de saisir le montant désiré du retrait.

Point d'extension : Vérification montant

9. Le client banque saisit le montant désiré du retrait.
10. Le GAB contrôle le montant demandé par rapport au solde hebdomadaire…

Poursuivons enfin par la relation de *généralisation* : les cas d'utilisation descendants héritent de la description de leur parent commun. Ils peuvent néanmoins comprendre chacune des interactions spécifiques supplémentaires, ou modifier les interactions dont ils ont hérités. On utilise cette relation pour formaliser des variations importantes sur le même cas d'utilisation.

EXERCICE 1-13.
Généralisation entre cas d'utilisation

Identifiez une relation de généralisation qui implique deux cas d'utilisation du client de la banque.

Solution

Considérons les deux cas d'utilisation *Déposer du numéraire* et *Déposer des chèques*.

Ils mettent en jeu les mêmes acteurs : le *Client banque* comme acteur principal et le *SI banque* comme acteur secondaire. Mais surtout, ils parlent de la même chose : la possibilité offerte à un client de la banque d'effectuer un dépôt d'argent grâce au GAB. Le fait que cette transaction consiste à glisser des billets dans un lecteur de billets, ou à simplement déposer une enveloppe contenant un ou plusieurs chèques, n'est pas fondamental. Le résultat sera similaire, à savoir une ligne de crédit sur le compte du client.

Pourtant, le détail des enchaînements va varier notablement : le dépôt de numéraire implique par exemple un dispositif de reconnaissance de billets, avec des interactions liées à chaque introduction de billets, aux erreurs possibles (billet non reconnu, etc.) et à la fin de la transaction. Il est aussi probable que le système de tenue des comptes (qui fait partie du *SI banque*) soit informé en temps réel du dépôt afin de créditer le compte, alors que le dépôt de chèques donnera lieu pour sa part à une vérification manuelle par un guichetier bien après que la transaction fut terminée.

Pour formaliser cette unité fonctionnelle, tout en se gardant la possibilité de décrire les différences au niveau des enchaînements, nous pouvons utiliser la relation de généralisation. Il suffit d'ajouter un cas d'utilisation généralisé nommé *Déposer de l'argent*. Ce nouveau cas a la particularité d'être abstrait (il apparaît alors en italiques), car il ne s'instancie pas directement, mais uniquement par le biais de l'un de ses deux cas spécialisés.

Figure 1-17. *Relation de généralisation entre cas d'utilisation*

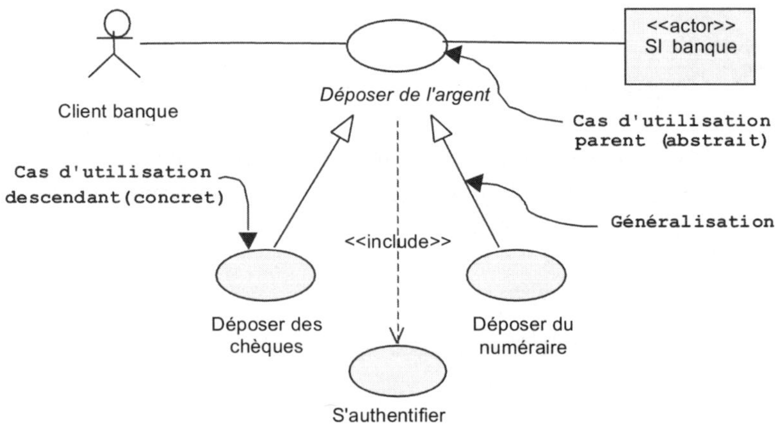

On notera également la factorisation rendue possible de la relation d'inclusion avec le cas d'utilisation *S'authentifier*.

Avec tous ces ajouts, que devient donc notre diagramme de cas d'utilisation ? Il est maintenant si complexe (comparé à la figure 1-7) qu'il serait illusoire de penser qu'il puisse être lisible en une seule page, comme le montre le schéma suivant.

Notez que nous avons supprimé l'indication « secondaire » sur les acteurs positionnés à droite du schéma. Nous n'utilisons dans la pratique cette notation que pour lever une ambiguïté : lorsqu'un même acteur est à la fois principal pour un cas d'utilisation et secondaire pour un autre.

Figure 1-18.
Diagramme de cas d'utilisation complet du GAB

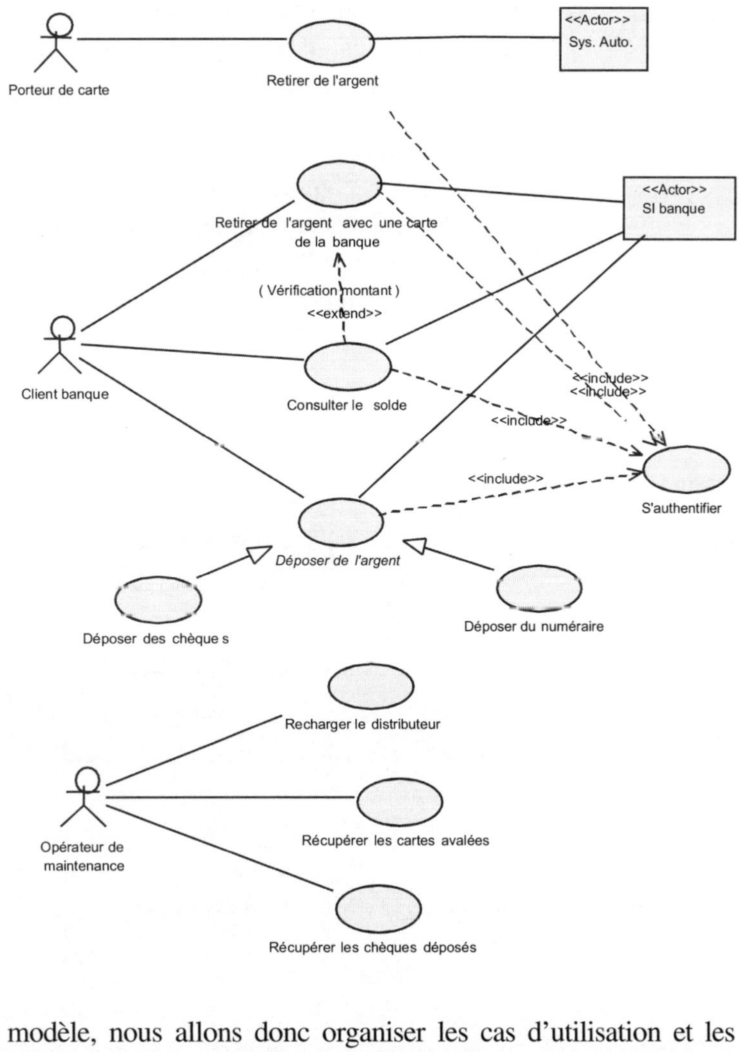

Pour améliorer notre modèle, nous allons donc organiser les cas d'utilisation et les regrouper en ensembles cohérents. Pour ce faire, nous utilisons le mécanisme général de regroupement d'éléments en UML, qui s'appelle le *package*.

EXERCICE 1-14. Structuration des cas d'utilisation en packages

Proposez une structuration des cas d'utilisation du GAB en packages. Élaborez ensuite un diagramme de cas d'utilisation par package.

Solution

Plusieurs stratégies sont possibles : procéder au regroupement par acteur, par domaine fonctionnel, etc. Dans notre exemple, un regroupement des cas d'utilisation par acteur principal s'impose, car cela permet également de répartir les acteurs secondaires.

Le cas d'utilisation inclus *S'authentifier* est mis dans un package à part, en tant que service support commun, pour bien le distinguer des vrais cas fonctionnels qui l'incluent. Les flèches de dépendance entre packages de cas d'utilisation synthétisent les éventuelles relations entre les cas, c'est-à-dire ici les inclusions. Le schéma suivant présente la structuration proposée des cas d'utilisation. Il s'agit d'un diagramme de packages, officialisé par UML 2.0.

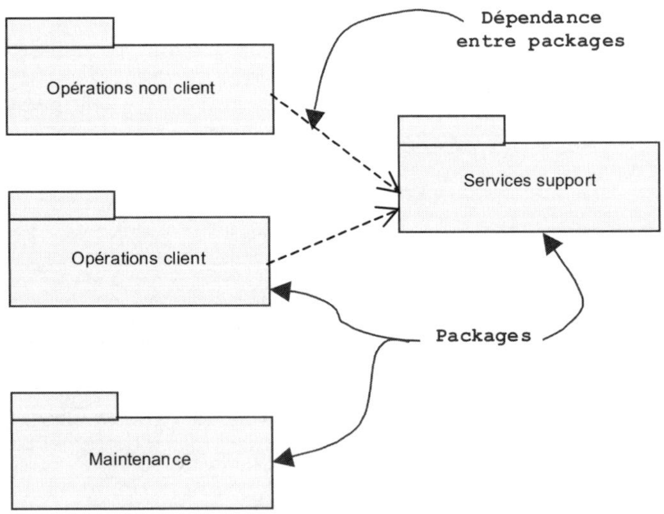

Figure 1-19. *Diagramme de packages des cas d'utilisation du GAB*

Détaillons l'intérieur de chaque package en faisant apparaître les acteurs et les cas d'utilisation.

Figure 1-20.
Structuration des acteurs et des cas d'utilisation du GAB

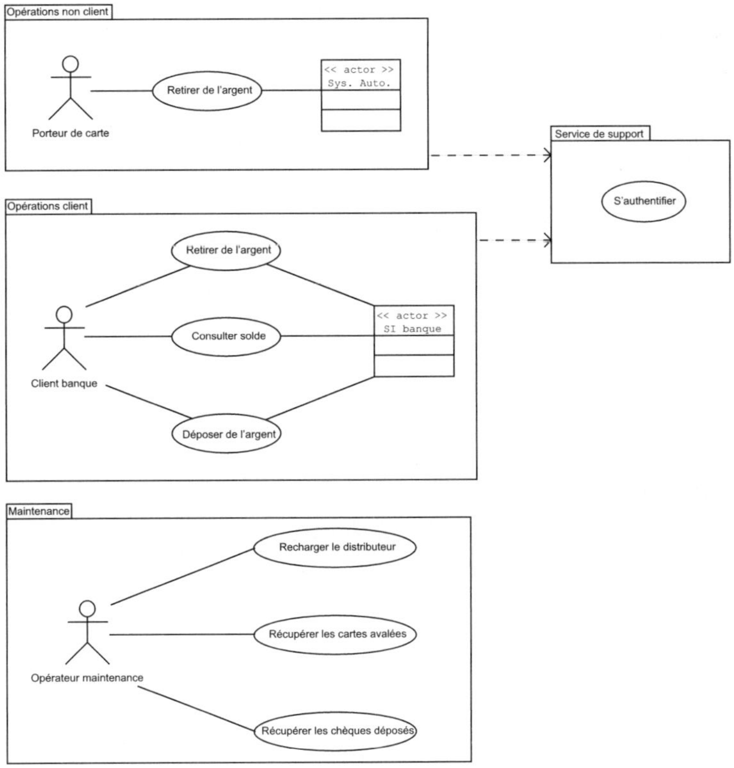

Remarquez que nous pouvons maintenant donner le même libellé aux deux cas d'utilisation de retrait d'argent, puisqu'ils appartiennent à des packages différents[7].

Nous pouvons maintenant réaliser un diagramme de cas d'utilisation plus précis pour chacun des trois principaux packages.

Figure 1-21.
Diagramme de cas d'utilisation du package Opérations non client

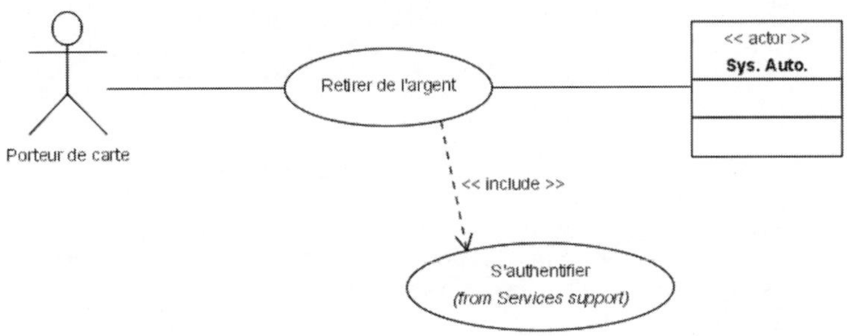

7. Les packages UML sont également des espaces de nommage : deux éléments de même type ne peuvent pas avoir le même nom dans un même package, mais réciproquement deux éléments de même type peuvent avoir le même nom dans des packages différents.

Figure 1-22.
Diagramme de cas d'utilisation du package Opérations client

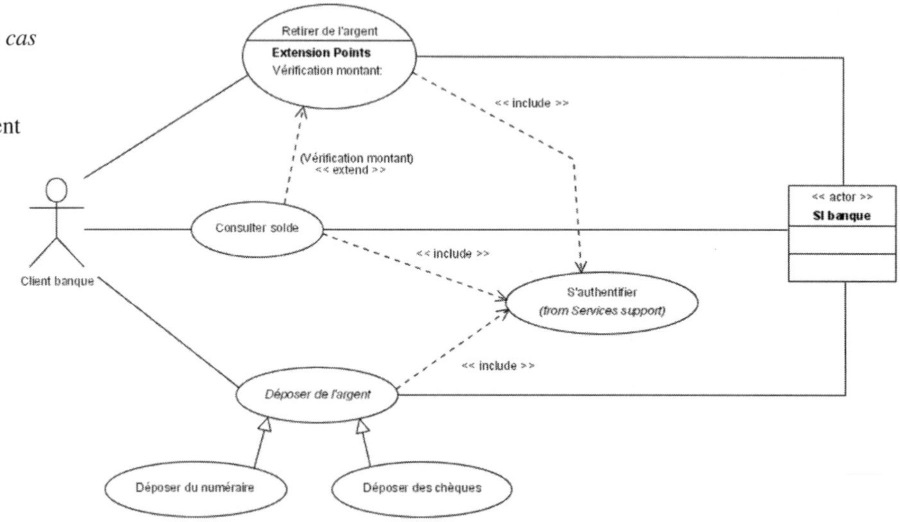

Figure 1-23.
Diagramme de cas d'utilisation du package Maintenance

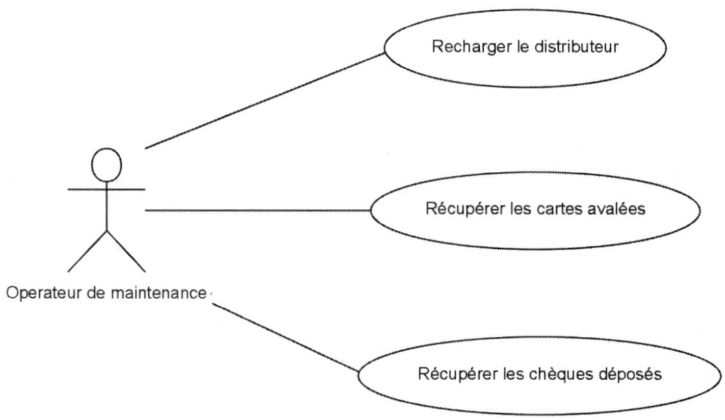

Chapitre 2

Modélisation fonctionnelle : exercices corrigés et conseils méthodologiques

Mots-clés

■ Diagramme de cas d'utilisation ■ Relations entre cas d'utilisation ■ Navigabilité des associations entre acteurs et cas d'utilisation ■ Description textuelle d'un cas d'utilisation ■ Diagramme de séquence système ■ Diagramme d'états des opérations système.

Une nouvelle étude de cas va nous permettre dans ce chapitre de compléter le passage en revue des principales difficultés relatives à la mise en œuvre de la technique des cas d'utilisation.

Nous allons élaborer un diagramme de cas d'utilisation complexe incluant les différents types de relations entre cas d'utilisation ainsi qu'une notation avancée : la flèche de navigabilité sur les associations entre acteurs et cas d'utilisation. Nous introduirons ensuite la différence entre cas d'utilisation essentiel et cas d'utilisation réel, initialement proposée par [Larman 97] et observerons comment elle influence la description textuelle. Enfin, nous donnerons un exemple de diagramme d'états montrant la séquence forcée des opérations système lors d'un cas d'utilisation particulier.

ÉTUDE D'UNE CAISSE ENREGISTREUSE

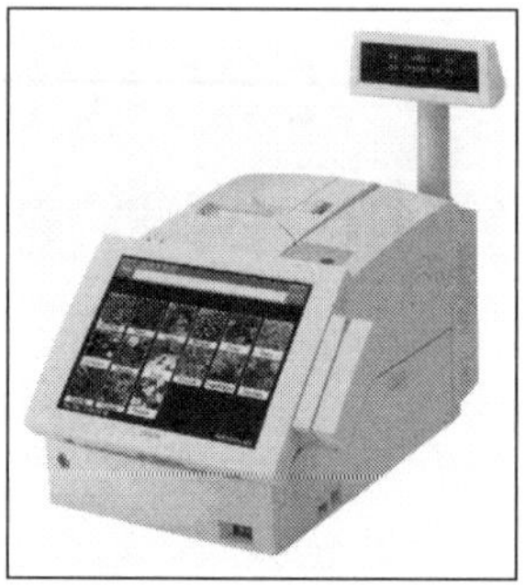

Cet exercice concerne un système simplifié de caisse enregistreuse de supermarché. Il est largement inspiré de l'étude de cas initialement proposée par [Larman97] et qui forme la base de la formation OOAD[1] de Valtech Training.

Le déroulement normal d'utilisation de la caisse est le suivant :

- Un client arrive à la caisse avec des articles à payer.
- Le caissier enregistre le numéro d'identification de chaque article, ainsi que la quantité si elle est supérieure à un.
- La caisse affiche le prix de chaque article et son libellé.
- Lorsque tous les achats sont enregistrés, le caissier signale la fin de la vente.
- La caisse affiche le total des achats.
- Le client choisit son mode de paiement :
  - liquide : le caissier encaisse l'argent reçu, la caisse indique la monnaie à rendre au client ;
  - chèque : le caissier vérifie la solvabilité du client en transmettant une requête à un centre d'autorisation *via* la caisse ;
  - carte de crédit : un terminal bancaire fait partie de la caisse. Il transmet une demande d'autorisation à un centre d'autorisation en fonction du type de la carte.
- La caisse enregistre la vente et imprime un ticket.
- Le caissier donne le ticket de caisse au client.

Après la saisie des articles, le client peut présenter au caissier des coupons de réduction pour certains articles. Lorsque le paiement est terminé, la caisse transmet les informations sur le nombre d'articles vendus au système de gestion de stocks.

Tous les matins, le responsable du magasin initialise les caisses pour la journée.

1. OOAD = Object Oriented Analyis & Design.

EXERCICE 2-1.
Diagramme de cas d'utilisation

Élaborez un diagramme de cas d'utilisation détaillé de la caisse enregistreuse. N'hésitez pas à utiliser les relations entre cas d'utilisation pour rendre votre diagramme plus précis.

Solution

Dans un premier temps, une solution simpliste consiste à identifier un « gros » cas d'utilisation qui contient la totalité du déroulement normal d'utilisation de la caisse et un autre cas d'utilisation qui traite de l'initialisation de la caisse par le responsable du magasin.

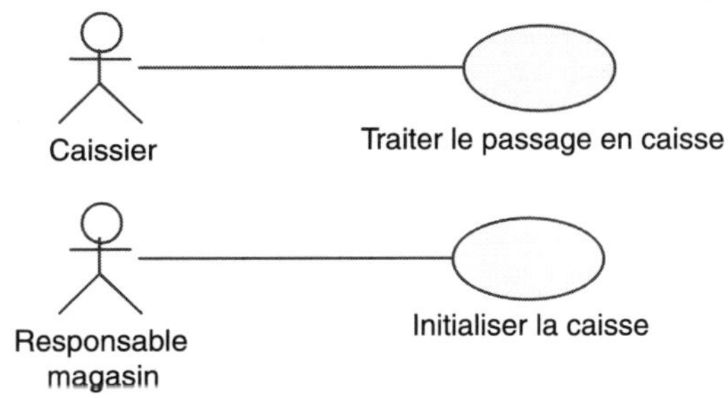

Figure 2-1.
Première ébauche du diagramme de cas d'utilisation

Si l'on ajoute les acteurs secondaires sur le schéma précédent, on s'aperçoit que le cas d'utilisation *Traiter le passage en caisse* communique avec un grand nombre d'acteurs différents.

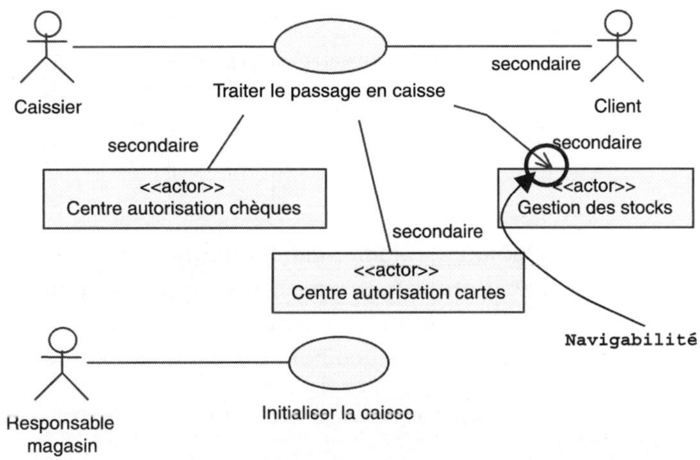

Figure 2-2.
Deuxième ébauche du diagramme de cas d'utilisation

À retenir ACTEUR RÉCEPTEUR UNIQUEMENT

Notez l'utilisation de la flèche de navigabilité sur l'association avec l'acteur non-humain *Gestion des stocks* qui permet de préciser que l'acteur ne fait que recevoir des messages du système, sans jamais lui en envoyer.

Cette prolifération d'acteurs secondaires nous amène à diagnostiquer que ce cas d'utilisation a trop de responsabilités, et qu'il est souhaitable de le découper en parties plus atomiques.

On pourrait penser qu'il suffit de le scinder séquentiellement comme cela est illustré sur la figure suivante[2].

Figure 2-3.
Découpe séquentielle du cas d'utilisation principal

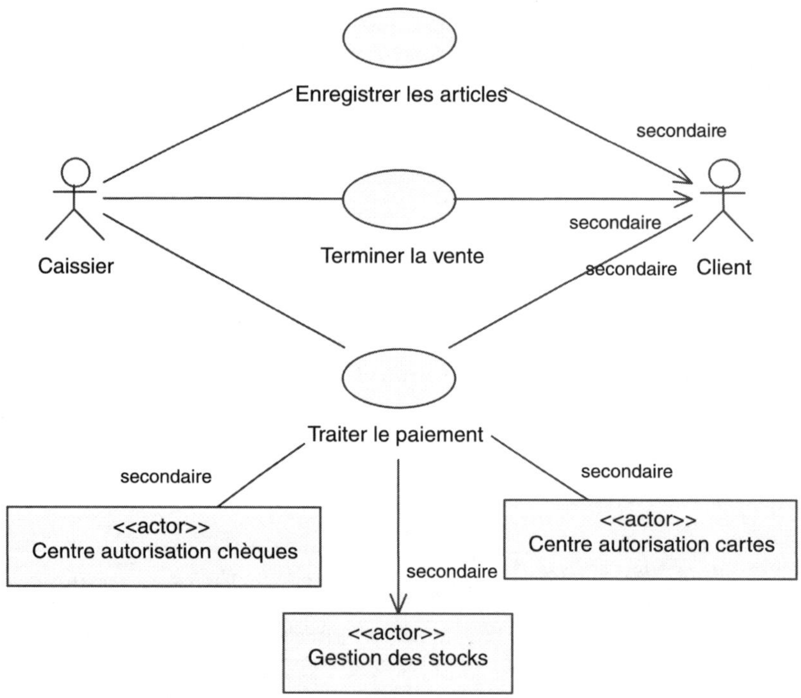

Quoique tentante, cette solution est rarement recommandable. En effet, les cas d'utilisation qui en résultent ne répondent plus vraiment à la définition UML. Peut-on par exemple considérer que *Terminer la vente* représente un service de bout en bout qui est rendu par le système ?

2. Cette solution erronée mais néanmoins naturelle est d'ailleurs fréquemment proposée initialement par mes stagiaires du cours OOAD…

Le niveau de détail ainsi obtenu s'apparente plutôt à ce que Larman appelle des *opérations système*[3], soit à une unité de traitement qui est réalisée par le système dans le cadre d'un cas d'utilisation et qui peut éventuellement être réutilisée dans un autre.

L'enregistrement des articles et la clôture de la vente font intervenir les mêmes acteurs et se suivent forcément dans le temps : il n'y a donc pas de raison de les séparer. En revanche, l'importante partie variable, qui est liée au choix du mode de paiement par le client, conduit à séparer, grâce à une relation d'inclusion, la procédure générique de paiement du processus englobant de traitement du passage en caisse. Cela permet ainsi de décrire des cas d'utilisation spécialisés, faisant chacun apparaître des acteurs spécifiques. Le début de l'énoncé peut donc se modéliser comme cela est représenté sur la figure suivante.

Figure 2-4.
Diagramme de cas d'utilisation partiel

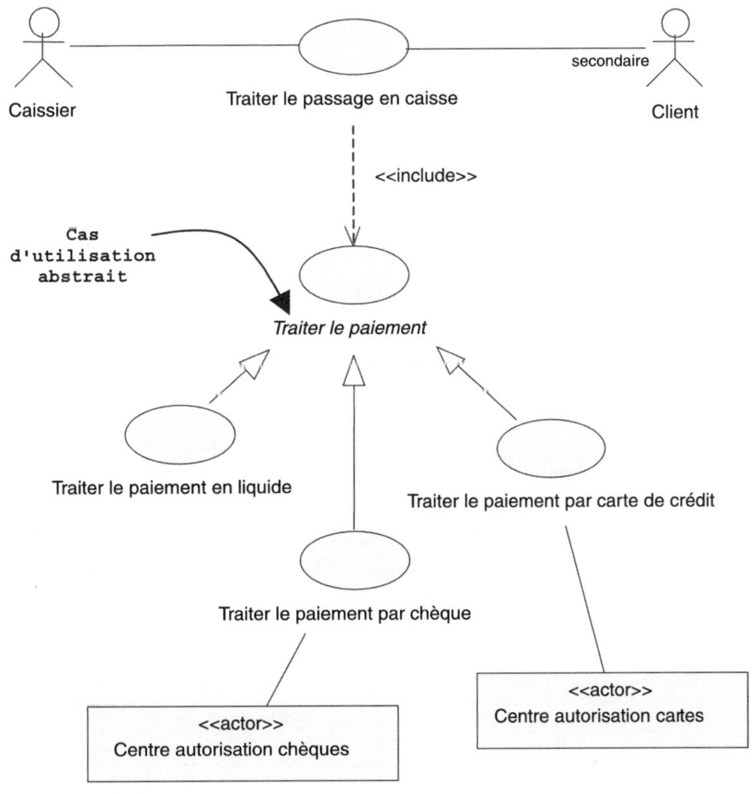

3. Par analogie avec les opérations que sont capables de réaliser les objets, suite à la réception de messages venant d'un autre objet. À ce niveau, le système boîte noire est vu comme un « gros »objet, et les acteurs lui envoient des messages qui déclenchent des opérations « système ».

Le cas d'utilisation inclus, *Traiter le paiement*, est porté en italique sur le diagramme pour indiquer qu'il s'agit d'un cas d'utilisation abstrait (non instanciable). Pour ne pas surcharger le schéma, nous n'avons pas reporté les associations avec *Caissier* et *Client* sur *Traiter le paiement*. On notera cependant que deux cas d'utilisation spécialisés possèdent une association spécifique avec un acteur supplémentaire : le centre d'autorisation les concernant.

Nous pouvons maintenant compléter le modèle en intégrant la fin de l'énoncé.

La prise en compte optionnelle des bons de réduction se traduit assez naturellement par une relation d'extension avec le cas d'utilisation principal. La liaison avec le système externe de gestion des stocks donne lieu à une association unidirectionnelle avec un nouvel acteur. L'initialisation de la caisse ne présente pas de difficulté. Le diagramme de cas d'utilisation complété est présenté ci-après.

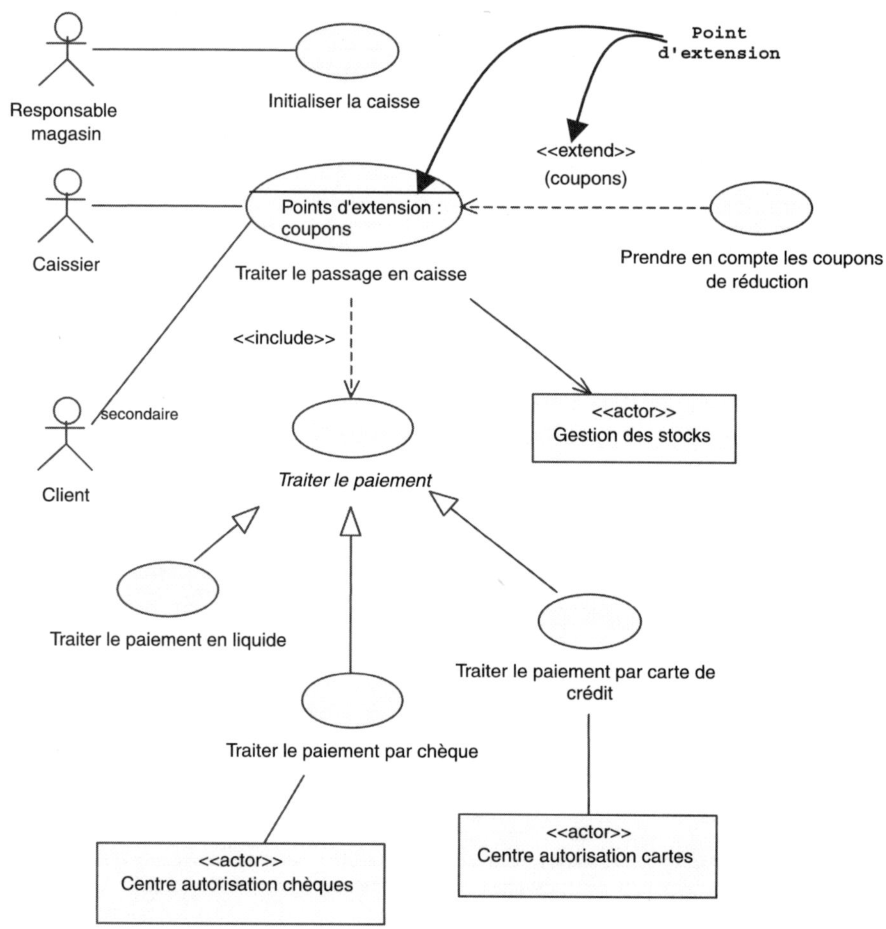

Figure 2-5.
Diagramme de cas d'utilisation complété

EXERCICE 2-2.
Description essentielle d'un cas d'utilisation

À retenir

CAS D'UTILISATION ESSENTIEL/RÉEL

C. Larman a introduit dans [Larman 97] la distinction entre cas d'utilisation essentiel et cas d'utilisation réel :

- *Essentiel* : décrit un processus, d'un point de vue analytique. Explicite un processus le plus indépendamment possible de l'environnement matériel/logiciel.
- *Réel* : décrit un processus, du point de vue de la conception. Explicite une solution en termes d'événements, d'interface utilisateur, d'entrées de données, etc.

Nous allons illustrer cette différence avec les deux questions suivantes.

Écrivez une description détaillée essentielle du cas d'utilisation principal : TRAITER LE PASSAGE EN CAISSE.

Solution

Sommaire d'identification

Titre : Traiter le passage en caisse **Type** : essentiel détaillé

Résumé : un client arrive à une caisse avec des articles qu'il souhaite acheter. Le caissier enregistre les achats et récupère le paiement. À la fin de l'opération, le client part avec les articles.

Acteurs : Caissier (principal), *Client (secondaire).*

Date de création : 17/10/03 **Date de mise à jour** : 11/05/04

Version : 1.4 **Responsable** : Pascal Roques

Description des scénarios

Préconditions

La caisse est ouverte (donc en service) ; un caissier y est connecté.

Scénario nominal

1. Ce cas d'utilisation commence quand un client arrive à la caisse avec des articles qu'il souhaite acheter.	

2. Le caissier enregistre chaque article. S'il y a plus d'un exemplaire par article, le caissier indique également la quantité.	3. La caisse détermine le prix de l'article et ajoute les informations sur l'article à la vente en cours. La caisse affiche la description et le prix de l'article en question.
4. Après avoir enregistré tous les articles, le caissier indique que la vente est terminée.	5. La caisse calcule et affiche le montant total de la vente.
6. Le caissier annonce le montant total au client.	
7. Le client choisit le type de paiement : a. En cas de paiement cash, exécuter le cas d'utilisation « Traiter le paiement en liquide » ; b. En cas de paiement par carte de crédit, exécuter le cas d'utilisation « Traiter le paiement par carte de crédit » ; c. En cas de paiement par chèque, exécuter le cas d'utilisation « Traiter le paiement par chèque ».	
	8. La caisse enregistre la vente effectuée et imprime un ticket.
9. Le caissier donne le ticket de caisse au client.	
10. Le client s'en va avec les articles qu'il a achetés.	

Enchaînements alternatifs

A1 : numéro d'identification inconnu

L'enchaînement A1 démarre au point 3 du scénario nominal.

3. La caisse indique au caissier que le numéro d'identification de l'article est inconnu. L'article ne peut alors être pris en compte dans la vente en cours.

Le scénario nominal reprend au point 2 s'il y a d'autres articles ou au point 4 s'il n'y en a pas.

A2 : prix erroné

L'enchaînement A1 démarre au point 3 du scénario nominal.

3. La caisse affiche un prix d'article erroné.
4. Le caissier annule l'article concerné.

Le scénario nominal reprend au point 2 s'il y a d'autres articles ou au point 4 s'il n'y en a pas.

Enchaînements d'erreur

E1 : annulation de la vente

L'enchaînement E1 peut démarrer du point 2 au point 7 du scénario nominal.

8. Le caissier annule l'ensemble de la vente et le cas d'utilisation se termine en échec.

Il faudrait également décrire chacun des cas d'utilisation spécialisés.

Nous ne corrigeons que le premier :

Sommaire d'identification

Titre : Traiter le paiement en liquide

Résumé : un client paie en liquide le total affiché par la caisse enregistreuse.

Acteurs : Caissier (principal), *Client (secondaire).*

Date de création : 17/10/03 **Date de mise à jour** : 11/05/04

Version : 1.2 **Responsable** : Pascal Roques

Description des scénarios

Préconditions

La vente en cours est clôturée.

Scénario nominal

1. Ce cas d'utilisation commence quand un client choisit de payer en espèces, après avoir été informé du montant total de la vente.	
2. Le client donne en paiement une somme en espèces ; elle est éventuellement plus élevée que le montant total de la vente.	
3. Le caissier enregistre la somme donnée par le client.	4. La caisse affiche la somme qui doit être rendue au client.
5. Le caissier encaisse l'argent reçu et sort la monnaie qu'il doit rendre.	
6. Le caissier rend la monnaie au client.	

Enchaînements alternatifs ou d'erreur

A1 : somme donnée par le client inférieure au montant total de la vente

L'enchaînement E1 démarre au point 4 du scénario nominal.

2. La caisse signale que la somme donnée par le client est inférieure au montant total de la vente et invite le caissier à recommencer.

Le scénario nominal reprend au point 3.

E1 : client ne pouvant payer

L'enchaînement E1 démarre au point 1 du scénario nominal.

2. Le client n'a pas assez de liquide pour payer.
3. Le caissier annule l'ensemble de la vente et le cas d'utilisation se termine en échec, ou le client paie avec un autre moyen de paiement (Voir « Traiter le paiement par chèque », ou « Traiter le paiement par carte de crédit »).

E2 : caissier ne pouvant rendre la monnaie

L'enchaînement E1 démarre au point 5 du scénario nominal.

5. Le tiroir de la caisse ne contient pas assez d'espèces pour qu'il soit possible de rendre la monnaie.
6. Le caissier demande des espèces supplémentaires à son supérieur ou propose une autre méthode de paiement au client (Voir « Traiter le paiement par chèque », ou « Traiter le paiement par carte de crédit »). Si aucune solution n'est envisageable, le caissier annule l'ensemble de la vente et le cas d'utilisation se termine en échec.

EXERCICE 2-3.
Description réelle d'un cas d'utilisation

Écrivez une description détaillée réelle du cas d'utilisation principal : TRAITER LE PASSAGE EN CAISSE.

Proposez tout d'abord une fenêtre graphique simple pour l'interface homme-machine du caissier.

Solution

Le sommaire d'identification est similaire au précédent, mais le type devient : réel détaillé.

L'interface homme-machine proposée est la suivante :

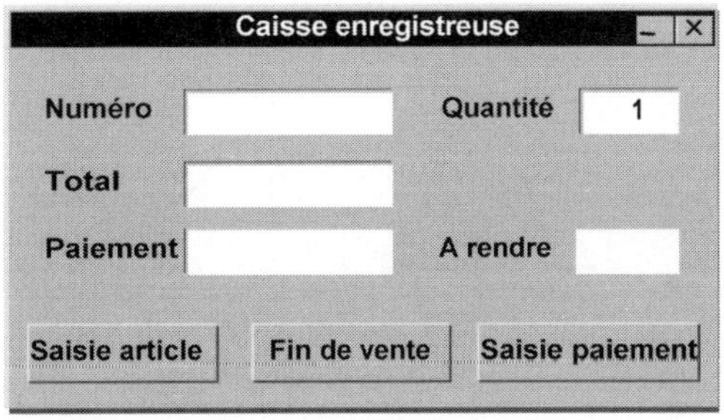

La description du scénario nominal devient alors :

1. Ce cas d'utilisation commence quand un client arrive à la caisse avec des articles qu'il souhaite acheter.	
2. Le caissier enregistre le code universel d'identification du produit dans le champ « Numéro » de la fenêtre de dialogue de la caisse enregistreuse. S'il y a plus d'un exemplaire de l'article en question, le caissier peut entrer la quantité dans le champ « Quantité », qui est positionné à « 1 » par défaut. Puis il appuie sur le bouton de validation : « Saisie article ».	3. La caisse détermine le prix de l'article et ajoute les informations sur l'article à la vente en cours. La caisse affiche la description (sur 6 lettres) et le prix de l'article en question dans le champ « Total ».
4. Après avoir enregistré tous les articles, le caissier appuie sur le bouton « Fin de vente ».	5. La caisse calcule et affiche le montant total de la vente dans le champ « Total ».
6. Le caissier annonce le montant total au client.	
Le client choisit le type de paiement : • En cas de paiement cash, exécuter le cas d'utilisation « Traiter le paiement en liquide » ; • En cas de paiement par carte de crédit, exécuter le cas d'utilisation « Traiter le paiement par carte de crédit » ; • En cas de paiement par chèque, exécuter le cas d'utilisation « Traiter le paiement par chèque ».	

	8. La caisse enregistre la vente qui vient d'être effectuée et imprime un ticket.
9. Le caissier donne le ticket de caisse au client.	
10. Le client s'en va avec les articles qu'il a achetés.	

Pour compléter, nous donnons ci-après la version réelle de *Traiter le paiement en liquide*.

Scénario nominal

1. Ce cas d'utilisation commence quand un client choisit de payer en espèces, après avoir été informé du montant total de la vente.	
2. Le client donne en paiement une somme en espèces ; elle est éventuellement plus élevée que le montant total de la vente.	
3. Le caissier enregistre la somme donnée par le client dans le champ « Paiement ». Il valide au moyen du bouton « Saisie paiement ».	4. La caisse affiche la somme qui doit être rendue au client dans le champ « A rendre ».
5. Le caissier encaisse l'argent reçu et sort la monnaie qu'il doit rendre.	
6. Le caissier rend la monnaie au client.	

EXERCICE 2-4.
Diagramme de séquence système

Réalisez un diagramme de séquence système qui décrive le scénario nominal du cas d'utilisation essentiel TRAITER LE PASSAGE EN CAISSE, en ne considérant que le paiement cash.

Solution

Il suffit de transcrire sous forme de diagramme de séquence les interactions citées dans le scénario textuel de la réponse 2-2, en utilisant les conventions graphiques adoptées précédemment :

- l'acteur principal *Caissier* à gauche ;
- un objet représentant la Caisse au milieu ;
- l'acteur secondaire *Client* à droite de la Caisse.

Notez également l'utilisation du cadre d'interaction proposée par UML 2.0, avec l'opérateur de boucle « loop ».

Figure 2-6.
Diagramme de séquence système du scénario nominal de Traiter le passage en caisse

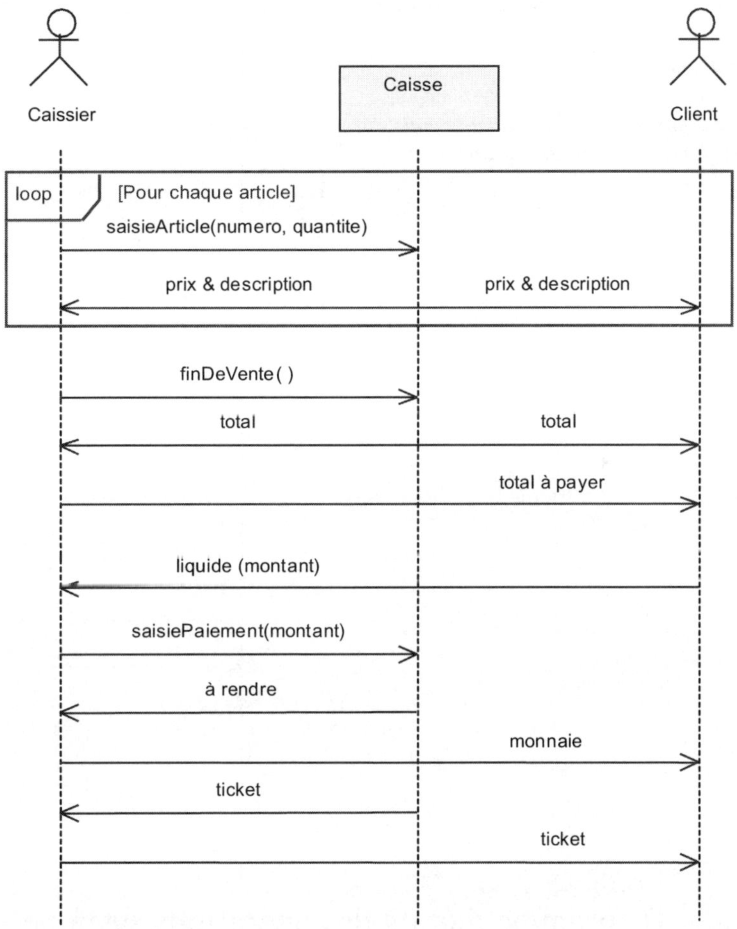

Deux commentaires sur le diagramme précédent :

- Nous avons choisi de montrer les messages échangés par les acteurs. Cela n'est pas strictement nécessaire, puisqu'en dehors du périmètre du système, mais peut néanmoins être utile au lecteur afin de valider le diagramme. Nous avons effectivement plus représenté un processus métier qu'un strict cas d'utilisation, mais cela est souvent apprécié par l'expert métier. Comparez avec la figure suivante qui se concentre vraiment sur les interactions avec le système.

- Comme le prix et la description sont envoyés simultanément aux deux acteurs, nous avons simplement dessiné deux flèches partant du même niveau vertical. Cela nous a paru plus clair pour le lecteur que l'utilisation d'un autre opérateur UML 2.0, à savoir « seq » (weak sequencing).

Si on considère que l'ajout de l'acteur Client sur la figure précédente n'apporte pas de réelle plus-value, on peut donc simplifier le diagramme de séquence comme suit.

Figure 2-7.
Diagramme de séquence système « canonique » du scénario nominal de Traiter le passage en caisse

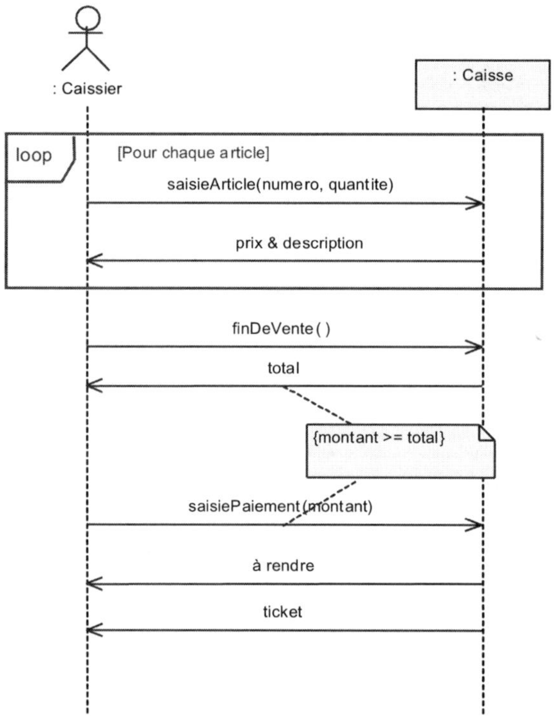

EXERCICE 2-5.
Diagramme d'états des opérations système

Montrez par un diagramme d'états la succession forcée des opérations système pour le cas d'utilisation TRAITER LE PASSAGE EN CAISSE, ce, en ne considérant toujours que le paiement cash.

Solution

Les opérations système identifiées grâce à l'exercice précédent correspondent aux trois messages[4] dont le système est destinataire :

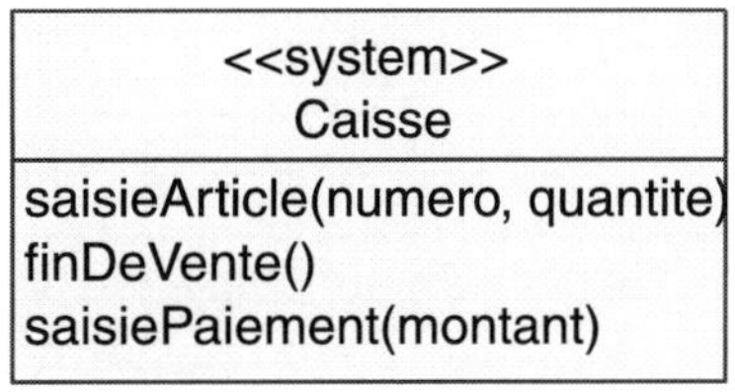

Figure 2-8.
Opérations système de « Traiter le passage en caisse »

Pour représenter la séquence forcée de ces trois opérations système, avec la répétition possible de la saisie d'article, un diagramme d'états s'impose. Il représente en fait le sous-ensemble des états de la caisse induits par le cas d'utilisation *Traiter le passage en caisse*.

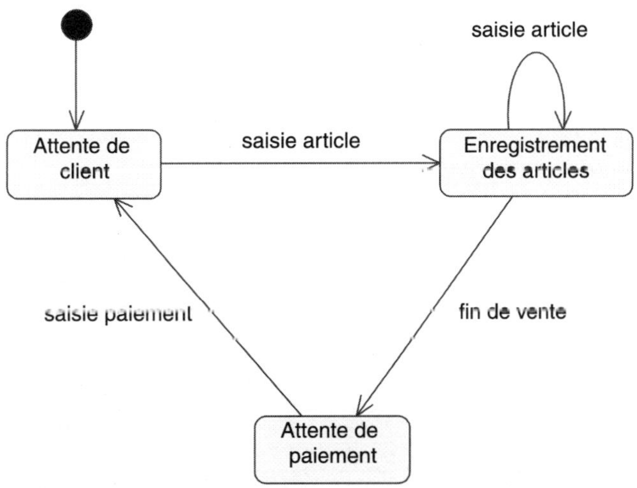

Figure 2-9.
Diagramme d'états des opérations système de « Traiter le passage en caisse »

Si on tient compte des différents types de paiement, le diagramme d'états devient légèrement plus complexe.

4. Pour simplifier, nos n'avons pas pris en compte les deux messages d'annulation : annulerArticle et annlerVente. La démarche de prise en compte de ces deux essages serait identique : ajouter les transitions correspondantes sur le diagramme d'états 2.9.

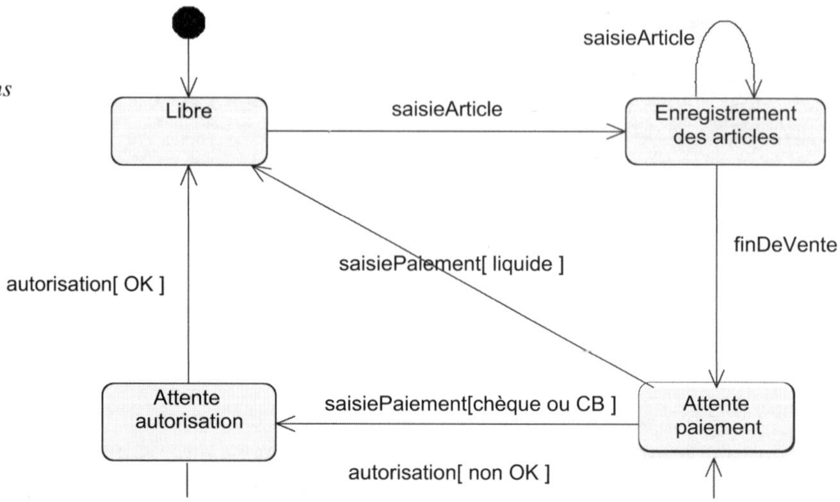

Figure 2-10.
Diagramme d'états complété des opérations système de Traiter le passage en caisse

Enfin, pour compléter le diagramme d'états de la caisse, indépendamment d'un cas d'utilisation particulier, il faudrait ajouter des états supplémentaires liés par exemple à l'initialisation de la caisse, à la connexion du caissier, etc.

Voici un exemple plus complet de ce que l'on pourrait alors obtenir, en gardant la restriction du paiement cash (donc à comparer plutôt à la figure 2-9) :

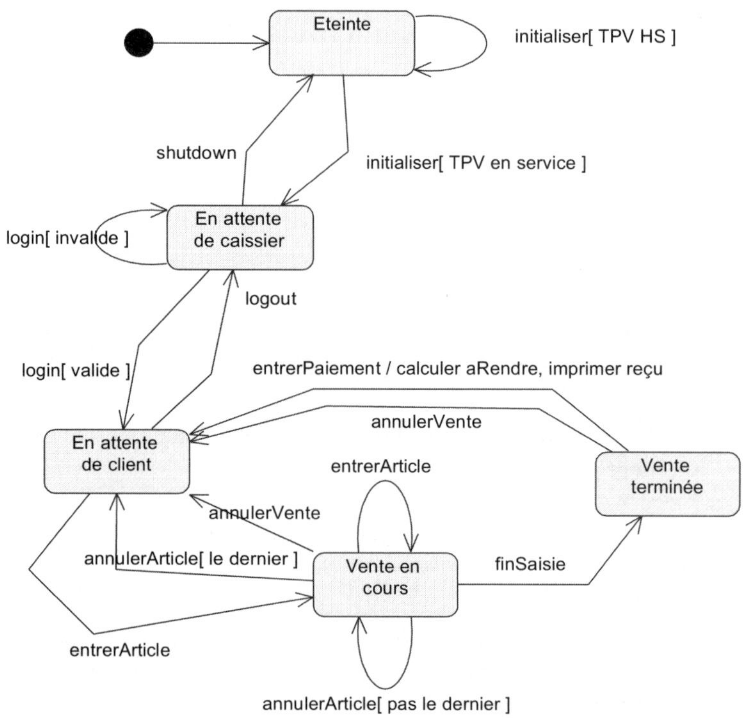

Figure 2-11.
Diagramme d'états de la caisse (paiement cash)

Conseils méthodologiques

COMMENT IDENTIFIER LES ACTEURS ?

- Les acteurs sont *a priori* :
  - les utilisateurs humains directs : identifiez tous les profils possibles, sans oublier l'administrateur, l'opérateur de maintenance, etc. ;
  - les autres systèmes connexes qui interagissent aussi directement avec le système étudié, souvent par le biais de protocoles bidirectionnels.
- Éliminez autant que faire se peut les acteurs « physiques » au profit des acteurs « logiques » : l'acteur est celui qui bénéficie de l'utilisation du système. Cette règle permet en particulier de s'affranchir des technologies d'interface qui risquent d'évoluer au fil du projet et d'identifier des acteurs susceptibles d'être mieux réutilisés.
- Ne répertoriez en tant qu'acteurs que les entités externes (et pas des composants internes au système étudié) qui interagissent directement avec le système (et pas par le biais d'autres acteurs).
- Ne confondez pas rôle et entité concrète. Une même entité externe concrète peut jouer successivement différents rôles par rapport au système étudié, et être modélisée par plusieurs acteurs. Réciproquement, le même rôle peut être tenu simultanément par plusieurs entités externes concrètes, qui seront alors modélisées par le même acteur.

COMMENT REPRÉSENTER LES ACTEURS ?

Utilisez la forme graphique du *stick man* pour les acteurs humains, et la représentation rectangulaire avec le mot-clé <<`actor`>> pour les systèmes connectés.

LE DIAGRAMME DE CONTEXTE STATIQUE

Réalisez si nécessaire un *diagramme de contexte statique*. Il suffit pour cela d'utiliser un diagramme de classes dans lequel chaque acteur est relié par une association à une classe centrale unique représentant le système, ce qui permet de spécifier le nombre d'instances d'acteurs connectées au système à un moment donné.

COMMENT AMÉLIORER LE DIAGRAMME DE CAS D'UTILISATION ?

Pour améliorer le contenu informatif du diagramme de cas d'utilisation, nous recommandons d'adopter les conventions suivantes :

- par défaut, le rôle d'un acteur est principal ; si ce n'est pas le cas, indiquez explicitement que le rôle est secondaire sur l'association, du côté de l'acteur ;

- dans la mesure du possible, disposez les acteurs principaux à gauche des cas d'utilisation, et les acteurs secondaires à droite ;
- si l'acteur ne fait que recevoir des messages du système (ou seulement en envoyer), utilisez le symbole de restriction de navigabilité sur l'association entre le cas d'utilisation et l'acteur.

COMMENT DÉCRIRE LES CAS D'UTILISATION ?

- Pour détailler la dynamique du cas d'utilisation, la façon la plus simple de procéder consiste à recenser textuellement toutes les interactions entre les acteurs et le système. Le cas d'utilisation doit avoir un début et une fin clairement identifiés. Il faut également préciser les variantes possibles, telles que le scénario nominal, les différents cas « alternatifs », les cas d'erreurs, tout en essayant d'ordonner séquentiellement les descriptions, afin d'améliorer leur lisibilité.
- Ne mélangez pas cas d'utilisation *essentiel* (indépendant de tout choix technologique d'interface avec les acteurs) et cas d'utilisation *réel* : le premier est beaucoup plus stable et peut être plus facilement réutilisé.
- Complétez la description textuelle des cas d'utilisation par un ou plusieurs diagrammes dynamiques UML :
  - pour la dynamique du cas d'utilisation, utilisez un *diagramme d'activité* (ou un *diagramme d'états* pour les cas d'utilisation très interactifs) ;
  - pour décrire le scénario nominal, utilisez un *diagramme de séquence.* Présentez-le en montrant l'acteur principal à gauche, puis un objet qui représente le système en boîte noire, et enfin en disposant à droite du système les éventuels acteurs secondaires sollicités durant le scénario.
- Vous pouvez enrichir le diagramme de séquence système du scénario nominal de façon à faire apparaître également :
  - les principales actions internes du système (au moyen de messages qu'il s'envoie à lui-même),
  - les renvois aux enchaînements alternatifs et d'erreur (au moyen de notes).

LES RELATIONS ENTRE CAS D'UTILISATION

- Utilisez la relation d'inclusion entre cas d'utilisation pour éviter de devoir décrire plusieurs fois le même enchaînement, en factorisant ce comportement commun dans un cas d'utilisation supplémentaire inclus.
- Utilisez la relation d'extension entre cas d'utilisation pour séparer un comportement complexe optionnel ou rare du comportement obligatoire.
- Utilisez la relation de généralisation/spécialisation entre cas d'utilisation pour formaliser des variations importantes sur le même cas d'utilisation.

- N'abusez cependant pas des relations entre cas d'utilisation (surtout extension et généralisation) : elles peuvent rendre les diagrammes de cas d'utilisation difficiles à décrypter pour les experts métier qui sont censés les valider.

PAS PLUS DE 20 CAS D'UTILISATION !

Limitez à 20 le nombre de vos cas d'utilisation de base (en dehors des cas inclus, spécialisés, ou des extensions). Avec cette limite arbitraire, on reste synthétique et on ne tombe pas dans le piège de la granularité trop fine des cas d'utilisation.

Chapitre 3

Modélisation statique

Mots-clés

■ Classe, objet ■ Opération ■ Association, multiplicité ■ Attribut, attribut dérivé ■ Agrégation, composition ■ Classe d'association, qualificatif ■ Contrainte, métaclasse ■ Package ■ Généralisation, classe abstraite.

Ce chapitre va nous permettre d'illustrer, pas à pas, à partir d'une nouvelle étude de cas, les principales difficultés que pose la construction des diagrammes de classes UML.

Le diagramme de classes a toujours été le diagramme le plus important dans toutes les méthodes orientées objet. C'est celui que les outils de génération automatique de code utilisent en priorité. C'est également celui qui contient la plus grande gamme de notations et de variantes, d'où la difficulté d'utiliser correctement tous ces concepts.

Dans cet important chapitre, nous allons apprendre à :

- Identifier les concepts du domaine et les modéliser en tant que classes,
- Identifier les associations pertinentes entre les concepts,

- Réfléchir aux multiplicités à chaque extrémité d'association,
- Ajouter des attributs aux classes du domaine,
- Comprendre la différence entre modèles d'analyse et de conception,
- Utiliser les diagrammes d'objets pour illustrer les diagrammes de classes,
- Utiliser les classes d'association, contraintes et qualificatifs,
- Structurer notre modèle en *packages*,
- Comprendre ce qu'est un *pattern* d'analyse.

PRINCIPES ET DÉFINITIONS DE BASE

DIAGRAMME DE CLASSES

Le diagramme de classes est le point central dans un développement orienté objet. En analyse, il a pour objectif de décrire la structure des entités manipulées par les utilisateurs. En conception, le diagramme de classes représente la structure d'un code orienté objet ou, à un niveau de détail plus important, les modules du langage de développement.

Comment le représenter ?

Le diagramme de classes met en œuvre des classes, contenant des attributs et des opérations, et reliées par des associations ou des généralisations.

Figure 3-1.
Exemple de diagramme de classes

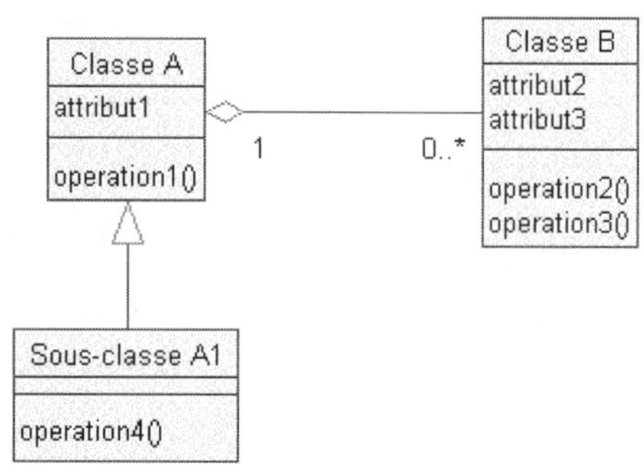

CLASSE ET OBJET

Une classe représente la description abstraite d'un ensemble d'objets possédant les mêmes caractéristiques. On peut parler également de type.

Exemples : la classe Voiture, la classe Personne.

Un objet est une entité aux frontières bien définies, possédant une identité et encapsulant un état et un comportement. Un objet est une instance (ou occurrence) d'une classe.

Exemple : Pascal Roques est un objet instance de la classe Personne. Le livre que vous tenez entre vos mains est une instance de la classe Livre.

ATTRIBUT ET OPÉRATION

Un attribut représente un type d'information contenu dans une classe.

Exemples : vitesse courante, cylindrée, numéro d'immatriculation, etc. sont des attributs de la classe Voiture.

Une opération représente un élément de comportement (un service) contenu dans une classe. Nous ajouterons surtout les opérations en conception objet, car cela fait partie des choix d'attribution des responsabilités aux objets.

ASSOCIATION

Une association représente une relation sémantique durable entre deux classes.

Exemple : une personne peut posséder des voitures. La relation *possède* est une association entre les classes Personne et Voiture.

Attention : même si le verbe qui nomme une association semble privilégier un sens de lecture, une association entre concepts dans un modèle du domaine est par défaut bidirectionnelle. Donc implicitement, l'exemple précédent inclut également le fait qu'une voiture est possédée par une personne.

Comment les représenter ?

Aux deux extrémités d'une association, on doit faire figurer une indication de multiplicité. Elle spécifie sous la forme d'un intervalle d'entiers positifs ou nuls le nombre d'objets qui peuvent participer à une relation avec un objet de l'autre classe dans le cadre d'une association.

Exemple : une personne peut posséder plusieurs voitures (entre zéro et un nombre quelconque) ; une voiture est possédée par une seule personne.

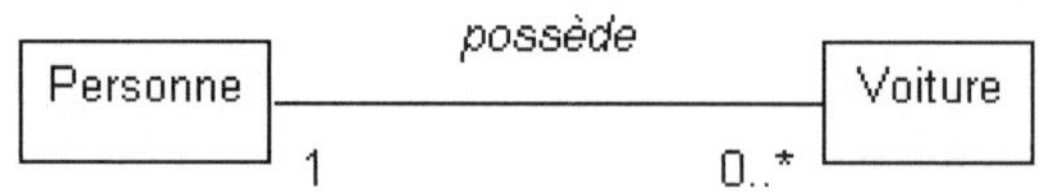

Figure 3-2.
Exemples de multiplicité d'associations

AGRÉGATION ET COMPOSITION

Une agrégation est un cas particulier d'association non symétrique exprimant une relation de contenance. Les agrégations n'ont pas besoin d'être nommées : implicitement elles signifient « contient », « est composé de ».

Une composition est une agrégation plus forte impliquant que :

- un élément ne peut appartenir qu'à un seul agrégat composite (agrégation non partagée) ;
- la destruction de l'agrégat composite entraîne la destruction de tous ses éléments (le composite est responsable du cycle de vie des parties).

Comment les représenter ?

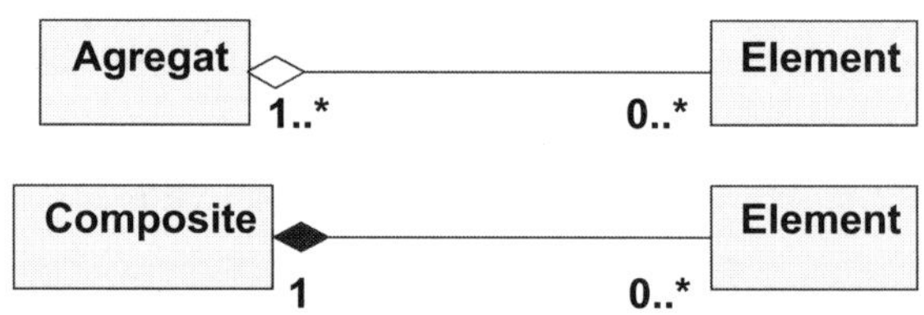

Figure 3-3.
Exemples d'agrégation et de composition

GÉNÉRALISATION, SUPER-CLASSE, SOUS-CLASSE

Une super-classe est une classe plus générale reliée à une ou plusieurs autres classes plus spécialisées (sous-classes) par une relation de généralisation. Les sous-classes « héritent » des propriétés de leur super-classe et peuvent comporter des propriétés spécifiques supplémentaires.

Exemple : les voitures, les bateaux et les avions sont des moyens de transport. Ils possèdent tous une marque, un modèle, une vitesse, etc. Par contre, seuls les bateaux ont un tirant d'eau et seuls les avions ont une altitude…

Comment les représenter ?

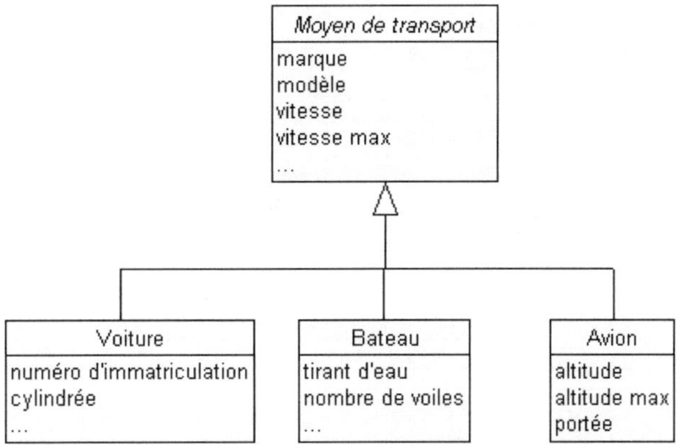

Figure 3-4.
Exemple de super-classe et sous-classes

Une classe abstraite est simplement une classe qui ne s'instancie pas directement mais qui représente une pure abstraction afin de factoriser des propriétés communes. Elle se note en *italique*. C'est le cas de *Moyen de Transport* dans l'exemple précédent.

PACKAGE

Package : mécanisme général de regroupement d'éléments en UML, qui est principalement utilisé en analyse et conception objet pour regrouper des classes et des associations. Les packages sont des espaces de nommage : deux éléments ne peuvent pas porter le même nom au sein du même package. Par contre, deux éléments appartenant à des packages différents peuvent porter le même nom.

La structuration d'un modèle en packages est une activité délicate. Elle doit s'appuyer sur deux principes fondamentaux : *cohérence* et *indépendance*.

Le premier principe consiste à regrouper les classes qui sont proches d'un point de vue sémantique. Un critère intéressant consiste à évaluer les durées de vie des instances de concept et à rechercher l'homogénéité. Le deuxième principe s'efforce de minimiser les relations entre packages, c'est-à-dire plus concrètement les relations entre classes de packages différents.

Comment les représenter ?

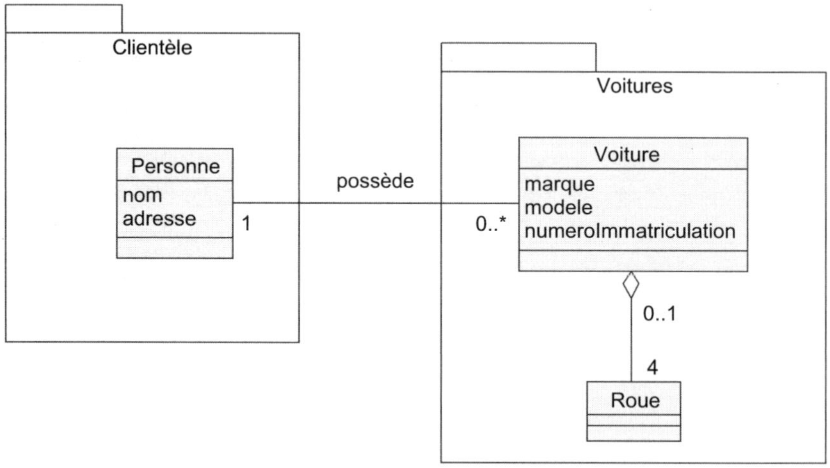

Figure 3-5.
Exemples de packages contenant des classes

ÉTUDE D'UN SYSTÈME DE RÉSERVATION DE VOL

Cette étude de cas concerne un système simplifié de réservation de vols pour une agence de voyages.

Les interviews des experts métier auxquelles on a procédé ont permis de résumer leur connaissance du domaine sous la forme des phrases suivantes :

1. Des compagnies aériennes proposent différents vols.
2. Un vol est ouvert à la réservation et refermé sur ordre de la compagnie.
3. Un client peut réserver un ou plusieurs vols, pour des passagers différents.
4. Une réservation concerne un seul vol et un seul passager.
5. Une réservation peut être annulée ou confirmée.
6. Un vol a un aéroport de départ et un aéroport d'arrivée.
7. Un vol a un jour et une heure de départ, et un jour et une heure d'arrivée.
8. Un vol peut comporter des escales dans des aéroports.
9. Une escale a une heure d'arrivée et une heure de départ.
10. Chaque aéroport dessert une ou plusieurs villes.

Nous allons entreprendre progressivement la réalisation d'un modèle statique d'analyse (aussi appelé modèle du domaine) à partir de ces « morceaux de connaissance ».

Étape 1 – Modélisation des phrases 1 et 2

En premier lieu, nous allons modéliser la première phrase :

1. Des compagnies aériennes proposent différents vols.

CompagnieAerienne et *Vol* sont des concepts importants du monde réel ; ils ont des propriétés et des comportements. Ce sont donc des classes candidates pour notre modélisation statique.

Nous pouvons initier le diagramme de classes comme suit :

Figure 3-6.
Modélisation de la phrase 1

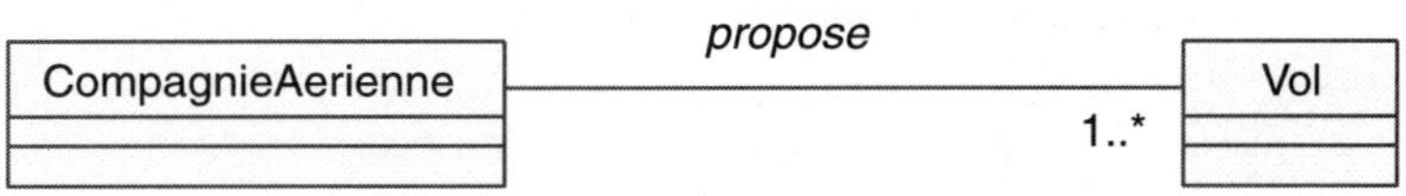

La multiplicité « 1..* » du côté de la classe *Vol* a été préférée à une multiplicité « 0..* » car nous ne gérons que les compagnies aériennes qui proposent au moins un vol[1].

En revanche, la phrase ne nous donne pas d'indication sur la multiplicité du côté de la classe *CompagnieAerienne*. C'est là une première question qu'il faudra poser à l'expert métier.

Par la suite, nous partirons du principe qu'un vol est proposé le plus souvent par une seule compagnie aérienne, mais qu'il peut également être partagé entre plusieurs affréteurs. Au passage, on notera que le terme « affréteur » est un bon candidat pour nommer le rôle joué par la classe *CompagnieAérienne* dans l'association avec *Vol*.

Figure 3-7.
Modélisation complétée de la phrase 1

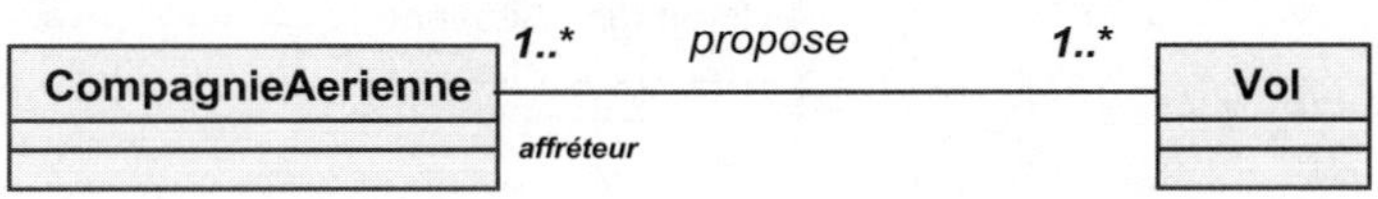

Nous allons maintenant nous intéresser à la deuxième phrase. Les notions d'ouverture et de fermeture de la réservation représentent des concepts dynamiques. Il s'agit en effet de changements d'état d'un objet *Vol* sur ordre d'un objet *CompagnieAérienne*. Une solution naturelle consiste donc à introduire un attribut énuméré *etat*, comme cela est montré sur la figure suivante.

1. Ceci est typique de la modélisation du domaine. en conception, nous utiliserons plutôt « 0..* », car lorsque l'on ajoute un objet CompagnieAerienne dans le système, il n'existe pas encore d'instances de Vol associées.

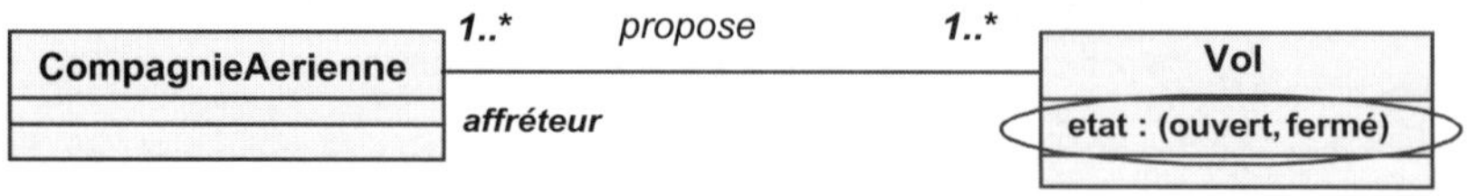

Figure 3-8. *Première modélisation de la phrase 2*

En fait, ce n'est pas vraiment la bonne approche : tout objet possède un état courant, en plus des valeurs de ses attributs. Cela fait partie des propriétés intrinsèques des concepts objets. La notion d'état ne doit donc pas apparaître directement en tant qu'attribut sur les diagrammes de classes : elle sera modélisée dans le point de vue dynamique grâce au diagramme d'états (voir chapitres 5 et 6). Dans le diagramme de classes UML, les seuls concepts dynamiques disponibles sont les opérations.

Or, les débutants en modélisation objet ont souvent du mal à placer les opérations dans les bonnes classes ! Plus généralement, l'assignation correcte des responsabilités aux bonnes classes est une qualité distinctive des concepteurs objets expérimentés…

EXERCICE 3-1.
Placement des opérations dans les classes

Dans quelle classe placez-vous les opérations que l'on vient d'identifier ?

Solution

Qui est ouvert à la réservation ? C'est le vol, et non pas la compagnie.

En orienté objet, on considère que l'objet sur lequel on pourra réaliser un traitement doit le déclarer en tant qu'opération. Les autres objets qui posséderont une référence dessus pourront alors lui envoyer un message qui invoque cette opération.

Il faut donc placer les opérations dans la classe *Vol*, et s'assurer que la classe *CompagnieAérienne* a bien une association avec elle.

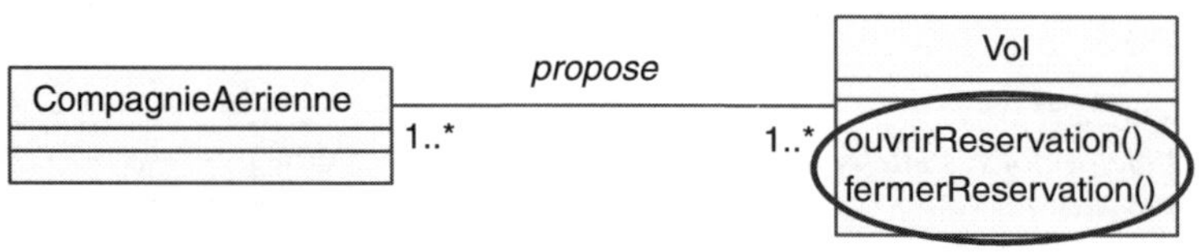

Figure 3-9. *Modélisation correcte de la phrase 2*

L'association *propose* s'instanciera en un ensemble de liens entre des objets des classes *CompagnieAerienne* et *Vol*.

Elle permettra donc bien à des messages d'ouverture et de fermeture de réservation de circuler entre ces objets, comme cela est indiqué sur le diagramme de communication[2] ci-après.

2. Le diagramme de communication (appelé collaboration en UML 1.x) montre comment des instances envoient des messages à d'autres instances. Pour qu'un message puisse être reçu par un objet, une opération de même nom doit être déclarée publique dans la classe concernée.

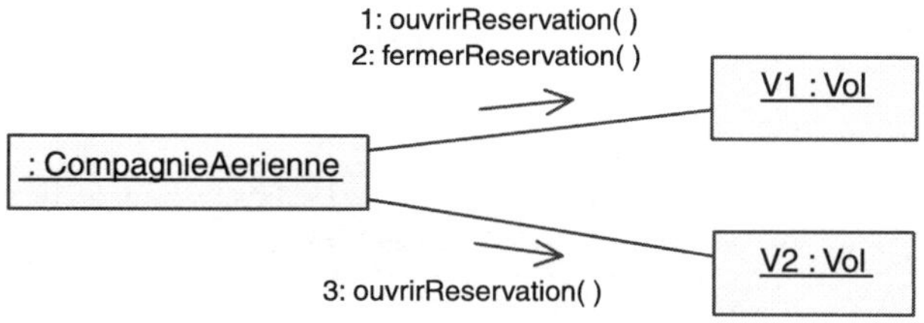

Figure 3-10.
Diagramme de communication illustrant la phrase 2

Étape 2 – Modélisation des phrases 6, 7 et 10

Poursuivons la modélisation de la classe *Vol*. Les phrases 6 et 7 s'y rapportent directement. Considérons tout d'abord la phrase 7 :

7. Un vol a un jour et une heure de départ et un jour et une heure d'arrivée.

Toutes ces notions de dates et d'heures représentent simplement des valeurs pures. Nous les modéliserons donc comme des attributs et pas comme des objets à part entière.

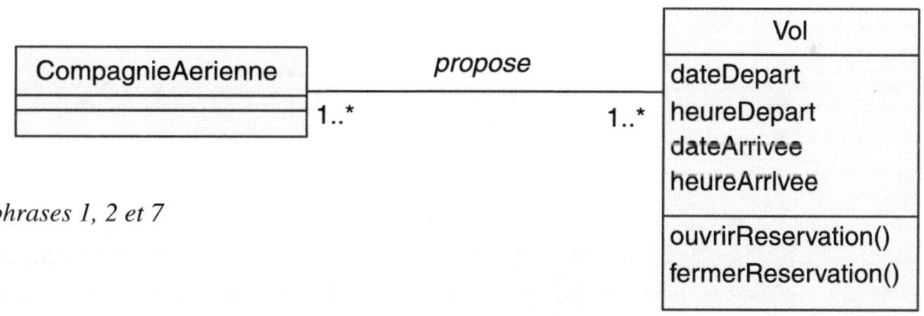

Figure 3-11.
Modélisation des phrases 1, 2 et 7

Un objet est un élément plus « important » qu'un attribut. Un bon critère à appliquer en la matière peut s'énoncer de la façon suivante : si l'on ne peut demander à un élément que sa valeur, il s'agit d'un simple attribut ; si plusieurs questions s'y appliquent, il s'agit plutôt d'un objet qui possède lui-même plusieurs attributs, ainsi que des liens avec d'autres objets.

Essayez d'appliquer ce principe à la phrase 6 :

6. Un vol a un aéroport de départ et un aéroport d'arrivée.

EXERCICE 3-2. Associations multiples entre classes

Quelles sont les différentes solutions pour modéliser la phrase 6, avec leurs avantages et inconvénients ?

Solution

Contrairement aux notions d'heure et de date qui sont des types « simples », la notion d'aéroport est complexe ; elle fait partie du « métier ». Un aéroport ne possède pas seulement un nom, il a aussi une capacité, dessert des villes, etc. C'est la raison pour laquelle nous préférons créer une classe *Aeroport* plutôt que de simples attributs *aeroportDepart* et *aeroportArrivee* dans la classe *Vol*.

Une première solution consiste à créer une association avec une multiplicité 2 du côté de la classe *Aeroport*. Mais nous perdons les notions de départ et d'arrivée. Une astuce serait alors d'ajouter une contrainte `{ordered}` du côté *Aeroport*, pour indiquer que les deux aéroports liés au vol sont ordonnés (l'arrivée a toujours lieu après le départ !).

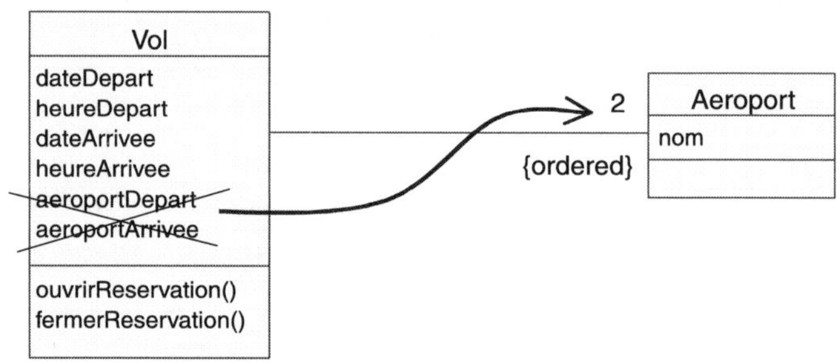

Figure 3-12. *Solution approximative de la phrase 6*

Il s'agit là d'une modélisation « tordue » que nous ne recommandons pas, car elle n'est pas très parlante pour l'expert métier et il existe une bien meilleure solution…

Une autre solution tentante consiste à créer deux sous-classes de la classe *Aeroport*.

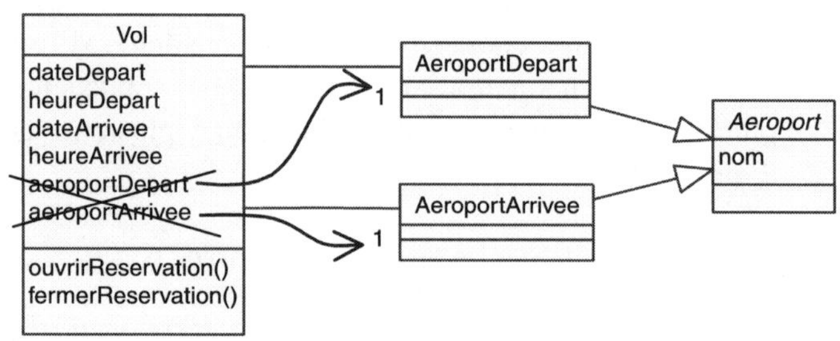

Figure 3-13. *Solution incorrecte de la phrase 6*

Pourtant, cette solution est incorrecte ! En effet, tout aéroport est successivement aéroport de départ pour certains vols et aéroport d'arrivée pour d'autres. Les classes *AeroportDepart* et *AeroportArrivee* ont donc exactement les mêmes instances redondantes, ce qui devrait décourager d'en faire deux classes distinctes.

Le concept UML de rôle s'applique parfaitement dans cette situation. La façon la plus précise de procéder consiste donc à créer deux associations entre les classes *Vol* et *Aeroport*, chacune affectée d'un rôle différent avec une multiplicité égale à 1 exactement.

Figure 3-14.
Modélisation correcte de la phrase 6

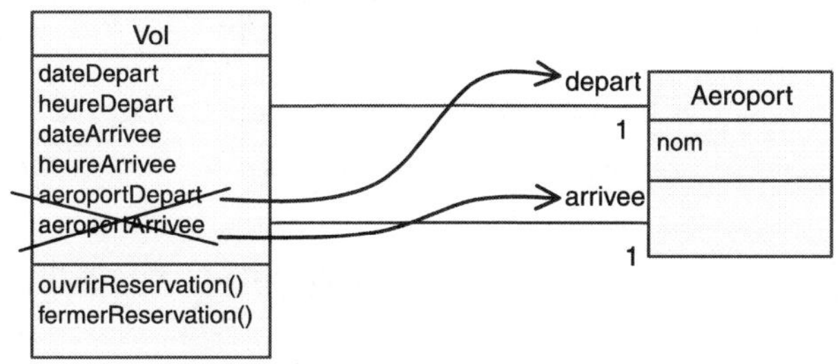

À retenir

DATE COMME TYPE NON PRIMITIF

Nous avons expliqué précédemment pourquoi nous préférons modéliser les dates et heures comme des attributs et pas des objets, contrairement aux aéroports.

Une solution plus sophistiquée a été proposée par M. Fowler[a] : elle consiste à créer une classe *Date* et à s'en servir ensuite pour typer l'attribut au lieu d'ajouter une association.

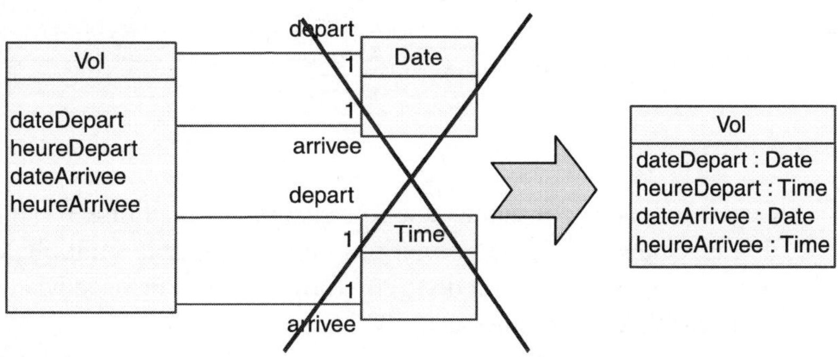

a. *Analysis Patterns: Reusable Object Models*, M. Fowler, 1997, Addison-Wesley.

À retenir

DIFFÉRENCE ENTRE MODÈLE D'ANALYSE ET DE CONCEPTION

Dans le code Java de l'application finale, il est certain que nous utiliserons explicitement la classe d'implémentation `Date` (du package `java.util`).

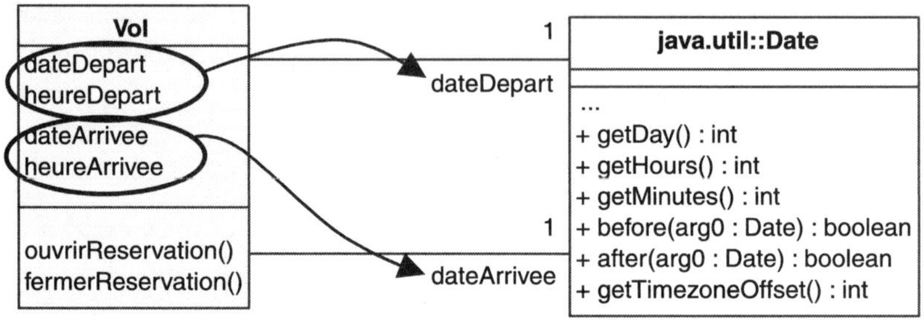

Il ne s'agit pas là d'une contradiction, mais d'une différence de niveau d'abstraction, qui donne lieu à deux modèles différents, un modèle d'analyse et un modèle de conception détaillée, pour des types de lecteurs et des objectifs distincts.

EXERCICE 3-3. Discussion sur les multiplicités

Nous pouvons maintenant passer à la modélisation de la phrase 10.

10. Chaque aéroport dessert une ou plusieurs villes.

Figure 3-15.
Modélisation de la phrase 10

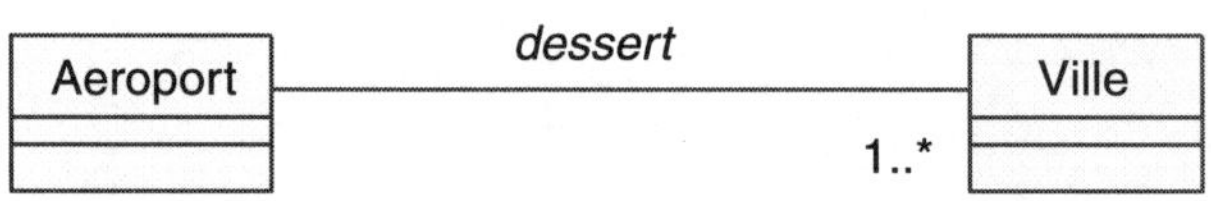

Cependant, nous constatons une fois encore que la phrase 10 ne traduit qu'un seul sens de l'association. Elle ne permet pas de déterminer la multiplicité du côté de la classe *Aeroport*. La question doit donc être formulée de la façon suivante : par combien d'aéroports une ville est-elle desservie ?

Quelle est la multiplicité du côté aéroport pour la modélisation de la phrase 10 ?

Solution

La question est moins triviale qu'il n'y paraît au premier abord… Tout dépend en effet de la définition exacte que l'on prête au verbe « desservir » dans notre système ! En effet, si « desservir » consiste simplement à désigner le moyen de transport par les airs le plus proche, toute ville est toujours desservie par un et un seul aéroport.

Figure 3-16.
Modélisation possible de la phrase 10

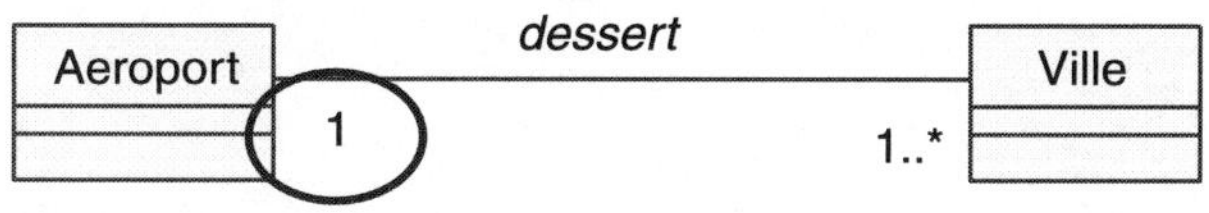

Mais si « desservir » vaut par exemple pour tout moyen de transport aérien se trouvant à moins de trente kilomètres, alors une ville peut être desservie par 0 ou plusieurs aéroports.

C'est cette dernière définition que nous retiendrons.

Figure 3-17.
Modélisation complétée de la phrase 10

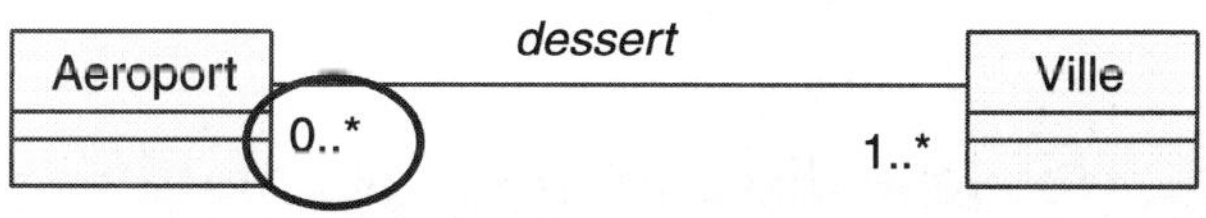

Étape 3 – Modélisation des phrases 8 et 9

Considérons maintenant les escales, c'est-à-dire les phrases 8 et 9.

8. *Un vol peut comporter des escales dans des aéroports.*
9. *Une escale a une heure d'arrivée et une heure de départ.*

Chaque escale a deux propriétés d'après la phrase 9 : heure d'arrivée et heure de départ. Elle est également en relation avec des vols et des aéroports, qui sont eux-mêmes des objets, d'après la phrase 8. Il est donc naturel d'en faire une classe à son tour.

Cependant, la phrase 8 est aussi imprécise : une escale peut-elle appartenir à plusieurs vols, et quelles sont les multiplicités entre *Escale* et *Aeroport* ? De plus, le schéma n'indique toujours pas les multiplicités du côté *Vol* avec *Aeroport*.

Figure 3-18.
Modélisation préliminaire des phrases 8 et 9

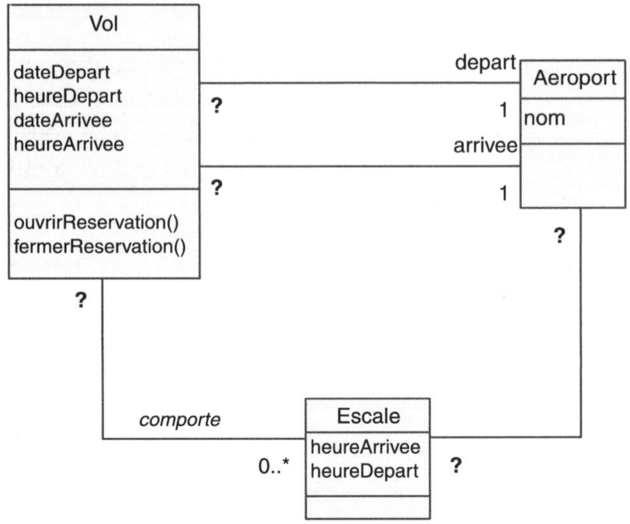

EXERCICE 3-4.
Nouvelle discussion sur les multiplicités

Complétez les multiplicités des associations.

Solution

D'après la phrase 8, un vol peut comporter des escales dans des aéroports. Cette formulation est ambiguë, et vaut que l'on y réfléchisse un peu, en faisant même appel aux conseils d'un expert métier.

On peut commencer par ajouter les multiplicités entre *Escale* et *Aeroport*, ce qui doit être aisé. Il est clair qu'une escale a lieu dans un et un seul aéroport, et qu'un aéroport peut servir à plusieurs escales. De même, un aéroport peut servir de départ ou d'arrivée à plusieurs vols.

On pourrait également penser qu'une escale n'appartient qu'à un vol et un seul, mais est-ce bien certain ? Après consultation de l'expert métier, un contre-exemple nous est donné, sous forme du diagramme d'objets suivant.

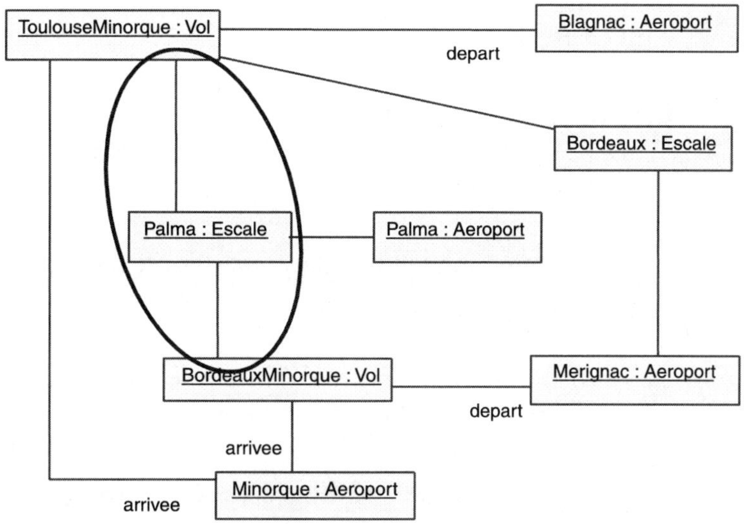

Figure 3-19.
Diagramme d'objets illustrant la phrase 8

Une escale peut donc appartenir à deux vols différents, en particulier quand ces vols sont « imbriqués ». Notez combien il est efficace de recourir au diagramme d'objets pour donner un exemple, ou encore un contre-exemple, qui permette d'affiner un aspect délicat d'un diagramme de classes.

Pour finaliser le diagramme des phrases 8 et 9, il nous suffit d'ajouter deux précisions :

- l'association entre *Vol* et *Escale* est une agrégation (mais certainement pas une composition, puisqu'elle est partageable) ;
- les escales sont ordonnées par rapport au vol.

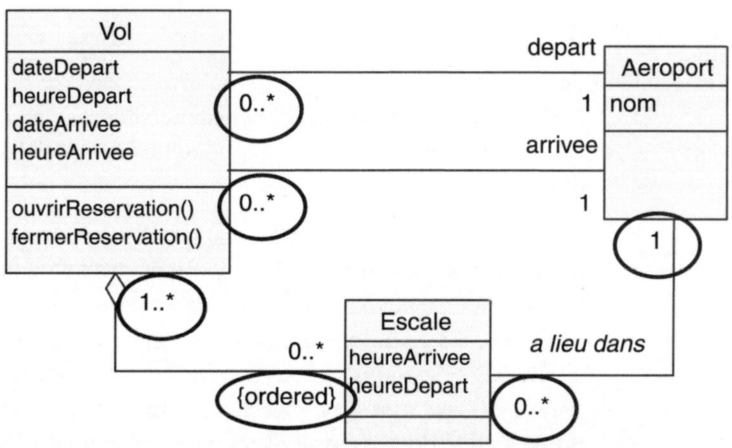

Figure 3-20.
Modélisation complète des phrases 8 et 9

EXERCICE 3-5.
Classe d'association

Dans la solution précédente, la classe Escale sert d'intermédiaire entre les classes *Vol* et *Aeroport.* Elle a peu de réalité par elle-même, et cela nous laisse donc penser à une autre solution la concernant...

Proposez une solution plus sophistiquée pour la modélisation des escales.

Solution

Au vu du diagramme précédent, il apparaît que la classe *Escale* comporte peu d'informations propres ; elle est fortement associée à *Aeroport* (multiplicité 1) et n'existe pas par elle-même, mais seulement en tant que partie d'un *Vol.*

Une première idée consiste à considérer *Escale* comme une spécialisation de *Aeroport.*

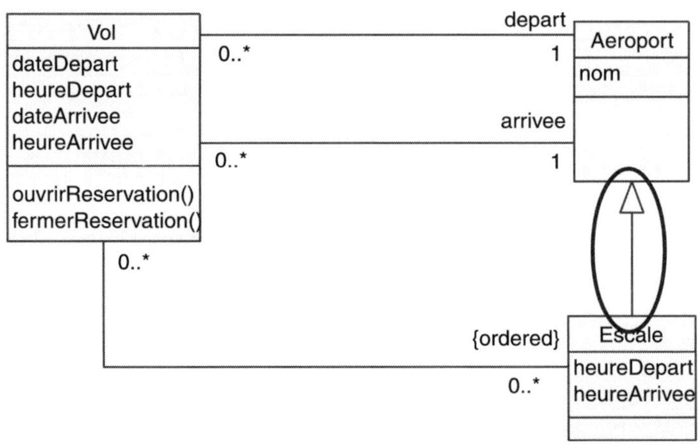

Figure 3-21.
Modélisation avec héritage des phrases 8 et 9

Il s'agit là d'une solution séduisante, l'escale récupérant automatiquement par héritage le nom d'aéroport, et ajoutant par spécialisation les heures de départ et d'arrivée.

Pourtant, on ne peut pas recommander d'y recourir. En effet, peut-on vraiment dire qu'une escale est une sorte d'aéroport, peut-on garantir que la classe *Escale* est conforme à 100 % aux spécifications de sa super-classe ? Est-ce qu'une escale dessert des villes, est-ce qu'une escale peut servir de départ ou d'arrivée à un vol ? Si l'on ajoute des opérations *ouvrir* et *fermer* à la classe *Aéroport*, s'appliqueront-elles à *Escale* ? Il ne s'agit donc pas, à vrai dire, d'un héritage d'interface, mais bien plutôt d'une facilité dont pourrait user un concepteur peu scrupuleux pour récupérer automatiquement l'attribut *nom* de la classe *Aeroport*, avec ses futures méthodes d'accès. Cette utilisation de l'héritage est appelée un héritage d'implémentation et elle est de plus en plus largement déconseillée. En outre, si l'on veut un jour spécialiser au sens métier les aéroports en aéroports internationaux et régionaux, par exemple, on devra immédiatement gérer un héritage multiple.

Pourquoi ne pas considérer plutôt cette notion d'escale comme un troisième rôle joué par un aéroport par rapport à un vol ? Les attributs *heureArrivee* et *heureDepart* deviennent alors des attributs d'association, comme cela est montré sur le schéma suivant. La classe *Escale* disparaît alors en tant que telle, et se trouve remplacée par une classe d'association *InfosEscale*. On notera l'homogénéité des multiplicités du côté de la classe *Vol*.

Figure 3-22.
Modélisation plus sophistiquée des phrases 8 et 9

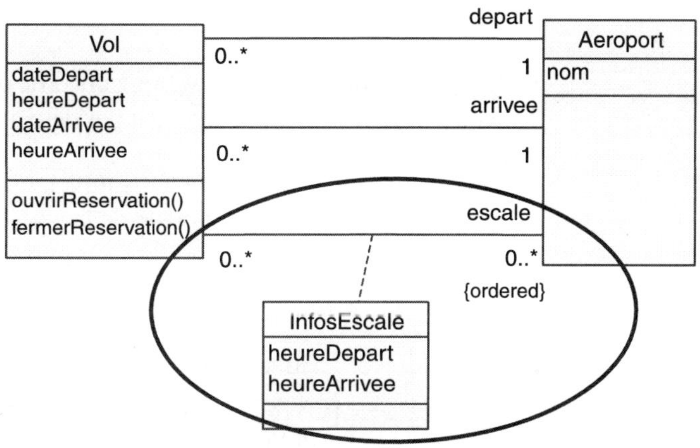

Étape 4 – Modélisation des phrases 3, 4 et 5

Nous pouvons maintenant aborder le traitement du concept de réservation.

Relisons bien les phrases 3 à 5 qui s'y rapportent directement.

3. *Un client peut réserver un ou plusieurs vols, pour des passagers différents.*
4. *Une réservation concerne un seul vol et un seul passager.*
5. *Une réservation peut être annulée ou confirmée.*

Une question préliminaire peut se poser immédiatement…

EXERCICE 3-6. Distinction entre concepts

Faut-il vraiment distinguer les concepts de client et de passager ?

Solution

Au premier abord, cette distinction peut paraître superflue, mais elle est en fait absolument nécessaire ! Prenons le cas des déplacements professionnels : le client est souvent l'employeur de la personne qui se déplace pour son travail. Cette personne joue alors le rôle du passager et apprécie de ne pas devoir avancer le montant de son billet. Le concept de client est fondamental pour les aspects facturation et comptabilité, alors que le concept de passager est plus utile pour les aspects liés au vol lui-même (embarquement, etc.).

D'après la phrase 4, une réservation concerne un seul vol et un seul passager. Nous pouvons modéliser cela directement par deux associations.

La phrase 5, quant à elle, se traduit simplement par l'ajout de deux opérations dans la classe *Reservation*, sur le modèle de la phrase 2.

Figure 3-23.
Modélisation directe des phrases 4 et 5

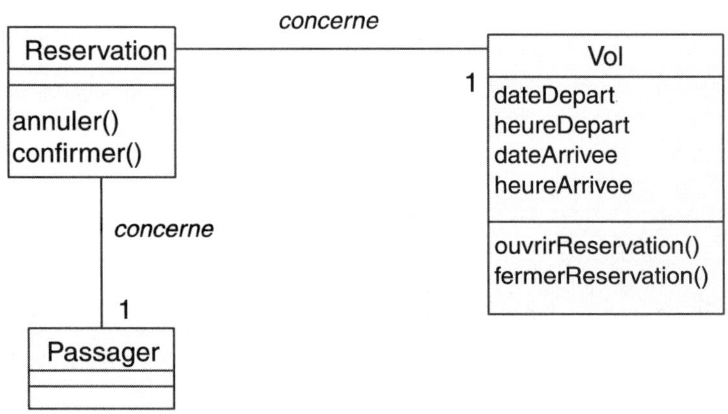

Notez néanmoins qu'une solution plus concise est possible, à savoir considérer le passager comme un simple attribut de *Reservation*. L'inconvénient majeur concerne la gestion des informations sur les passagers. En effet, il est fort probable que l'on ait besoin de gérer les coordonnées du passager (adresse, téléphone, e-mail, etc.), voire des points de fidélité, ce que ne permet pas facilement la solution simpliste montrée sur la figure suivante.

Figure 3-24.
Modélisation simpliste des phrases 4 et 5

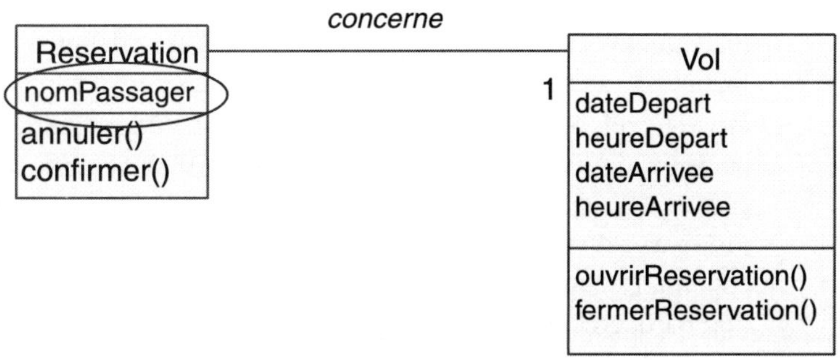

Nous conserverons donc l'approche faisant de *Passager* une classe à part entière.

EXERCICE 3-7. Modélisation de la réservation

Poursuivons notre traitement du concept de réservation. La phrase 3 est un peu plus délicate, à cause de sa formulation alambiquée.

Modélisez la phrase 3 et complétez les multiplicités des associations précédentes.

Solution

Le début de la phrase 3 peut prêter à confusion en raison de la relation directe qu'il semble impliquer entre client et vol. En fait, le verbe « réserver » masque le concept déjà identifié de réservation. Nous avons vu lors de la modélisation de la phrase 4 qu'une réservation concerne un seul vol. Le début de la phrase 3 peut donc se reformuler plus simplement : un client peut effectuer plusieurs réservations (chacune portant sur un vol). Ce qui se traduit directement par le schéma suivant.

Figure 3-25.
Début de modélisation de la phrase 3

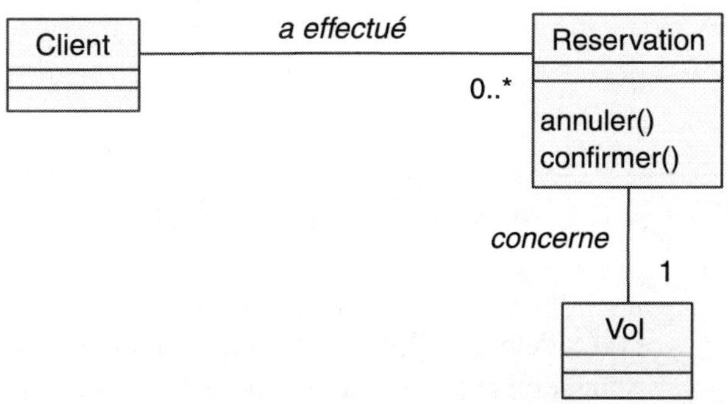

Nous allons compléter le diagramme en ajoutant d'abord les deux multiplicités manquantes. Il est clair qu'une réservation a été effectuée par un et un seul client, et qu'un même vol peut être concerné par zéro ou plusieurs réservations. Ajoutons ensuite la classe *Passager* et complétons les multiplicités. Combien de réservations un même passager peut-il avoir ? Au premier abord, au moins une, sinon il n'est pas passager. En fait, nous gérons des réservations, pas le vol lui-même. Nous avons donc besoin de stocker des instances persistantes de passagers, même s'ils n'ont pas tous de réservation à l'instant courant. Encore une question de point de vue de modélisation ! Pour l'application qui gère l'embarquement, un passager a une et une seule réservation, mais ici il faut prévoir « 0..* ».

Figure 3-26.
Modélisation complète des phrases 4 et 5

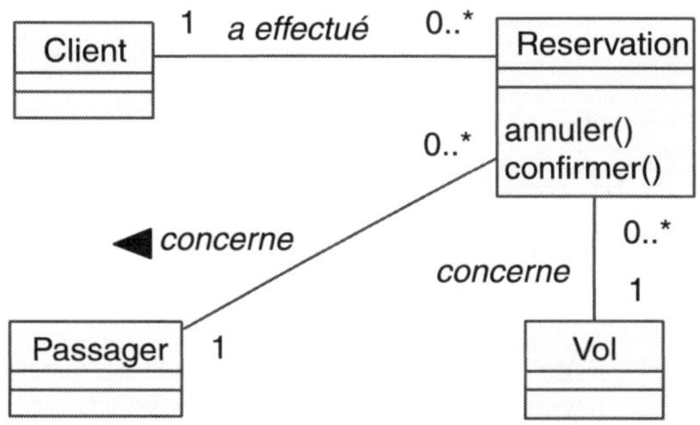

Pour compléter, notons que nous pourrions également représenter Reservation comme une classe d'association entre Vol et Passager. Quoique également correcte, nous ne conserverons pas cette dernière solution afin de ne pas complexifier inutilement les diagrammes suivants.

Figure 3-27.
Modélisation alternative des phrases 4 et 5

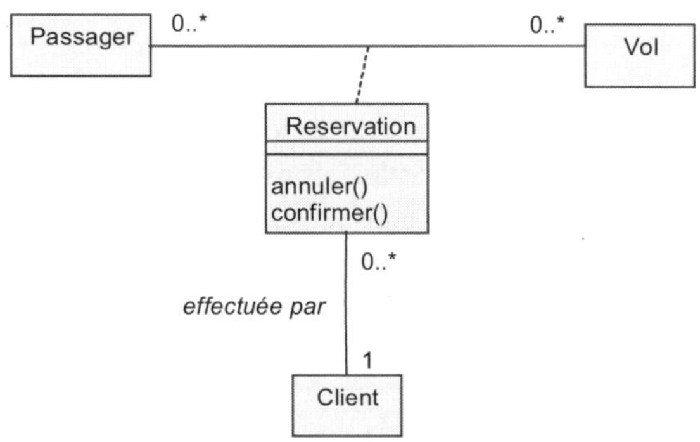

Étape 5 – Ajout d'attributs, de contraintes et de qualificatifs

Le modèle que l'on obtient par la modélisation des 10 phrases de l'énoncé ressemble actuellement au diagramme de la figure présentée ci-après.

Figure 3-28.
Modélisation préliminaire du système de réservation de vols

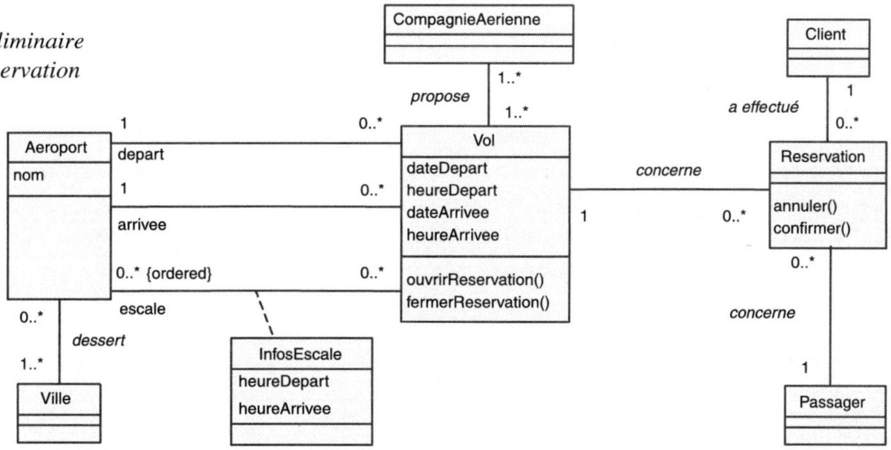

Certaines classes n'ont pas d'attribut, ce qui est plutôt mauvais signe pour un modèle d'analyse représentant des concepts métier. La raison en est simplement que nous n'avons identifié que les attributs qui sont directement issus des phrases de l'énoncé. Il en manque donc certainement…

EXERCICE 3-8. Ajout d'attributs métier

Ajoutez les attributs métier qui vous semblent indispensables.

Solution

Pour chacune des classes, nous répertorions ci-après les attributs indispensables.

Attention ! On ne doit pas lister dans les attributs des références à d'autres classes : c'est le but même de l'identification des associations.

Aeroport :

- nom

Client :

- nom
- prenom
- adresse
- numTel
- numFax

CompagnieAerienne :

- nom

InfosEscale :

- heureDepart
- heureArrivee

Passager :

- nom
- prenom

Reservation :

- date
- numero

Ville :

- nom

Vol :

- numero
- dateDepart
- heureDepart
- dateArrivee
- heureArrivee

On notera que c'est la convention de nommage recommandée par les auteurs d'UML qui est utilisée ici.

À retenir CONVENTIONS DE NOMMAGE EN UML

Les noms des attributs commencent toujours par une minuscule (contrairement aux noms des classes qui commencent systématiquement par une majuscule) et peuvent contenir ensuite plusieurs mots concaténés, commençant par une majuscule.

Il est préférable de ne pas utiliser d'accents ni de caractères spéciaux.

Les mêmes conventions s'appliquent au nommage des rôles des associations, ainsi qu'aux opérations.

EXERCICE 3-9. Ajout d'attributs dérivés

Complétez le modèle avec quelques attributs dérivés pertinents.

Solution

Un attribut dérivé est une propriété valuée intéressante pour l'analyste, mais redondante, car sa valeur peut être déduite d'autres informations disponibles dans le modèle.

Un bon exemple en est fourni par la notion de *durée* d'un vol. En effet, il est clair que cette information est importante : le client voudra certainement connaître la durée de son vol, sans qu'il doive la calculer lui-même ! Le système informatique doit être capable de gérer cette notion. Or, les informations nécessaires pour cela sont déjà disponibles dans le modèle grâce aux attributs existants relatifs aux dates et heures de départ et d'arrivée. Il s'agit donc bien d'une information dérivée. Le même raisonnement s'applique pour la durée de chaque escale.

Le diagramme présenté ci-après récapitule le nouvel état de notre modèle avec tous les attributs.

Figure 3-29.
Ajout des attributs métier et dérivés

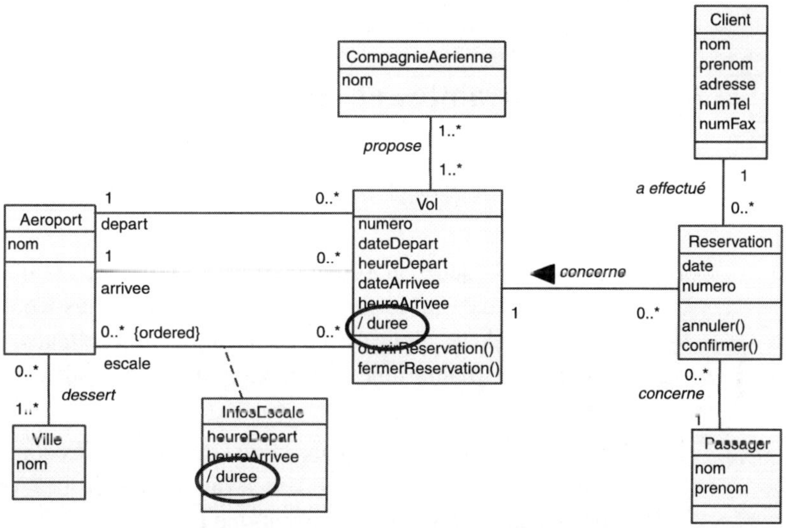

À retenir

ATTRIBUT DÉRIVÉ EN CONCEPTION

Les attributs dérivés permettent à l'analyste de ne pas faire de choix de conception prématuré. Cependant, ce concept n'existant pas dans les langages objets, le concepteur va être amené à choisir entre plusieurs solutions :

- Garder un attribut « normal » en conception, qui aura ses méthodes d'accès (*get* et *set*) comme les autres attributs : il ne faut pas oublier de déclencher la mise à jour de l'attribut dès qu'une information dont il dépend est modifiée

– Ne pas stocker la valeur redondante, mais la calculer à la demande au moyen d'une méthode publique.

La seconde solution est satisfaisante si la fréquence de requête est faible, et l'algorithme de calcul simple. La première approche est nécessaire si la valeur de l'attribut dérivé doit être disponible en permanence, ou si le calcul est très complexe et coûteux. Comme toujours, le choix du concepteur est une affaire de compromis...

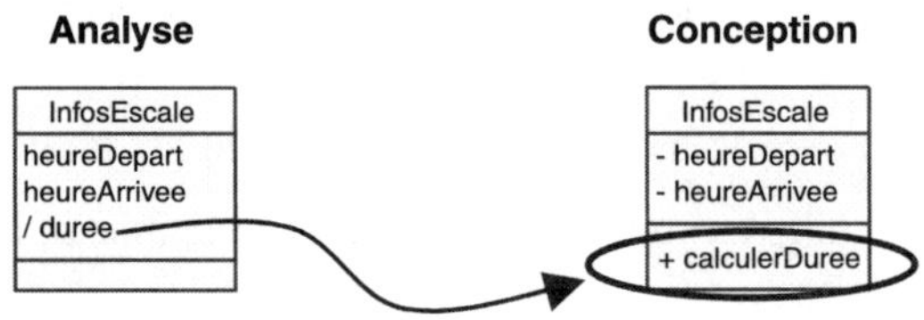

EXERCICE 3-10.
Ajout de contraintes et de qualificatifs

Affinez encore le diagramme en ajoutant des contraintes et une association qualifiée.

Solution

Il est possible que l'on trouve un grand nombre de contraintes sur un diagramme de classes. Mieux vaut les répertorier de façon exhaustive dans le texte qui accompagne le modèle, et choisir avec soin les plus importantes, que l'on pourra alors faire figurer sur le diagramme. On encourt sinon le risque de surcharger le schéma et de le rendre illisible.

Sur notre exemple, nous avons choisi de montrer les contraintes les plus fortes entre les attributs. Elles correspondent à des règles de gestion qui devront être implémentées dans le système informatique final.

Nous avons également insisté sur le fait qu'une réservation concerne bien un seul vol et un seul client, et qui plus est de façon irréversible. Pour changer de vol ou de client, il faut annuler la réservation en question, et en créer une nouvelle. Cela se traduit en UML par les contraintes `{frozen}`[3] sur les rôles des associations concernées.

Enfin, nous avons transformé l'attribut *numero* de la classe *Vol* en qualificatif de l'association *propose* entre les classes *CompagnieAerienne* et *Vol*. En effet, chaque vol est identifié d'une façon unique par un numéro propre à la compagnie. Notez comme l'ajout du qualificatif réduit la multiplicité du côté de la classe *Vol*. La figure présentée ci-après montre le diagramme de classes complété.

3. Même si {frozen} semble avoir disparu de la liste des contraintes prédéfinies dans les documents qui décrivent UML 2.0, nous continuerons à utiliser cette notation intéressante

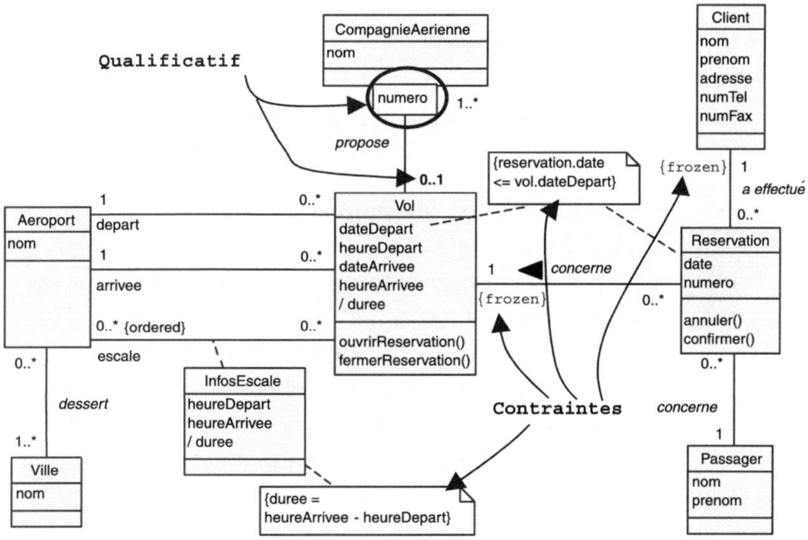

Figure 3-30.
Ajout des contraintes et du qualificatif

Étape 6 – Utilisation de patterns d'analyse

Notre modèle peut encore être notablement amélioré !

Reprenons à cet effet par le détail les éléments qui concernent la classe *Vol*, tels qu'ils sont représentés sur la figure suivante.

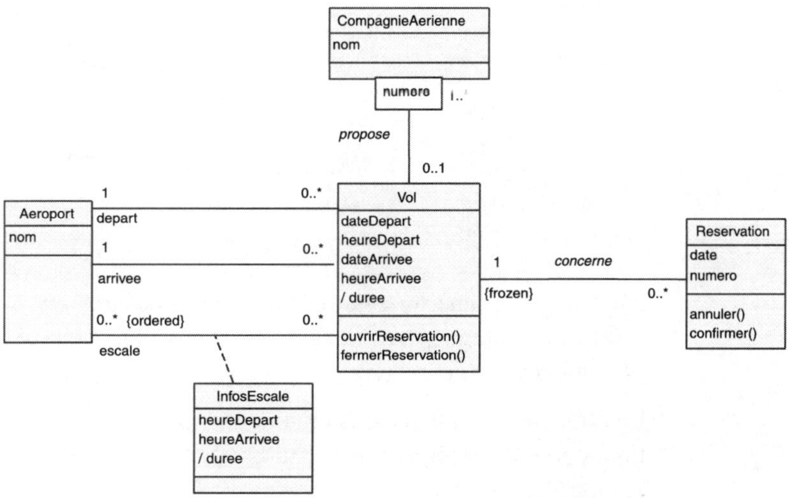

Figure 3-31.
Détail du modèle autour de la classe Vol

Ne vous semble-t-il pas que la classe *Vol* a beaucoup de responsabilités différentes, avec tous ses attributs et toutes ses associations ? Elle viole un principe important de la conception orientée objet, appelé par certains auteurs, *forte cohésion*.

EXERCICE 3-11.
Pattern de la métaclasse

Proposez une solution plus sophistiquée pour la modélisation des Vols.

Solution

La classe *Vol* du diagramme précédent possède deux différents types de responsabilités :

- Le premier concerne tout ce qui se retrouve dans les catalogues des compagnies aériennes : oui, il existe bien un Toulouse-Paris Orly sans escale, tous les lundis matin à 7 h 10, proposé par Air France… Il s'agit là de vols génériques, qui reviennent à l'identique, toutes les semaines, ou presque.
- Le second rassemble ce qui touche aux réservations. Vous ne réservez pas un Toulouse-Paris Orly du lundi matin, mais bien le Toulouse-Paris Orly du 17 Mai 2004 !

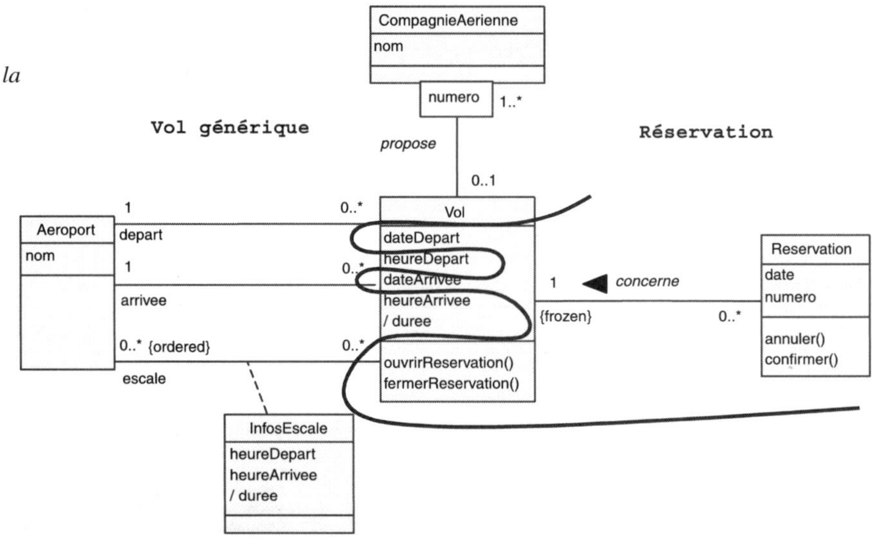

Figure 3-32. *Séparation des responsabilités de la classe Vol*

On peut y voir une sorte de relation d'instanciation, entre une classe *VolGenerique* restreinte au premier type de responsabilités, et une classe *Vol* qui rassemble les responsabilités du second type.

En effet, un vol générique décrit une fois pour toutes des propriétés qui seront identiques pour de nombreux vols réels.

De même, supposons qu'une compagnie annule tous ses prochains vols du week-end au départ de l'aéroport X, car celui-ci est indisponible jusqu'à nouvel ordre, en raison d'importants travaux de maintenance effectués le samedi et le dimanche. Cela signifie dans notre première solution que nous allons détruire toutes les instances correspondantes de la classe *Vol*. À la fin de la période de maintenance de l'aéroport X, il nous faudra recréer les instances de *Vol* avec leurs attributs valorisés et leurs liens, à partir de rien. Alors que, si nous comptons une classe *VolGenerique*, les valeurs des attributs et les liens des vols partant de X ne sont pas perdus ; il n'y aura simplement pas d'instance de *Vol* réel correspondante pendant trois mois.

Pour mettre à jour le modèle, il suffit donc de :

- répartir les attributs, les opérations et les associations de l'ancienne classe *Vol* entre les deux classes *VolGenerique* et *Vol* ;
- ajouter une association « 1-* » *décrit* entre *VolGenerique* et *Vol*.

Nous avons en outre ajouté deux attributs dans la classe *VolGenerique* pour indiquer le jour de la semaine du vol, et la période de l'année où il est disponible. Une contrainte supplémentaire lie les valeurs des attributs *dateDepart* de la classe *Vol* et de la classe *VolGenerique*.

À retenir

PERIODEVALIDITE AVEC UN TYPE NON PRIMITIF

L'attribut *periodeValidite* n'est pas un attribut simple. En effet, on peut lui demander son début, sa fin, sa durée, etc. Une solution a été proposée par M. Fowler[a] : créer une classe TimePeriod (comme pour Date précédemment), et l'utiliser ensuite pour typer l'attribut.

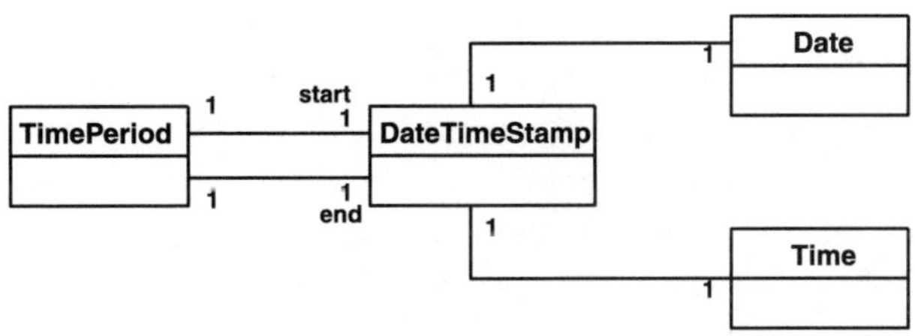

a. *Analysis Patterns: Reusable Object Models*, M. Fowler, 1997, Addison-Wesley.

Enfin, il faut veiller à bien respecter la phrase 2. Un vol est ouvert ou fermé à la réservation sur ordre de la compagnie. C'est bien le vol daté, et pas le vol générique, qui est concerné. Même chose pour une éventuelle annulation… Il nous faut donc ajouter une association directe entre *Vol* et *CompagnieAerienne*, qui permette l'interaction décrite à la figure 3-10, tout en conservant l'association qualifiée entre *VolGenerique* et *CompagnieAerienne*.

La figure 3-32 est donc transformée comme cela est montré sur le schéma ci-après. Chacune des deux classes – *Vol* et *VolGenerique* – a retrouvé une forte cohésion.

Figure 3-33.
Répartition des responsabilités entre VolGenerique et Vol

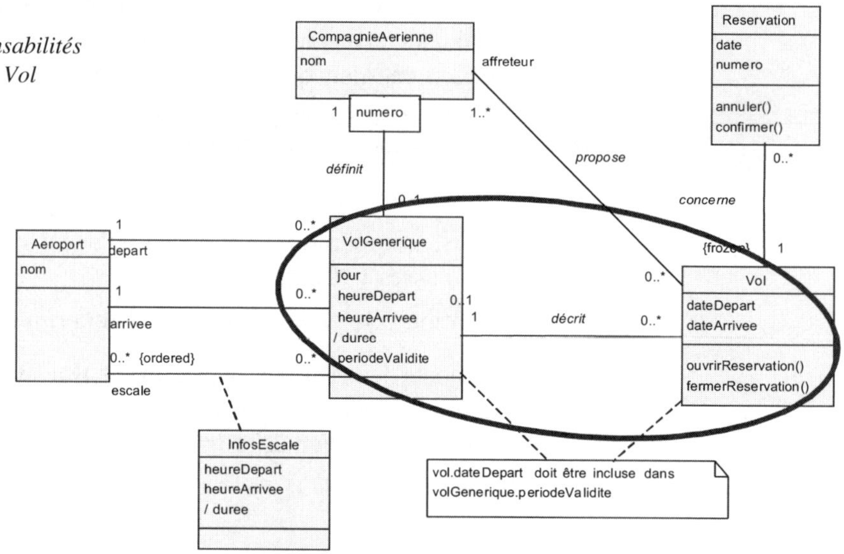

À retenir

PATTERN DE LA MÉTACLASSE

La séparation des responsabilités opérée précédemment peut se généraliser sous la forme d'un « pattern d'analyse » réutilisable dans d'autres contextes et déjà décrit par de nombreux auteurs.

On identifie une classe *XX* qui possède trop de responsabilités, dont certaines ne sont pas propres à chaque instance. On ajoute une classe *TypeXX*, on répartit les propriétés sur les deux classes et on les relie par une association « * - 1 ». La classe *TypeXX* est qualifiée de « métaclasse », comme *VolGenerique* sur la figure ci-dessus, car elle contient des informations qui décrivent la classe *XX*.

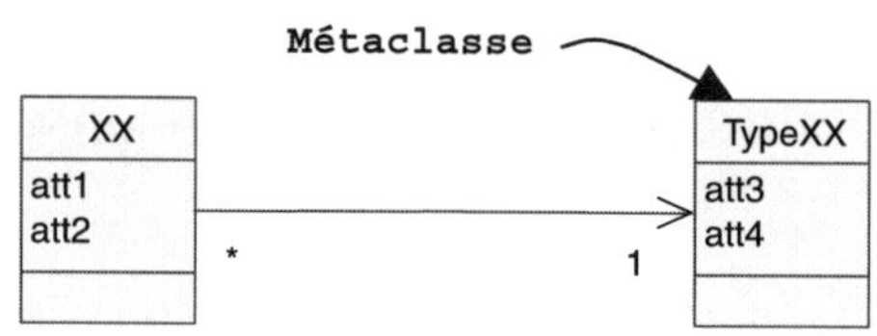

Étape 7 – Structuration en packages

Notre modèle statique d'analyse est maintenant presque finalisé. Pour rendre son emploi plus aisé encore et afin de préparer l'activité de conception objet, nous allons le structurer en packages.

À retenir

STRUCTURATION EN PACKAGES

La structuration d'un modèle statique est une activité délicate. Elle doit s'appuyer sur deux principes fondamentaux : *cohérence* et *indépendance*.

Le premier principe consiste à regrouper les classes proches d'un point de vue sémantique. Pour cela, il faut que les critères de cohérence suivants soient réunis :

- finalité : les classes doivent rendre des services de même nature aux utilisateurs ;
- évolution : on isole ainsi les classes réellement stables de celles qui vont vraisemblablement évoluer au cours du projet, ou même par la suite. On distingue notamment les classes *métier* des classes *applicatives* ;
- cycle de vie des objets : ce critère permet de distinguer les classes dont les objets ont des durées de vie très différentes.

Le second principe consiste à renforcer ce découpage initial en s'efforçant de minimiser les dépendances entre les packages.

Figure 3-34.
Modèle d'analyse avant structuration

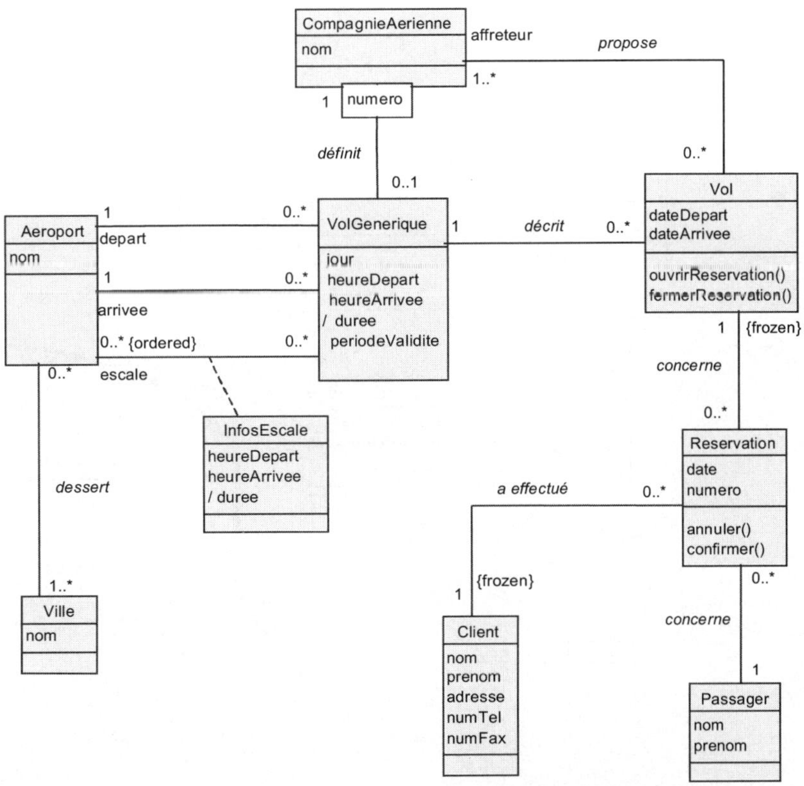

EXERCICE 3-12.
Découpage en packages

Proposez un découpage du modèle d'analyse en deux packages.

Solution

D'après les critères précédents, nous pouvons proposer une première découpe en deux packages :

- le premier va concerner la définition des vols, très stable dans le temps, surtout la partie spécifique à *VolGenerique* ;
- le second va traiter des réservations, avec toutes leurs associations.

Chaque package contient bien un ensemble de classes fortement reliées, mais les classes des deux packages sont presque indépendantes. Cette première découpe est matérialisée par la ligne qui partage le schéma présenté ci-après.

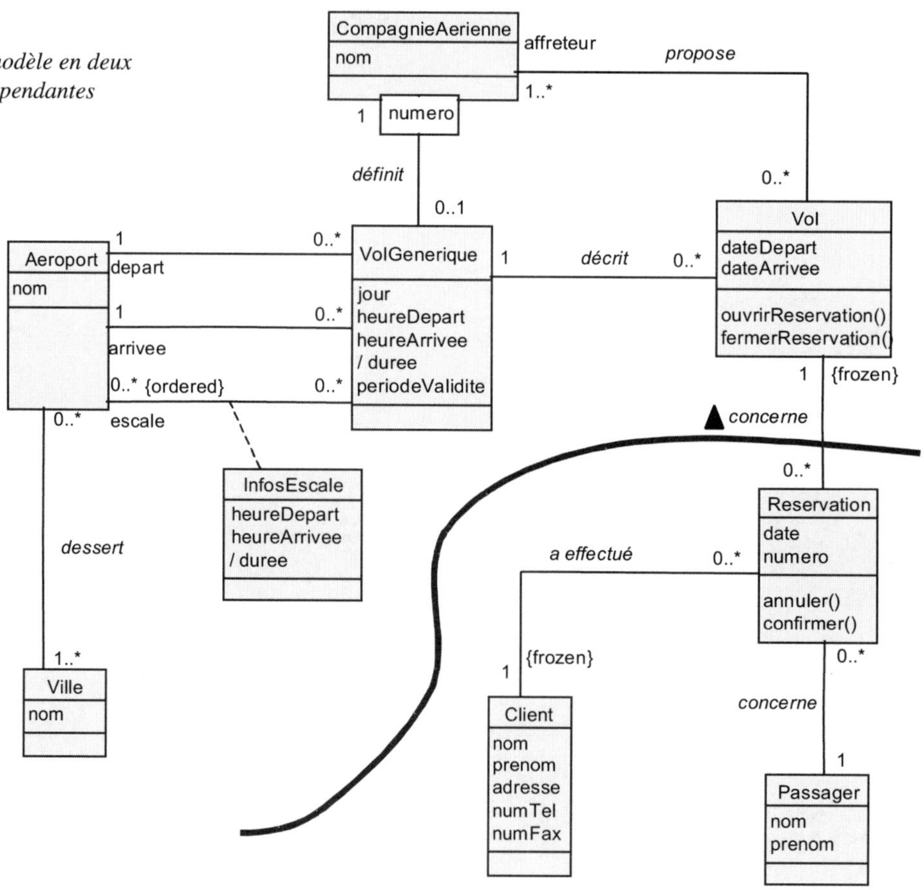

Figure 3-35.
Découpe du modèle en deux parties peu dépendantes

Il y a toutefois une autre solution qui consiste à positionner la classe *Vol* dans le même package que la classe *Reservation*, comme cela est illustré sur le schéma suivant. Le critère privilégié dans cette seconde découpe est la durée de vie des objets, les vols instanciés se rapprochant plus des réservations que des vols génériques.

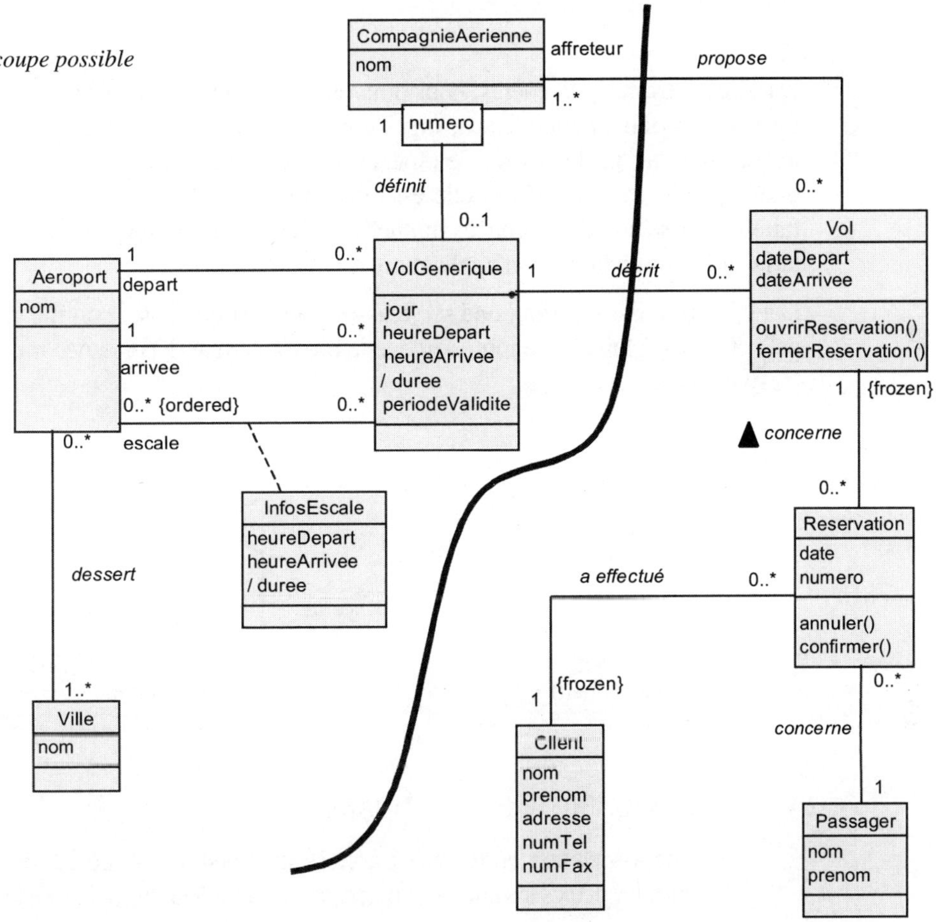

Figure 3-36.
Seconde découpe possible du modèle

EXERCICE 3-13.
Réduction du couplage

Trouvez une solution qui permette de minimiser le couplage entre les deux packages.

Solution

Dans les deux cas précédents, nous pouvons constater qu'au moins une association traverse la frontière entre les packages. Le problème que posent les associations qui traversent deux packages réside en ceci qu'une seule d'entre elles suffit à induire une dépendance mutuelle, si elle est bidirectionnelle. Or, le concepteur objet doit faire la chasse aux dépendances mutuelles ou cycliques, afin d'augmenter la modularité et l'évolutivité de son application.

Dans la première solution, une seule association est en cause, comme cela est rappelé ci-après. Mais, à elle toute seule, elle provoque une dépendance mutuelle entre les deux packages.

Figure 3-37. *Dépendance mutuelle entre les packages*

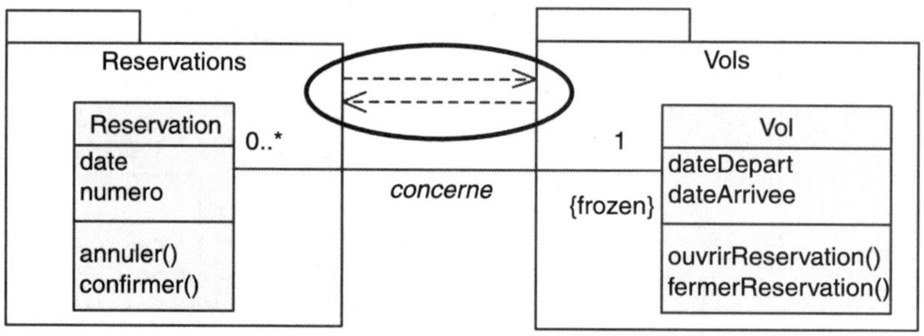

À retenir NAVIGABILITÉ ET DÉPENDANCE

Une association entre deux classes A et B permet par défaut de naviguer dans les deux sens entre des objets de la classe A et des objets de la classe B.

Cependant, il est possible de limiter cette navigation à une seule des deux directions, pour éliminer une des deux dépendances induites par l'association. UML nous permet de représenter explicitement cette navigabilité en ajoutant sur l'association une flèche qui indique le seul sens possible.

Dans notre exemple, nous allons faire un choix et privilégier un sens de navigation afin d'éliminer une des deux dépendances. Il est certain qu'une réservation ne va pas sans connaissance du vol qui est concerné, alors qu'un vol existe par lui-même, indépendamment de toute réservation.

Le diagramme précédent peut donc être modifié de façon qu'il ne fasse apparaître que la dépendance du package *Reservations* vers le package *Vols*.

Figure 3-38.
Couplage minimisé entre les packages

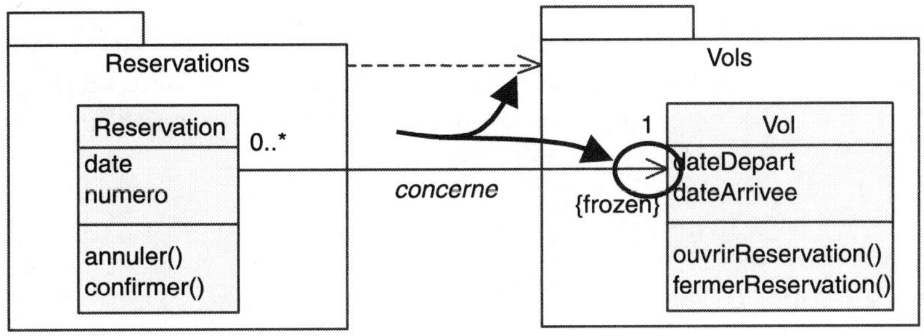

Examinons maintenant la seconde solution. Cette fois-ci, deux associations traversent les packages. Que pouvons-nous faire pour réduire les navigabilités de ces associations ?

Il est logique d'imposer un sens de navigabilité unique de *Vol* vers *VolGenerique* : un vol réel est décrit par un et un seul vol générique auquel il doit avoir accès, alors qu'un vol générique peut exister par lui-même.

Hélas, pour la seconde association, nous savons déjà que la navigabilité est obligatoire de *CompagnieAerienne* vers *Vol*, à cause de la phrase 2, illustrée par le diagramme de communication de la figure 3-10.

Même si nous enlevons la navigabilité de *Vol* vers *CompagnieAerienne*, nous nous retrouvons donc avec deux associations navigables dans des sens différents. Cela suffit à imposer une dépendance mutuelle entre les packages, comme cela est représenté ci-après.

Figure 3-39.
Dépendance mutuelle obligatoire pour la seconde solution

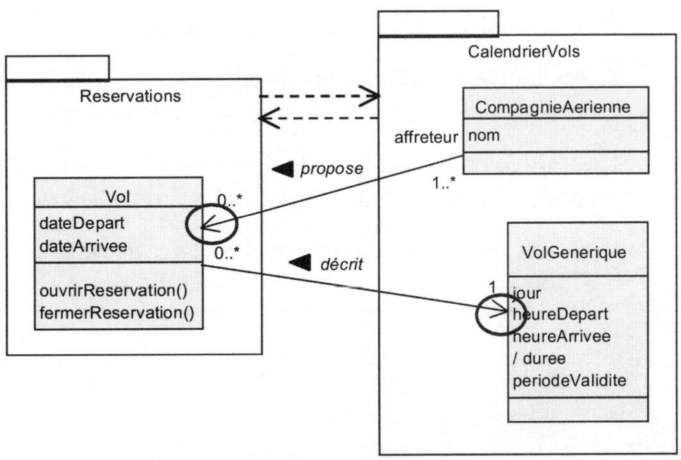

Cette étude sur le couplage des packages pour les deux solutions proposées fait donc pencher la balance vers la première solution, ce qui n'était pas du tout évident au départ.

Le package *Vols* peut maintenant se prêter à une réutilisation, contrairement au package *Reservations*. La répartition des classes entre les deux packages est représentée graphiquement sur la figure suivante. Il s'agit d'un diagramme de packages, officialisé par UML 2.0.

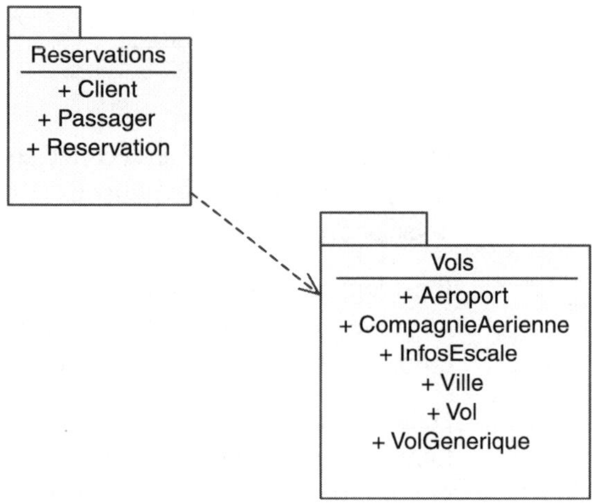

Figure 3-40.
Diagramme de packages de la solution retenue

Étape 8 – Généralisation et réutilisation

L'état complet de notre modèle peut maintenant être synthétisé par le schéma suivant.

Après tout ce travail sur les réservations de vols, nous souhaitons élargir le champ du modèle en proposant également des voyages en bus, que des transporteurs assurent.

Un voyage en bus a une ville de départ et une ville d'arrivée, avec des dates et heures associées. Le trajet peut comporter des arrêts dans des villes intermédiaires.

Un client peut réserver un ou plusieurs voyages, pour un ou plusieurs passagers.

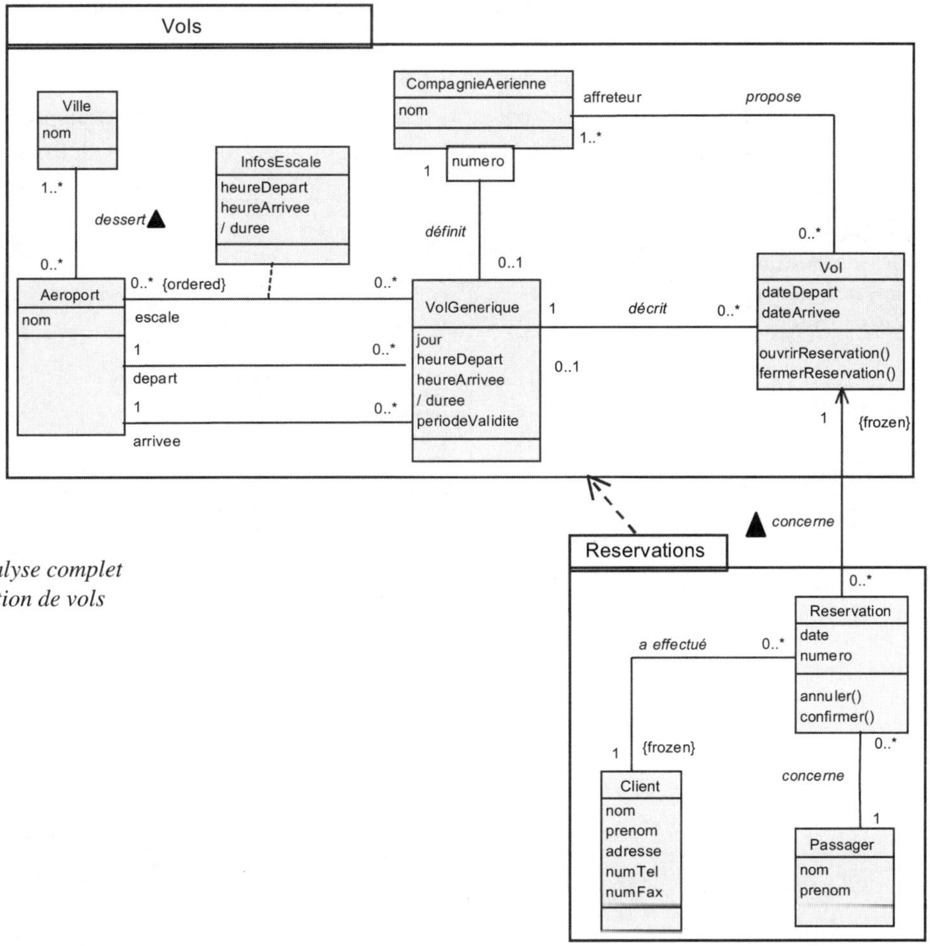

Figure 3-41.
Modèle d'analyse complet de la réservation de vols

EXERCICE 3-14.
Un modèle du domaine similaire

Par analogie avec la figure précédente, proposez un modèle du domaine de la réservation de voyages en bus.

Solution

Le modèle est quasiment la réplique du précédent, y compris au niveau de la découpe en packages.

Il est un peu plus simple pour deux raisons :

- la notion d'aéroport n'a pas d'équivalent, et la classe *Ville* est directement associée à la classe *VoyageEnBus* ;
- la distinction entre *Vol* et *VolGenerique* ne semble pas transposable, car les voyages en bus ne sont pas aussi réguliers et ne sont pas définis à l'avance.

Figure 3-42.
Modèle du domaine de la réservation de voyages en bus

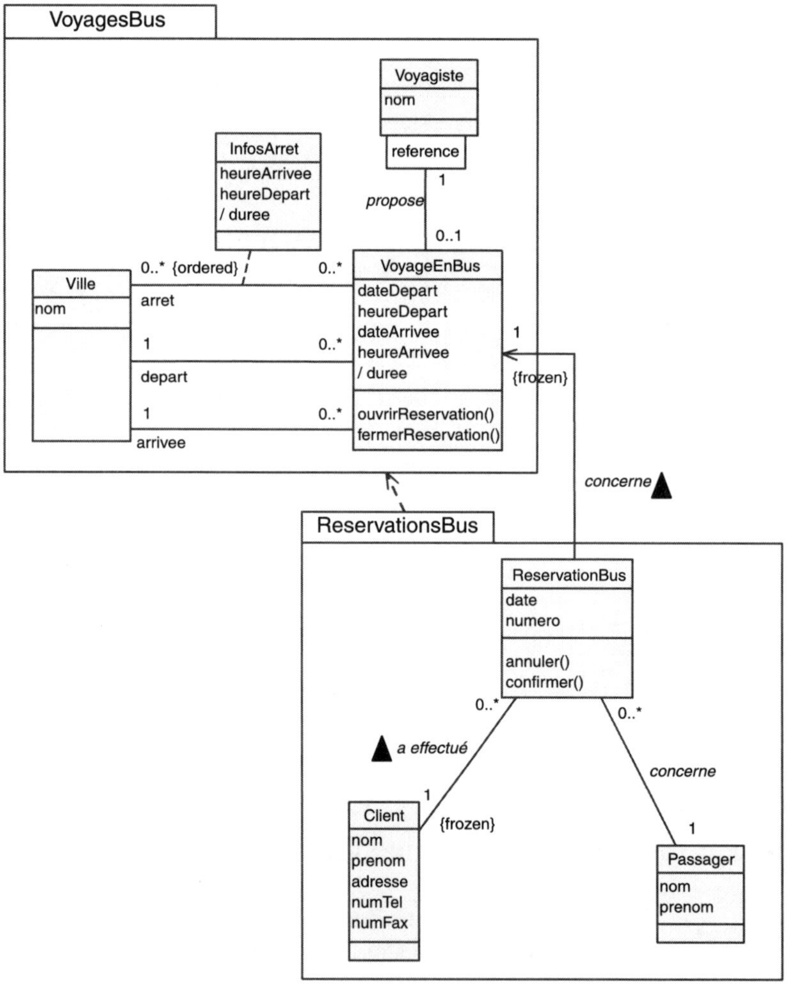

EXERCICE 3-15.
Optimisation de l'architecture logique

Il est clair que les diagrammes des figures 3-41 et 3-42 présentent de nombreuses similitudes :

- certaines classes sont communes aux deux modèles : *Ville*, *Client*, *Passager* ;
- certaines classes ont des points communs : *ReservationBus* et *Reservation*, *InfosEscale* et *InfosArret*, etc.

Nous allons donc essayer de faire fusionner ces deux modèles en factorisant autant que faire se peut les concepts, afin de pouvoir encore élargir sa portée si nécessaire (réservation de croisières, etc.).

Proposez une architecture logique fusionnée qui soit la plus évolutive possible.

Solution

Deux tâches principales doivent être réalisées :

- Isoler les classes communes dans de nouveaux packages, afin de pouvoir les réutiliser.
- Factoriser les propriétés communes dans des classes abstraites.

En premier lieu, commençons par l'identification et le regroupement des classes communes.

La classe *Ville* est très importante pour la description des vols et des voyages en bus. Dans le modèle de la figure 3-42, nous avons en fait réutilisé la classe *Ville* existante, ce qui a immédiatement créé une dépendance non justifiée entre les packages *VoyagesBus* et *Vols*. Au lieu de procéder ainsi, il serait plus pertinent de l'isoler dans un package à part qui pourra être réutilisé à volonté, voire même qui pourra être acheté dans le commerce, avec sa déclinaison par pays…

Afin que ce nouveau package soit vraiment un composant réutilisable, il ne faut pas qu'il dépende des packages applicatifs qui contiennent les classes *Aeroport* et *VoyagesBus*. Pour ce faire, nous avons déjà vu qu'il suffisait d'agir sur la navigabilité des associations concernées, comme cela est indiqué sur le schéma ci-après.

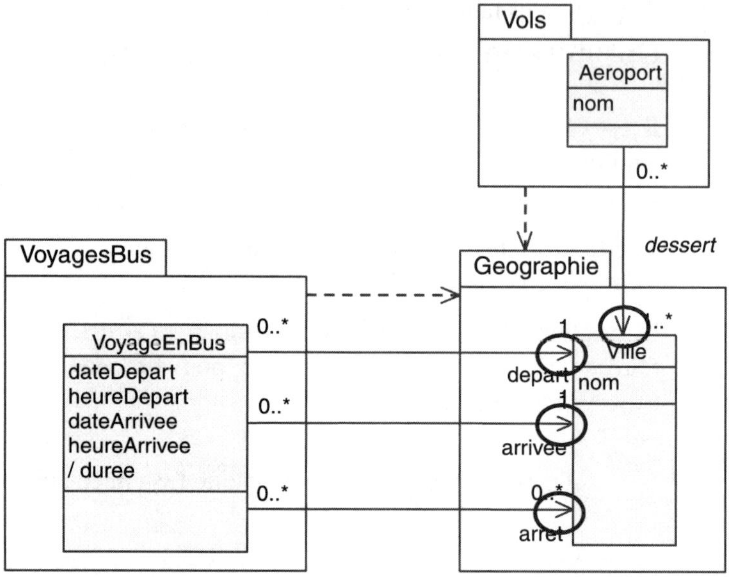

Figure 3-43.
Isolation de la classe Ville dans un nouveau package réutilisable

Les classes *Client* et *Passager* sont également communes aux deux types de réservations. Nous aurons donc intérêt à les isoler dans un nouveau package, comme cela a été fait pour la classe *Ville*. Mais il ne serait pas judicieux de regrouper ces trois classes communes dans le même package, simplement parce qu'elles sont communes. En effet, les concepts qu'elles représentent n'ont pas de rapport…

Après cette première tâche d'isolation des classes communes réutilisables, l'architecture logique se présente sous la forme du diagramme structurel suivant.

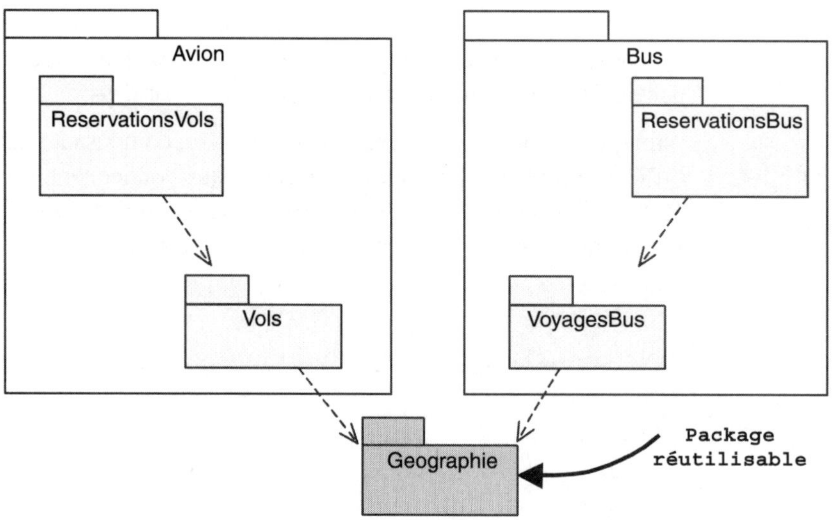

Figure 3-44.
Identification du package réutilisable Géographie

Il nous faut maintenant factoriser les parties communes.

Commençons par ce qui est le plus visible : la similitude entre les packages *ReservationsVols* et *ReservationsBus* saute aux yeux. La seule différence concerne les classes *ReservationVol* (appelée précédemment *Reservation* et renommée pour plus de clarté) et *ReservationBus* : elles ont les mêmes attributs et opérations, et presque les mêmes associations. Une super-classe abstraite *Reservation* s'impose donc en toute logique, comme cela est illustré sur le schéma suivant.

Figure 3-45. *Introduction de la classe abstraite* Reservation *par généralisation*

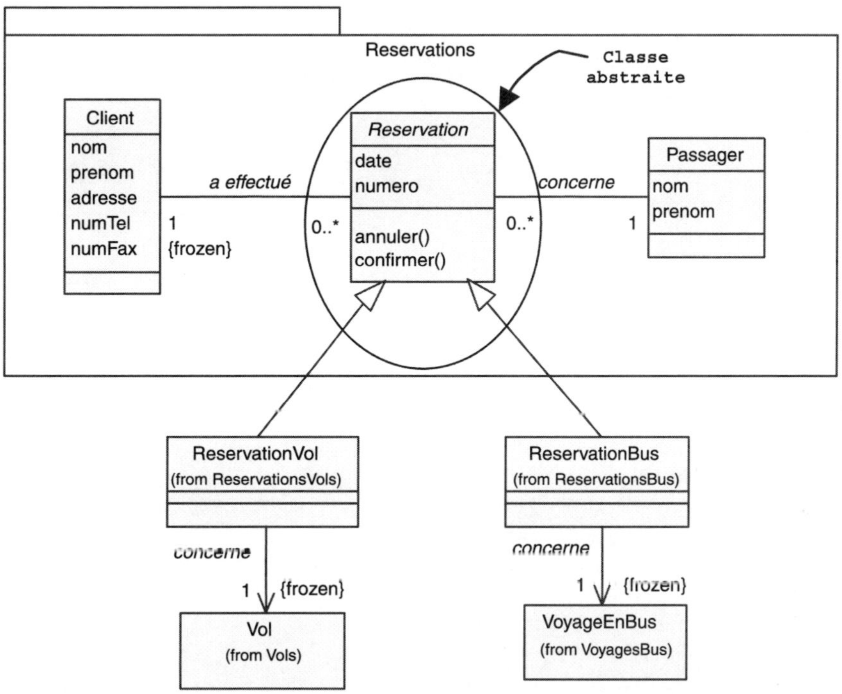

La classe abstraite *Reservation* ainsi que les deux classes *Client* et *Passager*, qui sont communes aux deux types de moyen de transport, sont isolées dans un nouveau package appelé *Reservations*. Ce package est appelé package généralisé en regard des deux packages *ReservationsVols* et *ReservationsBus*. En effet, les deux packages spécialisés héritent les classes de *Reservations*, et ont le droit d'en redéfinir certaines.

Le schéma global des packages qui sont ainsi obtenus est représenté sur la figure suivante.

Figure 3-46.
Introduction du package généralisé Reservations

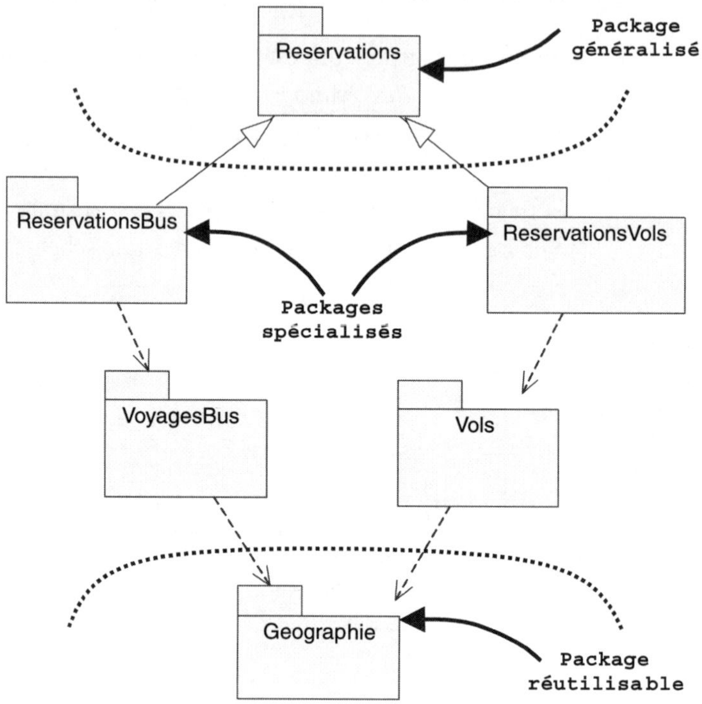

Chapitre 4

Modélisation statique : exercices corrigés et conseils méthodologiques

Mots-clés

■ Agrégation – composition ■ Généralisation – spécialisation ■ Classe abstraite – classe concrète ■ Contrainte ■ Qualificatif ■ Pattern

Ce chapitre va nous permettre de compléter au moyen de plusieurs petits exercices notre passage en revue des principales difficultés que pose la construction des diagrammes de classes UML.

Nous aborderons en particulier des sujets avancés tels que :

- la distinction entre agrégation et composition ;
- la bonne utilisation de la généralisation et des classes abstraites ;
- la bonne utilisation des classes d'association ;
- les contraintes entre associations (*xor*, *subset*, etc.) ;
- d'autres *patterns* d'analyse comme « Party » ou « Composite ».

EXERCICE 4-1.
Relations structurelles entre classes

Considérons les phrases suivantes :

1. Un répertoire contient des fichiers.
2. Une pièce contient des murs.
3. Les modems et les claviers sont des périphériques d'entrée/ sortie.
4. Une transaction boursière est un achat ou une vente.
5. Un compte bancaire peut appartenir à une personne physique ou morale.
6. Deux personnes peuvent être mariées.

Déterminez la relation statique appropriée (généralisation, composition, agrégation ou association) dans chaque phrase de l'énoncé précédent. Dessinez le diagramme de classes correspondant.

N'hésitez pas à proposer *différentes* solutions pour chaque phrase.

Solution

Les phrases 1 et 2 illustrent ce qui différencie l'agrégation de la composition :

1. *Un répertoire contient des fichiers.*
2. *Une pièce contient des murs.*

« Un répertoire contient des fichiers » : il s'agit au moins d'une agrégation. Voyons si nous pouvons aller plus loin et en faire une composition. Premier critère à vérifier : la multiplicité ne doit pas être supérieure à un du côté du composite. C'est bien le cas dans la première phrase, puisqu'un fichier appartient à un et un seul répertoire. Second critère : le cycle de vie des parties doit dépendre de celui du composite. Là encore, c'est le cas, puisque la destruction d'un répertoire entraîne la destruction de tous les fichiers qu'il contient. Nous pouvons donc parler de composition pour la première phrase.

Procédons à la même analyse pour la seconde phrase, « Une pièce contient des murs ». Cette fois-ci, après vérification du premier critère, nous devons abandonner la composition. En effet, un mur peut appartenir à deux pièces contiguës (voire plus). La relation n'est donc qu'une agrégation. Afin de compléter les multiplicités, nous considérons qu'une pièce contient au moins un mur (circulaire !).

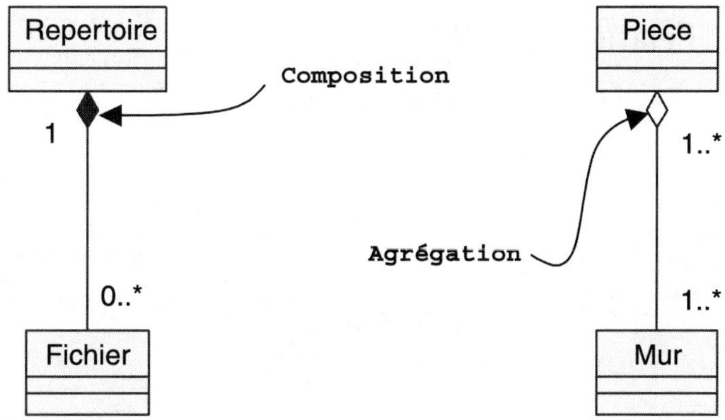

Figure 4-1.
Diagramme de classe des phrases 1 et 2

Les phrases 3 et 4 se modélisent en UML par des relations de généralisation :

3. Les modems et les claviers sont des périphériques d'entrée/sortie ;
4. Une transaction boursière est un achat ou une vente.

La seule différence réside dans la formulation de la phrase 4 qui correspond à une spécialisation, alors que celle de la phrase 3 est une généralisation. Cependant, nous pouvons apporter quelques précisions aux deux modèles :

- Les super-classes sont abstraites : elles ne s'instancient pas directement, mais toujours par l'intermédiaire d'une de leurs sous-classes ;
- L'arbre de généralisation de la phrase 3 est incomplet : il existe de nombreux autres périphériques d'entrée/sortie, comme les écrans, les souris, etc.

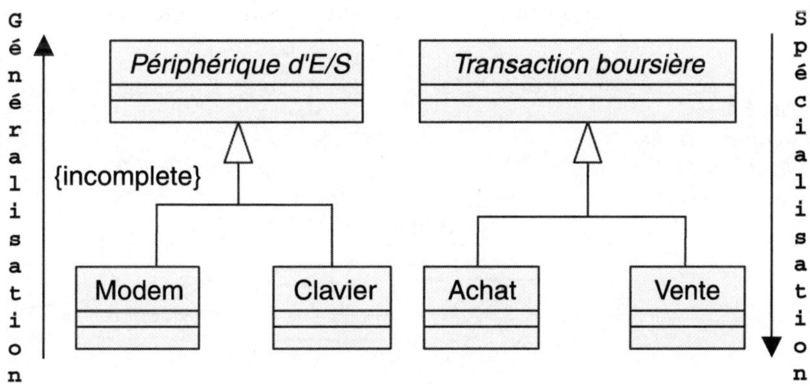

Figure 4-2.
Diagramme de classe des phrases 3 et 4

La phrase 5 n'est pas une simple généralisation :

5. Un compte bancaire peut appartenir à une personne physique ou morale.

En effet, le groupe verbal employé n'est pas « est un » ou « est une sorte de », mais « appartient à ». Il s'agit donc d'une simple association. Une première approche simpliste consiste à décrire deux associations optionnelles, comme cela est illustré par la figure suivante.

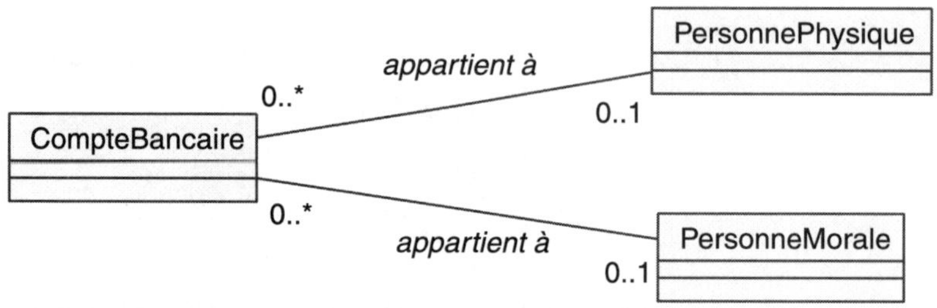

Figure 4-3.
Diagramme de classe de la phrase 5 – Solution incorrecte

Cette solution ne rend cependant pas compte du « ou exclusif » de la fin de la phrase. En effet, le diagramme précédent peut s'instancier aussi bien avec un objet *CompteBancaire*, lié à la fois à une *PersonnePhysique* et une *PersonneMorale*, qu'avec un *CompteBancaire* lié à aucun objet. Ce n'est pas ce que nous voulons : un objet *CompteBancaire* doit être lié soit à une *PersonnePhysique*, soit à une *PersonneMorale*, pas aux deux à la fois, mais exactement à une des deux, à l'exclusion de l'autre.

En fait, deux solutions correctes mais très différentes sont possibles qui consistent à :

- Introduire explicitement la contrainte prédéfinie `{xor}` entre les deux associations qui portent une multiplicité strictement égale à 1 ;

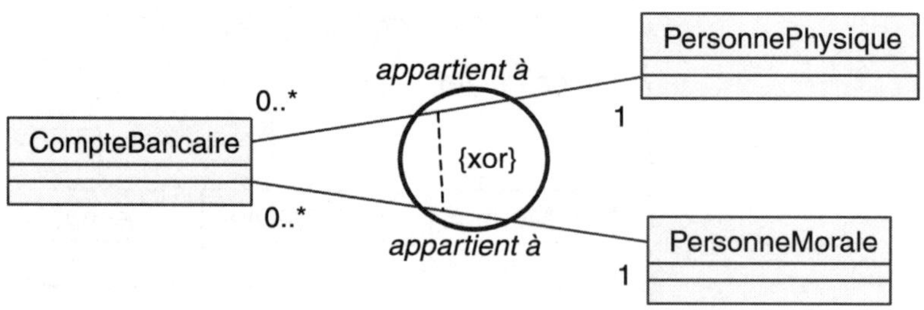

Figure 4-4.
Diagramme de classe de la phrase 5 – Première solution

- Introduire une classe abstraite *Personne*, la spécialisation jouant implicitement le rôle du « ou exclusif ».

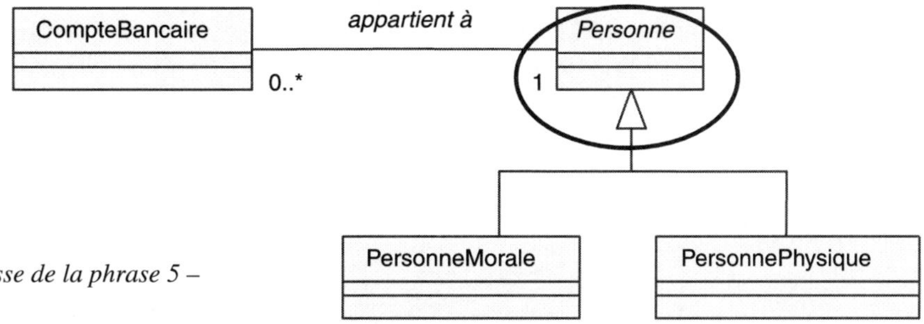

Figure 4-5.
Diagramme de classe de la phrase 5 – Seconde solution

Les deux solutions sont également valables en UML et correctes. Voilà encore un bon exemple de ce que la modélisation n'est pas une science exacte, avec une solution unique pour un problème donné. Le modélisateur a donc le choix entre ces deux schémas.

Un argument important en faveur de la seconde solution est que l'on peut factoriser des attributs (*nom*, *adresse*, etc.) et des opérations (*déménager*, etc.) dans la classe abstraite.

À retenir

LE PATTERN « PARTY »

Cette façon de modéliser des entités qui ont un nom et une adresse uniques (comme les personnes physiques ou morales) par une classe abstraite et deux sous-classes spécialisées a été proposée par D. Hay[a].

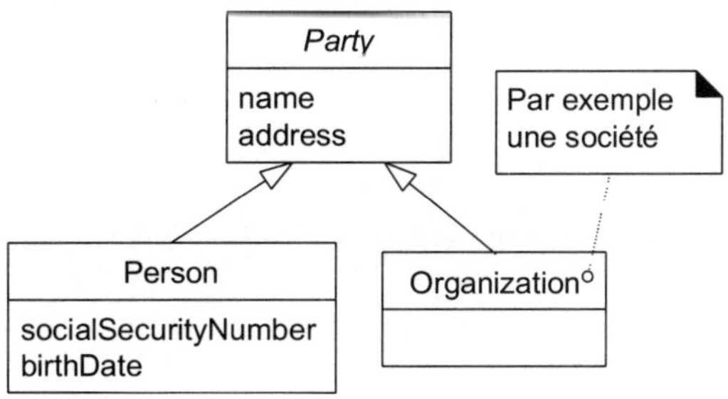

a. *Data Model Patterns : Conventions of Thought*, D. Hay, 1996, Dorset House Publishing.

La phrase 6 présente la particularité de définir une relation entre objets de la même classe.

6. Deux personnes peuvent être mariées.

Cela se traduit tout simplement par une association entre cette classe donnée et elle-même. Les multiplicités du schéma suivant sont déduites du droit français actuel : une personne n'est pas tenue d'être mariée, mais ne peut pas être mariée avec plusieurs personnes à la fois !

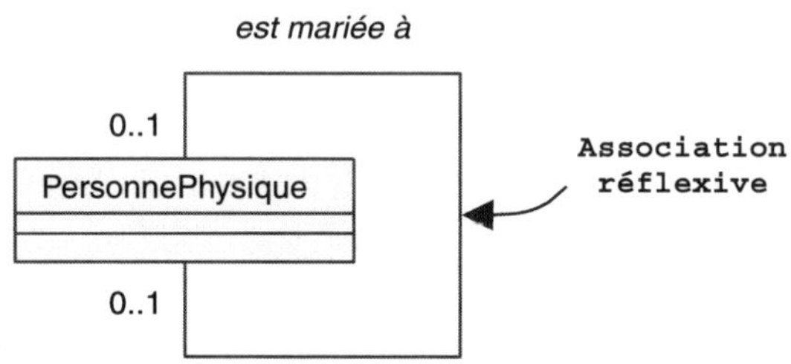

Figure 4-6.
Diagramme de classe de la phrase 6

Si l'on veut ajouter la contrainte que le mariage ne peut unir que des personnes de sexe opposé[1], il y a là encore deux solutions :

- Introduire explicitement un attribut énuméré *sexe : (h, f)* et une contrainte sur l'association ;

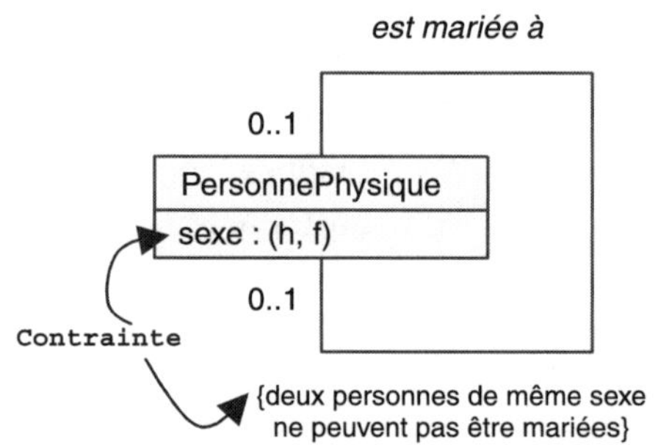

Figure 4-7.
Diagramme de classe complété de la phrase 6

- Introduire deux sous-classes *Homme* et *Femme* comme sur la figure suivante.

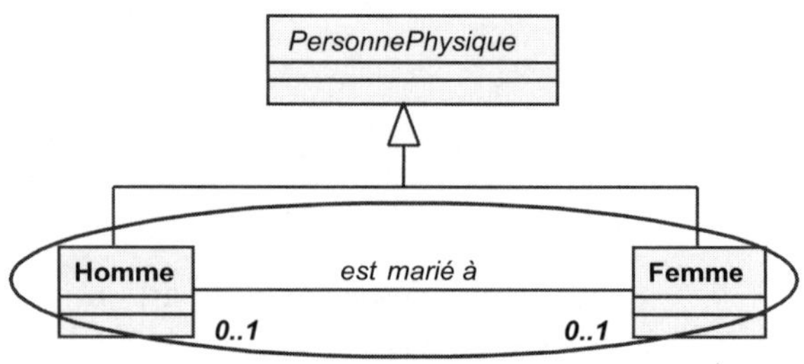

Figure 4-8.
Version du diagramme de classe de la phrase 6 avec spécialisation

1. Bien que cette contrainte soit en pleine discussion au moment où je révise cette troisième édition…

Pour compléter le modèle, prenons en compte la nouvelle possibilité offerte par le PACS. Cela amène de nouveau une association réflexive, cette fois-ci non contrainte…

Figure 4-9.
Ajout du dispositif prévu par le Pacs

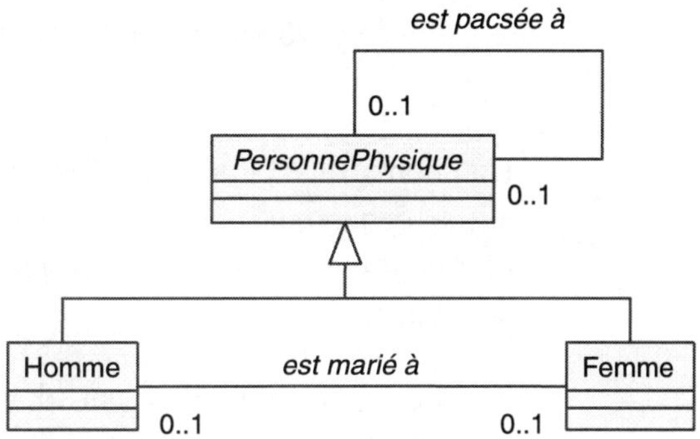

On notera toutefois qu'il faut en toute rigueur ajouter une contrainte qui interdise d'être à la fois marié avec quelqu'un et « pacsé » avec quelqu'un d'autre, ou « pacsé » avec soi-même…

En outre, l'ajout de la date du mariage, du type de contrat, etc., illustre l'utilisation de la classe d'association. Comme UML interdit à une classe d'association d'avoir à la fois un nom sur l'association et un autre dans la classe, le schéma devient alors :

Figure 4-10.
Version complétée du diagramme de classe de la phrase 6 avec classes d'association

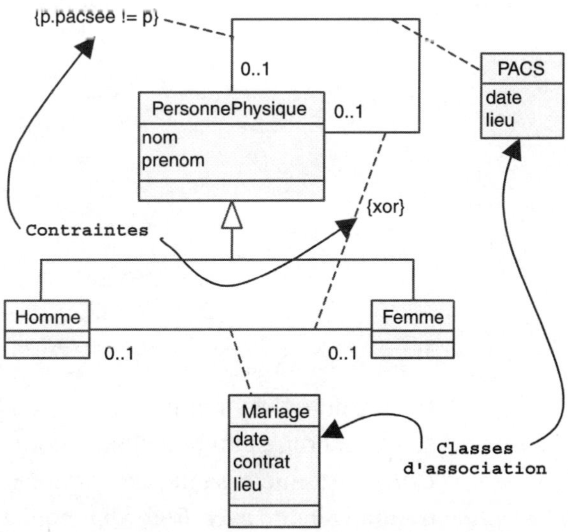

EXERCICE 4-2.
La modélisation du domaine en pratique

Modélisez l'utilisation de feutres et de stylos...

L'énoncé est volontairement vague !

solution

Un énoncé aussi imprécis n'est pas rare au démarrage de projets réels... Nous allons cependant pouvoir construire sans difficulté un diagramme de classes pertinent en utilisant notre connaissance usuelle de ces notions de feutres et de stylos.

Nous commençons donc par identifier deux classes : *Feutre* et *Stylo*, qui ont un certain nombre de propriétés communes (couleur, marque, etc.) mais qui comptent aussi des différences (considérons par exemple que les feutres ont un bouchon, alors que les stylos n'ont qu'une pointe rétractable). Un modélisateur averti voit là immédiatement la possibilité d'une relation de généralisation/spécialisation. Il introduit donc une classe abstraite pour factoriser les caractéristiques communes.

Le modèle peut déjà ressembler au diagramme suivant :

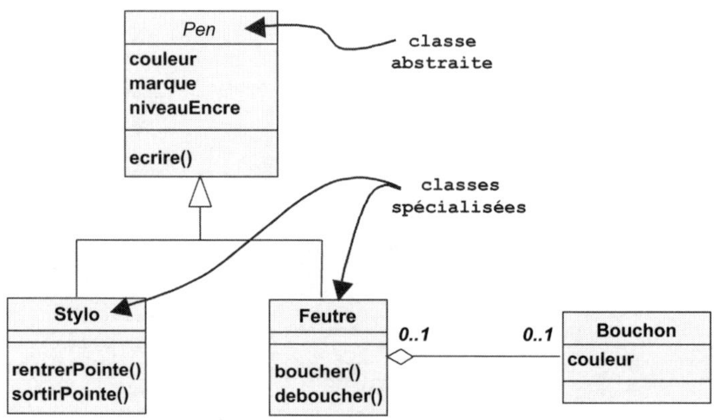

Figure 4-11.
Première version du diagramme de classes

Prenez note des multiplicités entre *Feutre* et *Bouchon* : un feutre peut perdre son bouchon, et un bouchon le corps de son feutre d'origine. Cette notion de *Corps* est intéressante, et partagée par les stylos et les feutres. Par souci d'homogénéité avec *Bouchon*, nous l'ajoutons donc.

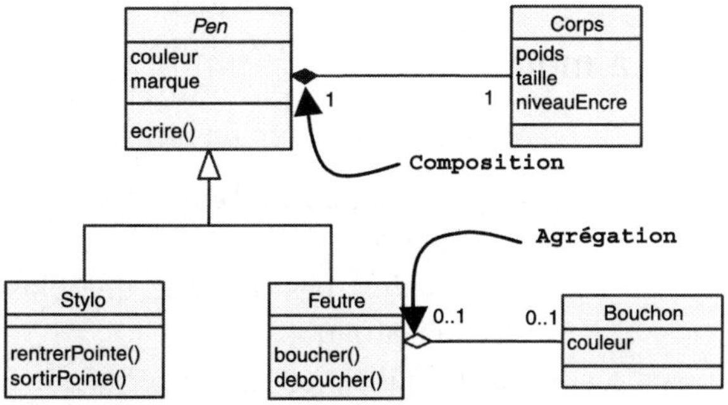

Figure 4-12.
Deuxième version du diagramme de classes

La relation entre *Pen* et *Corps* est évidemment une composition. En revanche, il n'y a pas forcément cohérence des cycles de vie entre *Feutre* et *Bouchon*, comme me le prouve tous les jours ma petite fille de 3 ans ! Notez également que l'attribut *niveauEncre* a été déplacé dans la classe *Corps*. Ce déplacement d'attribut d'une classe à l'autre est habituel surtout dans le cas de relations de composition ou d'agrégation, afin que les classes soient plus homogènes et cohésives.

Pour compléter encore notre modèle, introduisons le concept de feutre avec correcteur incorporé et surtout une classe pour modéliser l'utilisateur et/ou le propriétaire du *Pen*.

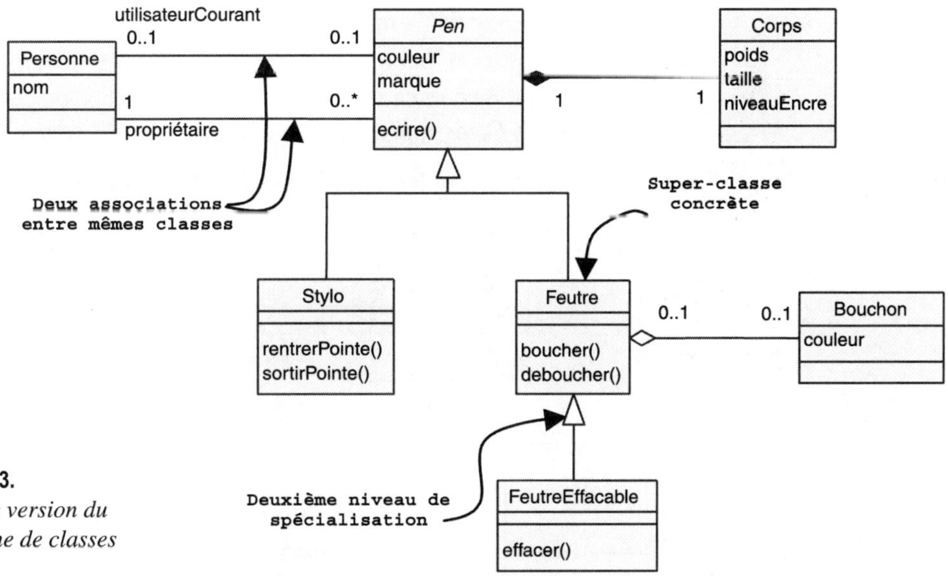

Figure 4-13.
Troisième version du diagramme de classes

Remarquez l'utilisation judicieuse qui est faite des deux associations entre les classes *Personne* et *Pen* : on distingue ainsi avec précision, grâce aux noms des rôles du côté *Personne*, les multiplicités qui sont totalement différentes dans les deux cas :

- Une personne peut jouer le rôle de propriétaire par rapport à un nombre quelconque de *pens*, mais un *pen* n'a qu'un et un seul propriétaire.
- Une personne peut utiliser au maximum un *pen* à la fois, et un *pen* peut avoir au maximum un utilisateur.

La spécialisation de *Feutre* en *FeutreEffacable* est remarquable pour les raisons suivantes :

- *Feutre* n'est pas devenue une classe abstraite et ne possède qu'une seule spécialisation.
- La spécialisation ne concerne que le comportement.
- On doit donc retenir qu'une super-classe n'est pas forcément abstraite (sinon on n'aurait pas besoin de l'aide visuelle du nom en italique comme pour *Pen*), et que la relation de généralisation/spécialisation ne conduit pas toujours à un « arbre » d'héritage.

À retenir

LA CONTRAINTE {FROZEN}

Cette contrainte standard en UML[2] permet d'ajouter une information détaillée, mais qui peut être intéressante, sur un diagramme de classes :

- Pour un attribut, le fait que sa valeur ne change jamais pendant la vie d'un objet (par exemple, la marque d'un *Pen*).
- Pour une association, le fait qu'un lien entre deux objets ne puisse plus jamais être modifié après sa création (par exemple, le lien de composition entre *Pen* et *Corps*, mais pas celui entre *Feutre* et *Bouchon*).

Par défaut, les attributs et les associations ne sont pas `{frozen}`.

Figure 4-14. *Deuxième version du modèle avec les contraintes {frozen}*

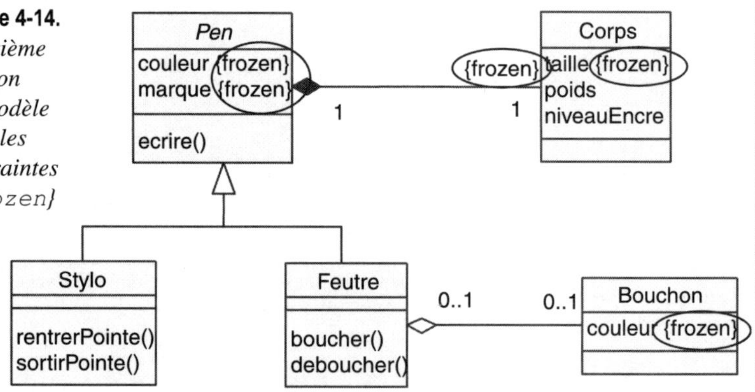

2. En fait, la contrainte prédéfinie {frozen} semble avoir disparu des récents documents spécifiant UML 2.0. Elle existait pourtant depuis UML 1.3, comme en atteste le *UML User Guide* de G. Booch. Du fait de son intérêt, nous préconisons de continuer à l'utiliser, même si elle ne fait plus partie du standar UML.

Dans le même esprit, on aurait pu préciser que l'arbre d'héritage de *Pen* n'est pas complet (il y a certainement d'autres sortes de *Pen* que les stylos et les feutres) en lui adjoignant la contrainte prédéfinie {`incomplete`}.

EXERCICE 4-3.
La modélisation du domaine en pratique (suite)

Proposez un cadre de modélisation des règles du jeu d'échecs.

Attachez-vous d'abord au matériel utilisé par les joueurs, puis à la notion de partie.

Solution

Commençons par interviewer un « expert métier » : le jeu d'échecs se joue à deux joueurs sur un échiquier carré composé de 64 cases, alternativement noires et blanches.

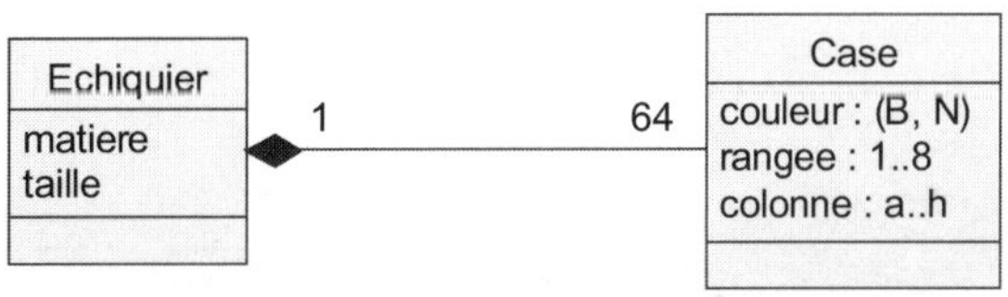

Figure 4-15.
Modélisation d'un échiquier et de ses cases

Chaque joueur possède initialement huit pions, ainsi qu'un roi, une dame, deux tours, deux fous et deux cavaliers. Par le biais de la promotion des pions en huitième rangée (transformation obligatoire en pièce à choisir sauf un roi), les multiplicités instantanées ne sont finalement pas évidentes !

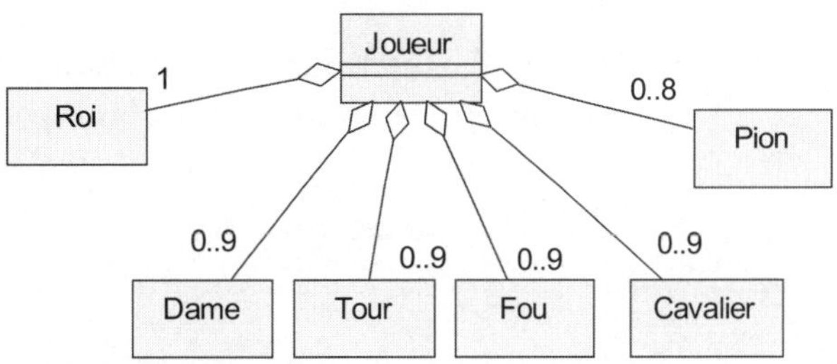

Figure 4-16.
Modélisation des pièces de chaque joueur

Il ne peut y avoir qu'une pièce au maximum sur une case donnée. Les positions initiales des pièces sont représentées sur la figure du début.

Figure 4-17.
Modélisation des pièces et de leur position

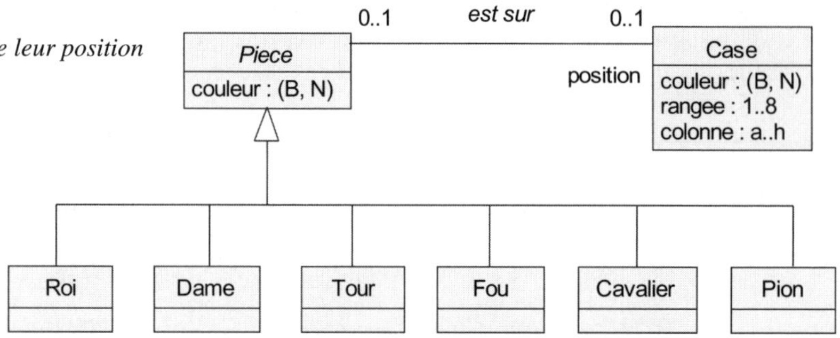

L'introduction de la classe abstraite *Piece* est tout à fait naturelle. Tout d'abord, il s'agit bien d'un mot faisant partie du vocabulaire du domaine. Ensuite, cela permet d'exprimer le concept de position par un rôle unique de l'association entre les classes *Piece* et Case. Sur une case donnée, il ne peut pas y avoir plus d'une pièce à la fois. Et une pièce est soit sur une case, soit hors du jeu (prise).

Les pièces ont chacune leur mode de déplacement propre.

Figure 4-18.
Modélisation du déplacement des pièces

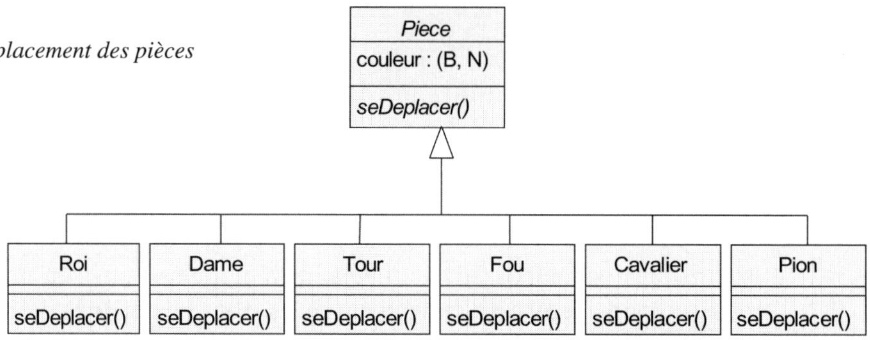

Le déplacement des pièces est typiquement polymorphe. Chaque instance se déplace en fonction de l'algorithme déclaré au niveau des sous-classes concrètes.

En complétant l'interview de notre expert métier, nous ajoutons quelques attributs et opérations privées pour peaufiner la première partie du modèle.

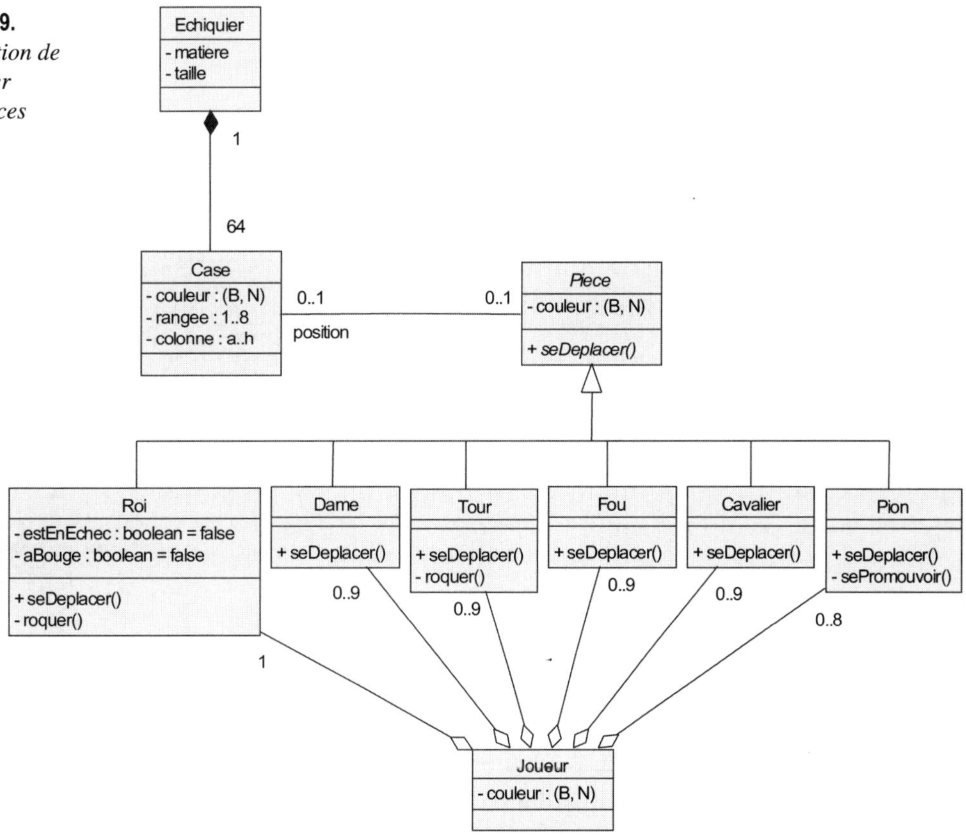

Figure 4-19.
Modélisation de l'échiquier et des pièces

À chaque tour, un joueur bouge une pièce de son camp (blanc ou noir). On ne peut ni passer son tour, ni jouer deux fois de suite. C'est toujours les blancs qui commencent la partie. Une partie est donc une suite ordonnée de coups.

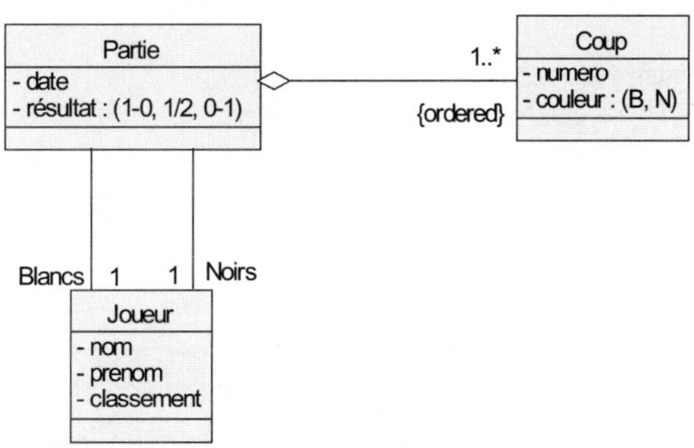

Figure 4-20.
Modélisation du déroulement de la partie

Si nous relions les concepts de coup, de pièce et de case, nous obtenons la figure suivante.

Figure 4-21.
Modélisation détaillée du déroulement de la partie

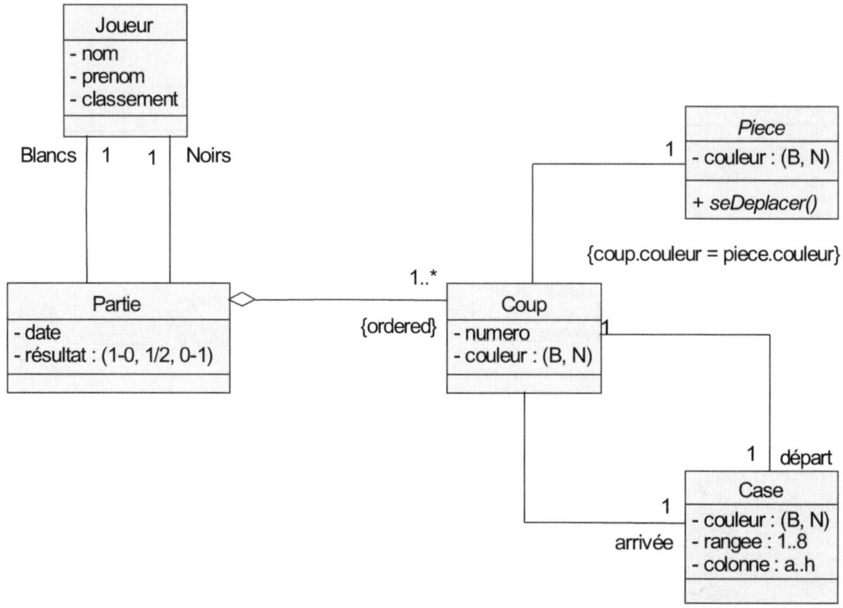

Nous arrêtons là cette exploration du jeu d'échecs par le biais de la modélisation statique, que nous pourrions encore détailler.

Par ailleurs, si nous souhaitons ajouter d'autres règles plus dynamiques concernant par exemple la fin de la partie (cas de mat, pat, abandon, partie nulle, etc.), un diagramme d'états est tout à fait approprié.

Commençons par représenter le comportement séquentiel d'une partie, sachant que les Blancs commencent.

Figure 4-22.
Début du diagramme d'états de la partie

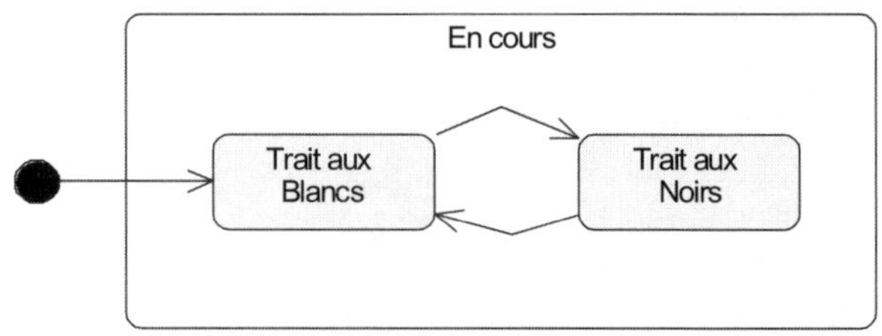

Représentons ensuite par des états finaux différents les trois issues possibles : gain blanc (1-0), gain noir (0-1) et partie nulle (1/2-1/2). Nous n'avons pas cherché l'exhaustivité, les règles des échecs de compétition étant nettement plus complexes que ce qui est dessiné sur le schéma suivant.

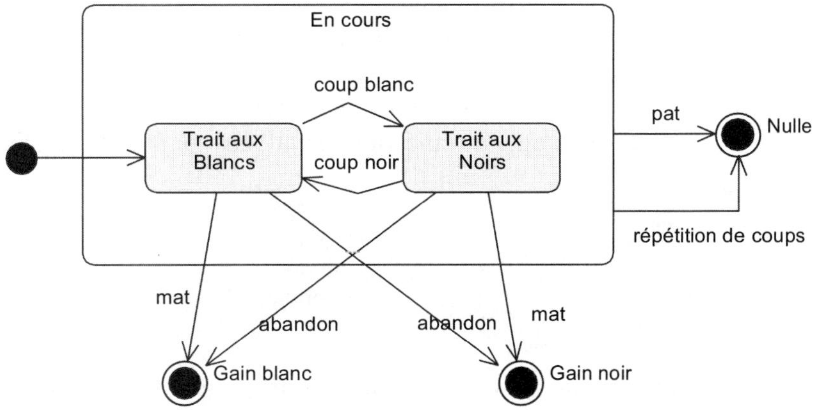

Figure 4-23.
Diagramme d'états de la partie

EXERCICE 4-4.
Diagrammes de classes : d'un modèle simple, mais peu évolutif, à un modèle souple, mais complexe...

Proposez plusieurs solutions pour modéliser la phrase suivante : « un pays a une capitale. »

Dessinez les diagrammes de classe correspondants et indiquez les avantages et inconvénients des différentes solutions.

Solution

Une phrase aussi simple que « un pays a une capitale » va nous permettre d'illustrer le caractère hautement subjectif de l'activité de modélisation, et le choix souvent difficile qu'il faut opérer entre simplicité et évolutivité.

En effet, nous allons proposer pas moins de quatre solutions différentes à cette question, de la plus simple à la plus sophistiquée…

Première solution, la plus compacte possible : une classe *Pays* avec un simple attribut *capitale*. C'est suffisant, si nous voulons seulement récupérer le nom de la capitale de chaque pays, et par exemple produire un petit tableau sur deux colonnes, avec les pays classés par ordre alphabétique…

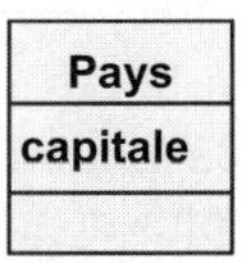

Figure 4-24.
Solution compacte

Difficile de faire plus simple ! Nous pourrons par la suite compléter facilement le modèle en ajoutant quelques attributs à la classe *Pays* : *nom*, *langue*, *monnaie*, etc.

En revanche, comment faire si nous voulons ajouter des propriétés au concept de capitale : nombre d'habitants, superficie, etc. ? La solution précédente trouve là sa limite, et nous sommes alors obligés de promouvoir capitale au rang de classe. Nous retrouvons ici l'illustration de la différence entre classe et attribut, déjà discutée lors de la question 3-2 du chapitre précédent.

Figure 4-25.
Solution « naturelle »

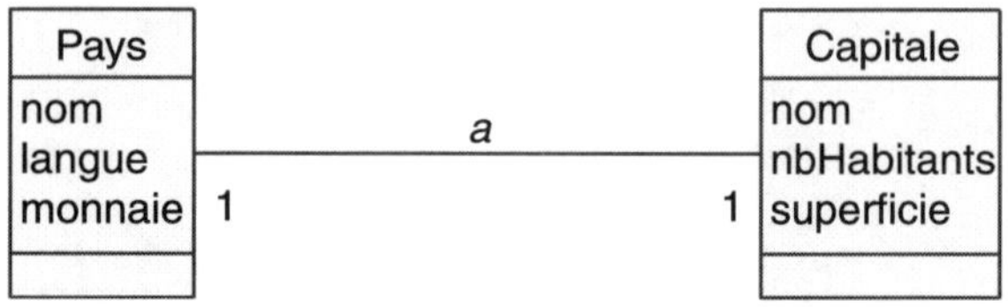

Pour poursuivre cette solution dite « naturelle », on peut se demander à juste titre si l'association n'est pas une agrégation, voire une composition ? En effet, un pays contient sa capitale, et l'agrégation rappelle la contenance au sens cartographique. Maintenant, peut-on aller plus loin et parler de composition ?

Une capitale appartient bien à un pays et un seul, vérifiant en cela le premier critère de la composition. Mais que se passe-t'il en cas de destruction d'un pays ? Si la capitale est également détruite, il s'agit bien d'une composition, dans le cas contraire, ce n'est qu'une agrégation. Nous touchons là une difficulté venant de ce que la question ne mentionne aucun contexte qui nous permettrait de savoir comment ces concepts de pays et de capitale vont être utilisés. « Détruire » un pays peut aussi bien signifier le conquérir lors d'une guerre que l'enlever de la base de données de notre application informatique… Dans le second cas, la composition ne se discute pas, alors que, dans le premier, c'est nettement moins clair. Il faut un peu de réflexion pour comprendre que, là aussi, la capitale disparaît en tant que concept administratif, même si elle n'est pas détruite physiquement. Le schéma se précise donc comme il est indiqué sur la figure suivante.

Figure 4-26.
Solution « naturelle » affinée

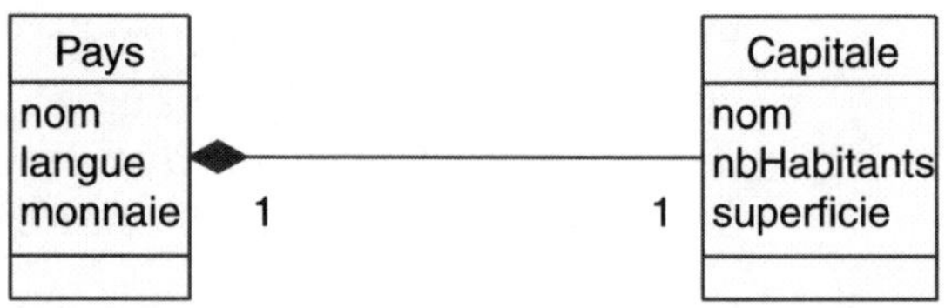

En fait, nous sentons bien au fil des phrases qu'un concept plus général que capitale nous fait défaut : la notion de ville. Supposons qu'un pays soit annexé : sa capitale n'existe plus en tant qu'entité administrative, mais la ville elle-même ne sera pas forcément détruite ! Donc, si nous souhaitons définir un modèle plus général, il est intéressant de modéliser le fait qu'une capitale est une ville qui joue un rôle particulier au sein d'un pays. Une première solution incomplète est donnée ci-après.

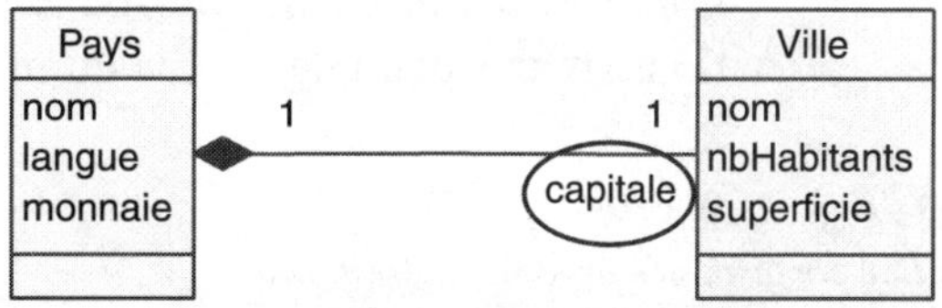

Figure 4-27.
Introduction du concept de ville

Il serait dommage de ne pas profiter de l'introduction du concept plus général de ville pour exprimer le fait qu'un pays contient des villes, dont une seule joue le rôle de capitale. Nous allons donc ajouter une agrégation multiple entre *Pays* et *Ville*, et une contrainte pour exprimer le fait que la capitale d'un pays est forcément une de ses villes. Le modèle devient maintenant nettement plus sophistiqué…

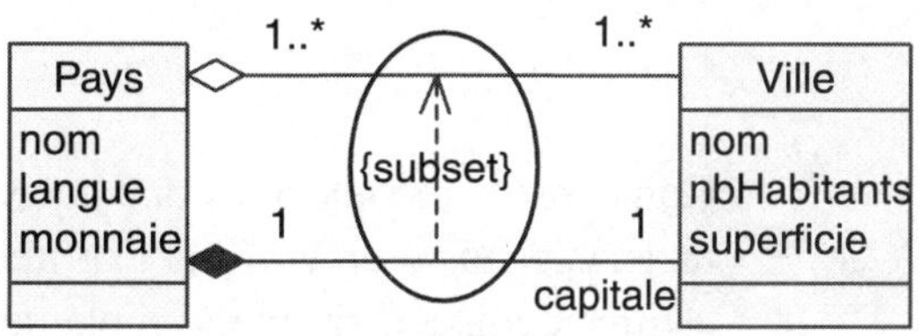

Figure 4-28.
Solution plus complète avec une contrainte

Il faut noter que nous avons considéré qu'une ville peut appartenir à plusieurs pays dans un souci de généralité, et pour nous prémunir d'éventuelles remarques sur le statut particulier passé ou futur de villes telles que Berlin ou Jérusalem… Du coup, la relation ne peut être qu'une agrégation.

Enfin, si nous voulons préciser qu'une capitale est une ville, mais qu'elle possède des propriétés spécifiques, il faut alors en faire une sous-classe et non un rôle, comme cela est montré sur le schéma présenté ci-après.

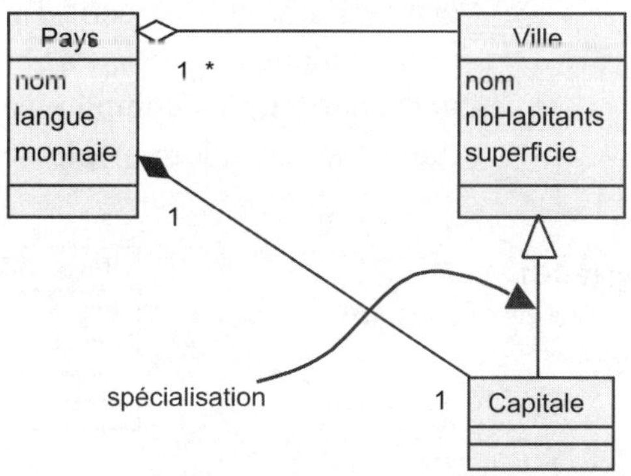

Figure 4-29.
Solution avec super-classe concrète

La classe *Capitale* peut maintenant recevoir des attributs ou associations supplémentaires, si le besoin s'en fait sentir. Cependant, pour indiquer que la multiplicité 1 du côté *Pays* sur la composition avec *Capitale* remplace la multiplicité moins contraignante « 1..* » du côté *Pays* pour les villes, il faudrait indiquer que la composition avec *Capitale* est une spécialisation de l'agrégation avec *Ville*. UML autorise effectivement la généralisation entre associations (mais aucun des outils du marché malheureusement…).

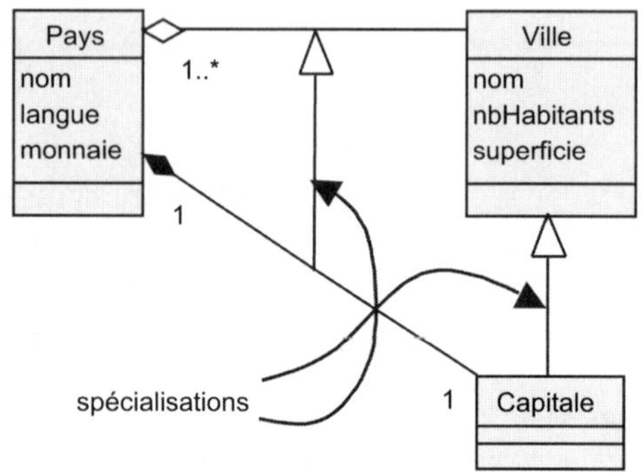

Figure 4-30.
Solution sophistiquée avec spécialisations

Comparez le modèle ainsi obtenu avec celui de la figure 4-24. Les deux sont corrects, « légaux » en UML et expriment à leur façon la phrase initiale. Le premier est très compact, simple à implémenter, mais très peu évolutif dans le cas où il faudrait répondre à de nouvelles demandes d'un utilisateur. Le second est nettement plus complexe à implémenter, mais très souple ; il résistera longtemps à l'évolution des besoins utilisateurs. Le choix entre les deux solutions doit donc se faire en fonction du contexte : faut-il privilégier la simplicité, les délais de réalisation, ou au contraire la pérennité et l'évolutivité ?

Il faut enfin noter que la super-classe *Ville* de la figure 4-30 n'est pas une classe abstraite. Cela est cohérent puisqu'elle ne possède qu'une seule sous-classe. En effet, l'objectif d'une classe abstraite est de factoriser des propriétés communes à plusieurs sous-classes, et non pas à une seule ! Néanmoins, une solution plus compliquée consisterait à rendre *Ville* abstraite, et à introduire une seconde sous-classe intitulée *VilleNormale*…

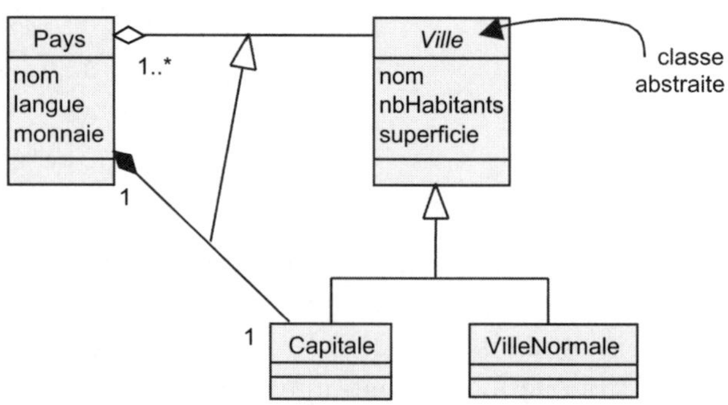

Figure 4-31.
Solution avec super-classe abstraite

EXERCICE 4-5.
Découverte guidée du pattern « Composite »

Proposez une solution élégante qui permette de modéliser le système de gestion de fichiers suivant :

1. les fichiers, les raccourcis et les répertoires sont contenus dans des répertoires et possèdent un nom ;
2. un raccourci peut concerner un fichier ou un répertoire ;
3. au sein d'un répertoire donné, un nom ne peut identifier qu'un seul élément (fichier, sous-répertoire ou raccourci).

Solution

Commençons par modéliser les trois phrases, une à une.

1. *Les fichiers, les raccourcis et les répertoires sont contenus dans des répertoires et possèdent un nom.*

Chacun des trois concepts doit être représenté par une classe. La contenance est modélisée par une composition, car la multiplicité du côté contenant est égale à 1, et la destruction d'un répertoire entraîne la destruction de tout ce qu'il contient.

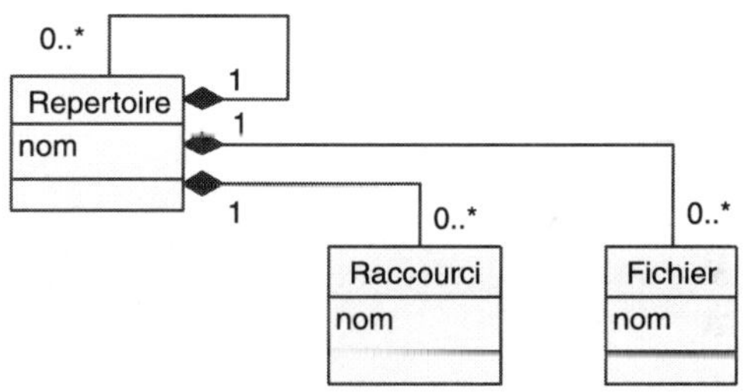

Figure 4-32.
Modélisation de la phrase 1

Deux associations en exclusion mutuelle traduisent parfaitement la deuxième phrase :

2. *Un raccourci peut concerner un fichier ou un répertoire.*

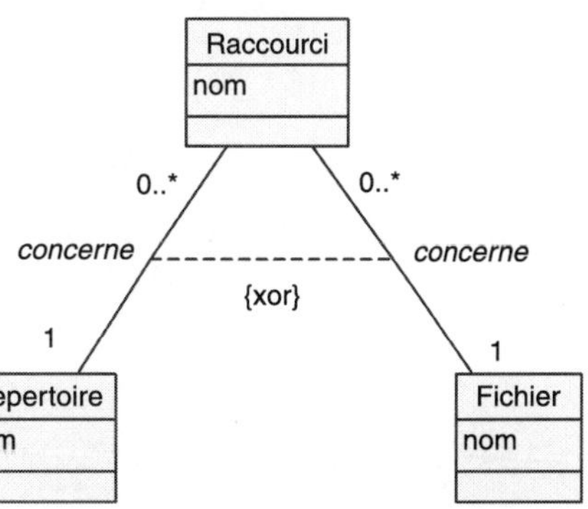

Figure 4-33.
Modélisation de la phrase 2

Les choses se compliquent quand il s'agit de modéliser la troisième phrase :

3. *Au sein d'un répertoire donné, un nom ne peut identifier qu'un seul élément (fichier, sous-répertoire ou raccourci).*

La solution la plus évidente consiste à qualifier chacune des trois compositions avec l'attribut nom. Ce qualificatif représente en fait le nom relatif de chaque élément dans son répertoire englobant. On notera la réduction de la multiplicité de l'autre côté du qualificatif. Pour modéliser le nom absolu, un attribut dérivé est tout à fait approprié, puisqu'il peut se déduire de la succession des noms relatifs.

Figure 4-34.
Modélisation de la phrase 3

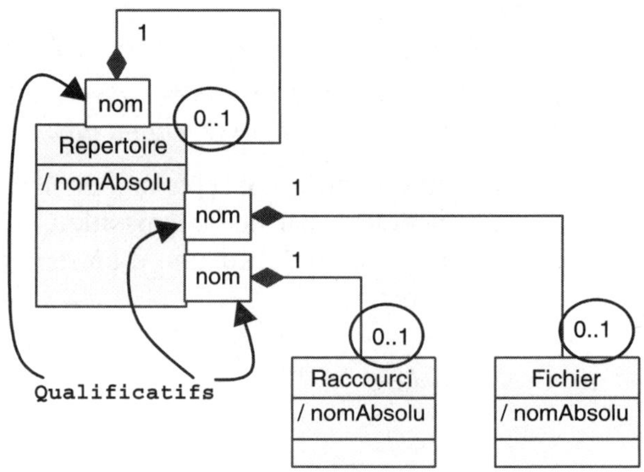

Que pensez-vous du diagramme suivant, regroupant les modèles des trois phrases ?

Figure 4-35.
Première version du modèle

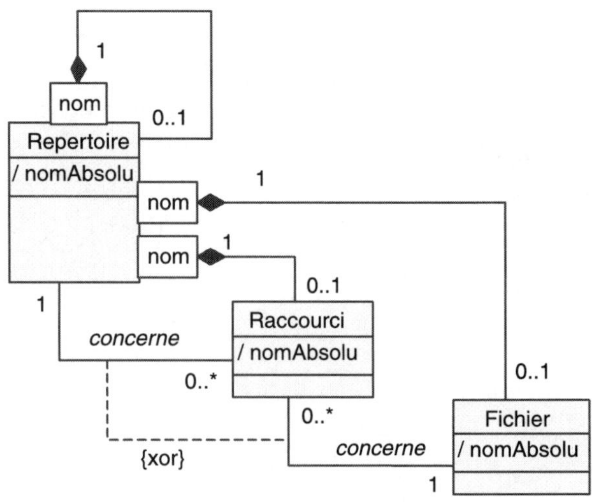

Le modèle obtenu semble bien répondre aux trois phrases de l'énoncé. Pourtant, il n'est pas tout à fait correct ! En effet, d'après la figure précédente, deux fichiers ou deux raccourcis ne peuvent pas avoir le même nom au sein d'un même répertoire, mais rien n'empêche en revanche qu'un fichier et un raccourci aient le même nom…

Ce léger défaut met en fait en évidence un problème majeur : il nous faut un qualificatif unique pour tout type d'élément contenu dans un répertoire et non pas un qualificatif pour chacun. Or, nous comptons trois compositions : il faut donc modifier le modèle en profondeur afin de n'avoir plus qu'une composition à qualifier. Comment faire ?

La solution est en fait contenue dans la formulation de la troisième phrase :

« Au sein d'un répertoire donné, un nom ne peut identifier qu'un seul *élément* (fichier, sous-répertoire ou raccourci). »

Le mot « élément » doit nous permettre de trouver l'idée salvatrice… Que contiennent les répertoires ? Des fichiers, des raccourcis et d'autres répertoires. Oui, mais encore, comment pouvons-nous tous les appeler ? Des éléments ! Si nous ajoutons une super-classe abstraite *Element* généralisant les fichiers, les raccourcis et les répertoires, les trois compositions se résolvent en une seule, avec un qualificatif unique, et le tour est joué ! Voici le modèle que l'on obtient alors :

Figure 4-36.
Version finale élégante

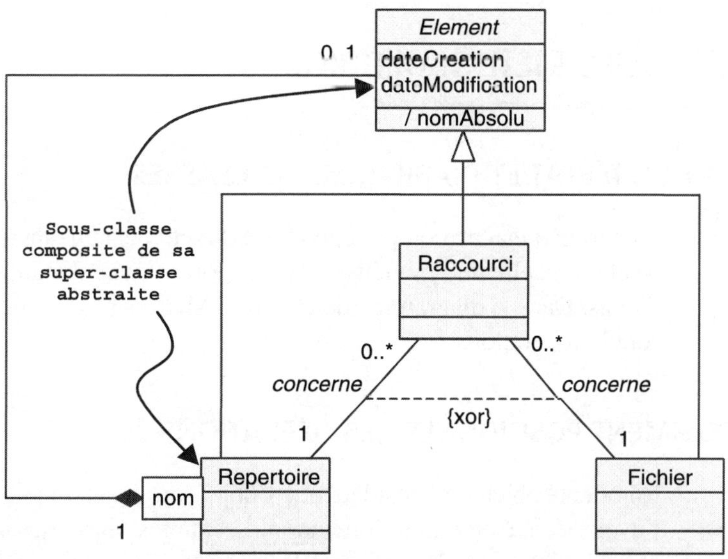

Ce qui est étonnant dans cette solution, et qui explique qu'elle ne soit pas si facile à trouver, c'est la double relation asymétrique entre les classes *Repertoire* et *Element* :

- *Repertoire* est un composite par rapport à *Element*
- *Repertoire* est une sous-classe d'*Element.*

À retenir

LE PATTERN « COMPOSITE »

La solution de la figure suivante a été décrite d'une façon plus générale dans l'ouvrage de référence sur les *Design Patterns*[a], sous le nom de pattern « composite ».

Ce pattern fournit une solution élégante pour modéliser des structures arborescentes qui représentent des hiérarchies composant/composé. Le client peut ainsi traiter de la même façon les objets individuels (feuilles) et leurs combinaisons (nœuds).

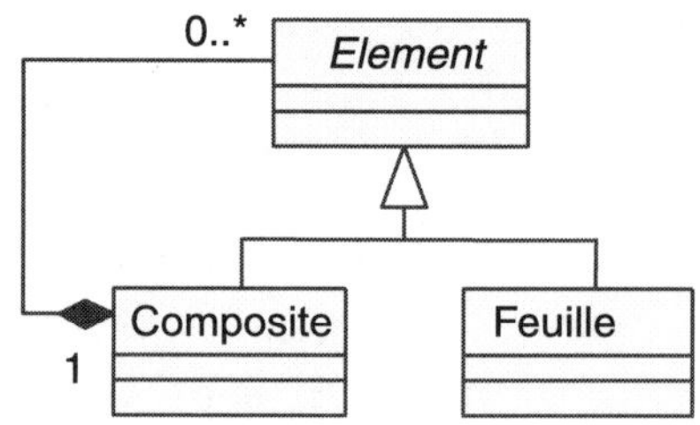

a. *Design Patterns: Elements of Reusable Object-Oriented Software*, E. Gamma *et al.*, 1995, Addison-Wesley.

CONSEILS MÉTHODOLOGIQUES

NOTION D'ÉTAT ET DIAGRAMME DE CLASSES

La notion d'état ne doit pas apparaître directement en tant qu'attribut sur les diagrammes de classes : elle sera modélisée dans le point de vue dynamique au moyen du diagramme d'états. Dans le diagramme de classes UML, les seuls concepts dynamiques disponibles sont les opérations.

COMMENT POSITIONNER LES OPÉRATIONS ?

En orienté objet, on considère que l'objet sur lequel on pourra réaliser un traitement doit l'avoir déclaré en tant qu'opération. Les autres objets qui posséderont une référence sur cet objet pourront alors lui envoyer un message invoquant l'opération.

OBJET OU ATTRIBUT ?

Un objet est un élément plus « important » qu'un attribut. Un bon critère à appliquer peut s'énoncer de la façon suivante : si l'on ne peut demander à un élément que sa valeur, il s'agit d'un simple attribut ; si l'on peut lui poser plusieurs questions, il s'agit plutôt d'un objet qui possède à son tour plusieurs attributs, ainsi que des liens avec d'autres objets.

À QUOI SERT LE DIAGRAMME D'OBJETS ?

N'hésitez pas à utiliser le diagramme d'objets pour donner un exemple, ou encore un contre-exemple, qui permette d'affiner un aspect délicat d'un diagramme de classes.

BONNE UTILISATION DE LA GÉNÉRALISATION

N'employez la relation de généralisation que lorsque la sous-classe est conforme à 100 % aux spécifications de sa super-classe.

CONVENTIONS DE NOMMAGE UML

- Les noms des attributs commencent toujours par une minuscule (contrairement aux noms des classes qui commencent systématiquement par une majuscule) et peuvent contenir ensuite plusieurs mots concaténés commençant par une majuscule.
- Il est préférable de ne pas utiliser d'accents ni de caractères spéciaux.
- Les mêmes conventions s'appliquent au nommage des rôles des associations, ainsi qu'aux opérations.

ATTRIBUT DÉRIVÉ ET QUALIFICATIF

- Utilisez le concept d'attribut dérivé pour distinguer les attributs intéressants pour l'analyste, mais redondants car leur valeur peut être déduite à partir d'autres informations disponibles dans le modèle. Les attributs dérivés permettent à l'analyste de ne pas faire un choix de conception prématuré.
- Utilisez à bon escient les qualificatifs, sans oublier la modification de la multiplicité de l'autre côté de l'association.

FORTE COHÉSION ET MÉTACLASSE

- Veillez à ce que vos classes n'aient pas trop de responsabilités différentes, sous peine de violer un principe fort de la conception orientée objet, appelé *forte cohésion*.

- Si vous identifiez une classe *XX* qui possède trop de responsabilités, et dont certaines ne sont pas propres à chaque instance, pensez au *pattern de la métaclasse*. Ajoutez une classe *TypeXX*, répartissez les propriétés sur les deux classes et reliez-les par une association « * - 1 ». La classe *TypeXX* est qualifiée de « métaclasse », car elle contient des informations qui décrivent la classe *XX*.

AGRÉGATION OU COMPOSITION ?

Pour qu'une agrégation soit une composition, il faut vérifier les deux critères suivants :

- La multiplicité ne doit pas être supérieure à un du côté du composite.
- Le cycle de vie des parties doit dépendre de celui du composite (en particulier pour la destruction).

SUPER-CLASSE ABSTRAITE OU CONCRÈTE ?

Comprenez bien pourquoi une super-classe n'est pas toujours abstraite (sinon on n'aurait pas besoin de l'aide visuelle du nom en italique), et pourquoi la relation de généralisation/spécialisation ne conduit pas toujours à un « arbre » d'héritage.

LA STRUCTURATION DU MODÈLE STATIQUE

- La structuration d'un modèle statique est une activité délicate. Elle doit s'appuyer sur deux principes fondamentaux : *cohérence* et *indépendance*. Le premier principe consiste à regrouper les classes qui sont proches d'un point de vue sémantique. À cet égard, il faut chercher l'homogénéité au niveau des critères suivants : finalité, évolution et cycle de vie. Le second principe consiste quant à lui à renforcer ce découpage initial en s'efforçant de minimiser les dépendances entre les packages.
- Le problème des associations qui traversent deux packages réside dans le fait qu'une seule d'entre elles suffit à induire une dépendance mutuelle, si elle est bidirectionnelle. Il est toutefois possible de limiter cette navigation à une seule des deux directions, pour éliminer une des deux dépendances induites par l'association. UML nous permet de représenter explicitement cette navigabilité en ajoutant sur l'association une flèche qui indique le seul sens possible.
- Pour qu'un package soit vraiment un composant réutilisable, il ne faut pas qu'il dépende des autres packages.
- Respectez les sacro-saints principes des dépendances entre packages :
  - Pas de dépendances mutuelles.
  - Pas de dépendances circulaires.
  - Un package d'analyse contient généralement moins de 10 classes.

LA SUBJECTIVITÉ DE LA MODÉLISATION

Soyez conscient du caractère hautement subjectif de l'activité de modélisation, et du choix souvent difficile qu'il faut faire entre simplicité et évolutivité. Un modèle très compact, simple à implémenter, sera peu évolutif lorsque de nouvelles demandes émaneront des utilisateurs. Un modèle nettement plus complexe à implémenter, mais très souple, résistera mieux à l'évolution des besoins utilisateurs. Le choix entre les deux solutions doit donc se faire en fonction du contexte : faut-il privilégier la simplicité, les délais de réalisation, ou au contraire la pérennité et l'évolutivité ?

ÉTUDIEZ LES PATTERNS !

Apprenez à identifier les moments opportuns où il convient d'utiliser un pattern de modélisation. Contraignez-vous à les étudier sérieusement afin de ne pas « réinventer la roue » à chaque nouveau modèle !

Chapitre 5

Modélisation dynamique

Mots-clés

■ Acteur ■ Cas d'utilisation, scénario ■ Diagramme de séquence système ■ Diagramme de contexte dynamique ■ Message ■ Diagramme d'états ■ État, transition ■ Événement ■ Condition ■ Activité.

Ce chapitre va nous permettre d'illustrer pas à pas, à partir d'une nouvelle étude de cas, les principaux concepts et diagrammes UML pour le point de vue dynamique.

En commençant par identifier les acteurs et les cas d'utilisation, nous dessinerons tout d'abord un diagramme de séquence « système ». Puis, nous réaliserons un diagramme de communication particulier (que nous appellerons diagramme de contexte dynamique) afin de répertorier tous les messages que les acteurs peuvent envoyer au système et recevoir.

Après ce travail préliminaire, nous nous embarquerons dans une description en profondeur de la dynamique souhaitée du système. Nous insisterons tout particulièrement sur le diagramme d'états qui est à notre avis trop souvent sous-employé, alors que c'est un diagramme extrêmement utile pour décrire avec précision des comportements complexes, et ce dès l'analyse.

En complément des concepts de base, nous expliquerons la bonne utilisation des concepts avancés tels que :

- Événement interne : *when*
- État composite et sous-états exclusifs
- Transition propre et transition interne
- Pseudo-état : *History*
- Envoi de message : *send*

PRINCIPES ET DÉFINITIONS DE BASE

DIAGRAMME D'ÉTATS

UML a repris le concept bien connu de *machine à états finis*, qui consiste à s'intéresser au cycle de vie d'une instance générique d'une classe particulière au fil de ses interactions avec le reste du monde, dans tous les cas possibles. Cette vue locale d'un objet, qui décrit comment il réagit à des événements en fonction de son état courant et comment il passe dans un nouvel état, est représentée graphiquement sous la forme d'un *diagramme d'états*[1].

Un diagramme d'états pour quelles classes ?

Toutes les classes du modèle statique ne requièrent pas nécessairement une machine à états, représentée par un diagramme d'états. Il s'agit donc de trouver celles qui ont un comportement dynamique complexe nécessitant une description poussée. Cela correspond à l'un des deux cas suivants :

- les objets de la classe peuvent-ils réagir différemment à l'occurrence du même événement ? Chaque type de réaction caractérise un état particulier ;
- la classe doit-elle organiser certaines opérations dans un ordre précis ? Dans ce cas, des états séquentiels permettent de préciser la chronologie forcée des événements d'activation.

Comment le construire ?

1. Représentez tout d'abord la séquence d'états qui décrit le comportement nominal d'un objet, avec les transitions qui y sont associées.
2. Ajoutez progressivement les transitions qui correspondent aux comportements alternatifs ou d'erreur.

1. UML utilise beaucoup le terme *statechart*, issu des travaux de D. Harel (voir www.ilogix.com).

3. Complétez les activités sur les transitions et dans les états.
4. Structurez le diagramme en sous-états s'il devient trop complexe.

Comment le représenter ?

Un diagramme d'états est un graphe orienté d'états et de transitions.

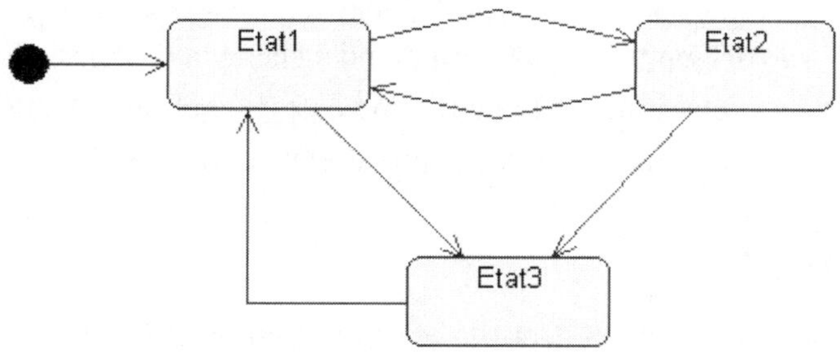

Figure 5-1.
Notation de base du diagramme d'états

ÉTAT

Un *état* représente une situation durant la vie d'un objet pendant laquelle :

- il satisfait une certaine condition ;
- il exécute une certaine activité ;
- ou bien il attend un certain événement.

Un objet passe par une succession d'états durant son existence. Un état a une durée finie, variable selon la vie de l'objet, en particulier en fonction des événements qui lui arrivent.

Comment les identifier ?

Comment trouver les états d'une classe ? Pour faire un parallèle, on peut dire qu'il est aussi difficile de trouver les bons états dans le modèle dynamique que les bonnes classes dans le modèle statique ! Il n'y a donc pas de recette miracle, cependant trois démarches complémentaires peuvent être mises en œuvre :

- la recherche intuitive repose sur l'expertise métier. Certains états fondamentaux font partie du vocabulaire des experts du domaine et sont identifiables a priori ;
- l'étude des attributs et des associations de la classe peut donner des indications précieuses : cherchez des valeurs seuils d'attributs qui modifient la dynamique, ou des comportements qui sont induits par l'existence ou l'absence de certains liens ;
- une démarche systématique peut également être utilisée : classe par classe, cherchez le diagramme d'interaction le plus représentatif du comportement des instances de cette classe, associez un état à chaque intervalle entre événements émis ou reçus par

une instance et placez les transitions. Reproduisez ensuite cette démarche avec tous les scénarios faisant intervenir des instances de la classe, afin d'ajouter de nouvelles transitions ou de nouveaux états. La difficulté principale consiste à trouver ensuite les boucles dans le diagramme, afin de ne pas multiplier les états.

État initial et état final

En plus de la succession d'états « normaux » correspondant au cycle de vie d'un objet, le diagramme d'états comprend également deux pseudo-états :

- L'état initial du diagramme d'états correspond à la création de l'instance.
- L'état final du diagramme d'états correspond à la destruction de l'instance.

TRANSITION

Une transition décrit la réaction d'un objet lorsqu'un événement se produit (généralement l'objet change d'état).

ÉVÉNEMENT

En UML, un événement spécifie qu'il s'est passé quelque chose de significatif, localisé dans le temps et dans l'espace. Dans le contexte des machines à états finis, il représente l'occurrence d'un stimulus qui peut déclencher une transition entre états.

UML propose de distinguer quatre sortes d'événements :

- la *réception d'un message* envoyé par un autre objet, ou par un acteur. L'envoi d'un message est en général asynchrone ;
- *l'appel d'une opération* (*call event*) sur l'objet récepteur. L'événement d'appel est en général synchrone ;
- le *passage du temps (time event)*, qui se modélise en utilisant le mot-clé `after` suivi d'une expression représentant une durée, décomptée à partir de l'entrée dans l'état courant ;
- un *changement* dans la satisfaction d'une condition (*change event*). On utilise alors le mot-clé `when`, suivi d'une expression booléenne. L'événement de changement se produit lorsque la condition passe à vrai.

Un événement peut porter des paramètres qui matérialisent le flot d'informations ou de données entre objets.

MESSAGE

Un message est une transmission d'information unidirectionnelle entre deux objets, l'objet émetteur et l'objet récepteur.

Le mode de communication peut être synchrone ou asynchrone. La réception d'un message est un événement qui est doit être traité par le récepteur.

CONDITION

Une condition est une expression booléenne qui doit être vraie lorsque l'événement arrive pour que la transition soit déclenchée.

Comment représenter les concepts dynamiques de base ?

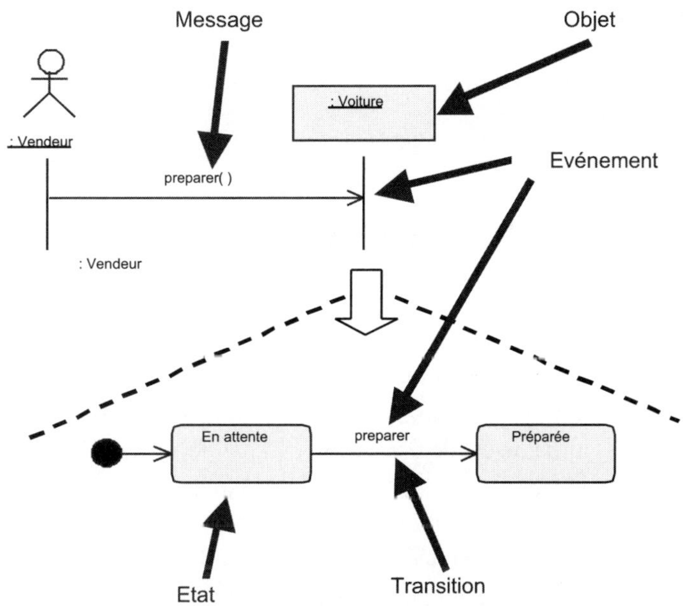

Figure 5-2.
Concepts dynamiques de base

ACTIVITÉ

Les *activités* sont associées aux transitions et sont considérées comme atomiques, c'est-à-dire ininterruptibles, ou encore instantanées par rapport à l'échelle de temps considérée. Elles peuvent représenter des mises à jour de valeurs d'attribut, appels d'opérations, la création ou la destruction d'un autre objet, ainsi que l'envoi d'un signal à un autre objet.

Les *activités durables (do-activity)*, au contraire, ont une certaine durée, sont interruptibles et sont donc associées aux états.

COMMENT REPRÉSENTER LES DIAGRAMMES D'ÉTATS ?

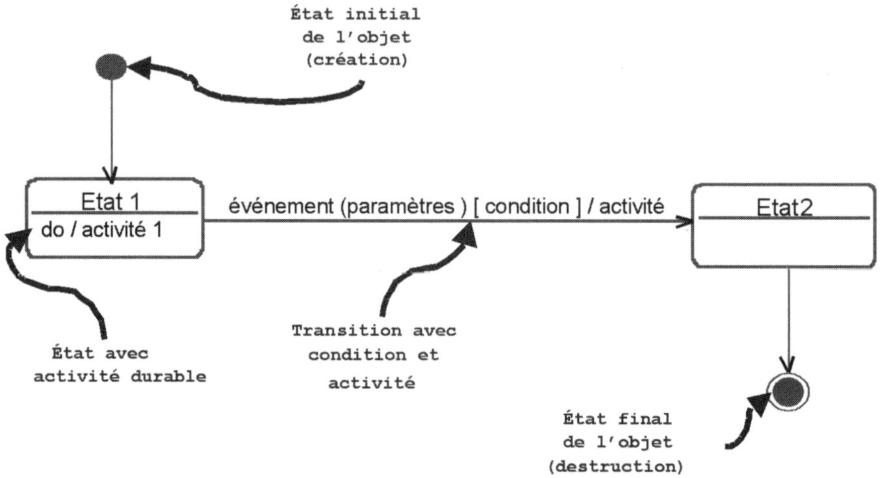

Figure 5-3. *Notation plus complète du diagramme d'états*

ÉTUDE D'UN PUBLIPHONE À PIÈCES

Cette étude de cas concerne un système simplifié de Publiphone à pièces.

1. Le prix minimal d'une communication interurbaine est de 0,2 euros.
2. Après l'introduction de la monnaie, l'utilisateur a 2 minutes pour composer son numéro (ce délai est décompté par le standard[2]).
3. La ligne peut être libre ou occupée.
4. Le correspondant peut raccrocher le premier.
5. Le Publiphone consomme de l'argent dès que l'appelé décroche et à chaque unité de temps (UT) générée par le standard.
6. On peut ajouter des pièces à tout moment.
7. Lors du raccrochage, le solde de monnaie est rendu.

À partir de ces six phrases, nous allons progressivement :

- Identifier les acteurs et les cas d'utilisation.
- Construire un diagramme de séquence système.

2. Nous utilisons le terme « standard », mais il représente en fait le réseau téléphonique dans son ensemble.

- Construire le diagramme de contexte dynamique.
- Élaborer le diagramme d'états du Publiphone.

Étape 1 – Identification des acteurs et des cas d'utilisation

En premier lieu, nous allons identifier les acteurs et les cas d'utilisation du Publiphone à pièces.

EXERCICE 5-1.
Diagramme de cas d'utilisation

Dessinez le diagramme de cas d'utilisation du Publiphone à pièces.

Solution

Quelles sont les entités externes qui interagissent directement avec le Publiphone ?

Si nous procédons à une analyse linguistique de l'énoncé, nous obtenons les cinq candidats suivants : utilisateur, standard, correspondant, Publiphone, appelé.

Éliminons tout de suite Publiphone puisqu'il s'agit du système lui-même. En revanche, le standard est bien un acteur (non-humain) connecté directement au système.

La seule difficulté concerne les acteurs humains : utilisateur, correspondant et appelé. Comme les deux derniers termes semblent être synonymes, nous pouvons garder le mot *appelé* et renommer, par souci de symétrie, utilisateur en *appelant*.

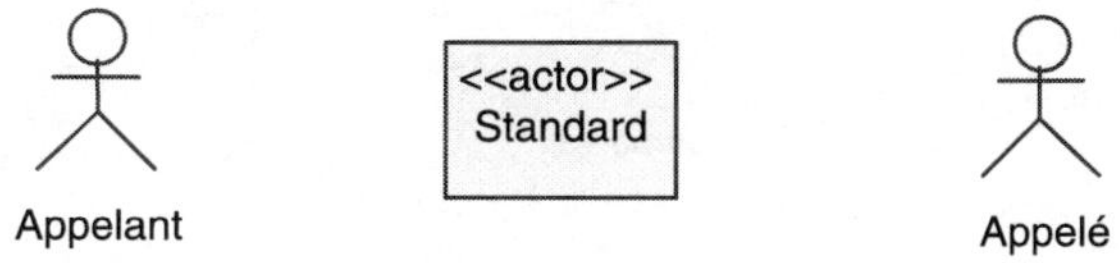

Figure 5-4.
Liste préliminaire des acteurs

Comment les acteurs utilisent-ils le Publiphone ? La seule utilisation vraiment intéressante dans notre contexte est celle de l'appelant qui téléphone à l'appelé. Le standard sert en fait d'intermédiaire entre les deux. Si nous affinons encore notre analyse, nous nous apercevons rapidement que l'appelé n'interagit pas directement avec le Publiphone : il est complètement masqué par le standard.

Une illustration graphique de ce problème de détermination de frontière est donnée sur le diagramme de contexte statique suivant.

Figure 5-5.
Diagramme de contexte statique élargi du Publiphone

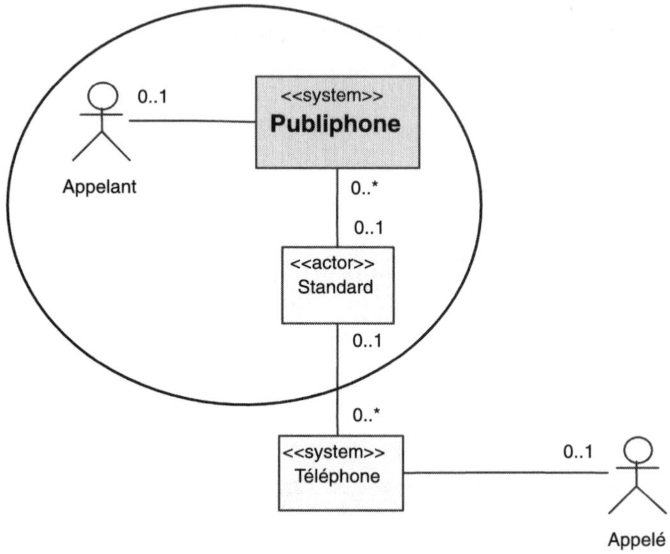

On voit bien sur le diagramme précédent que l'appelant communique avec l'appelé par le biais de trois systèmes connectés : le Publiphone, le standard et le téléphone de l'appelé. On notera la symétrie du schéma en regard du standard, qui joue le rôle d'acteur par rapport aux deux autres systèmes de même nature.

L'appelé est donc un acteur indirect par rapport au Publiphone. Nous ne le retiendrons pas pour notre diagramme de cas d'utilisation qui est finalement très simple.

Figure 5-6.
Diagramme de cas d'utilisation du Publiphone

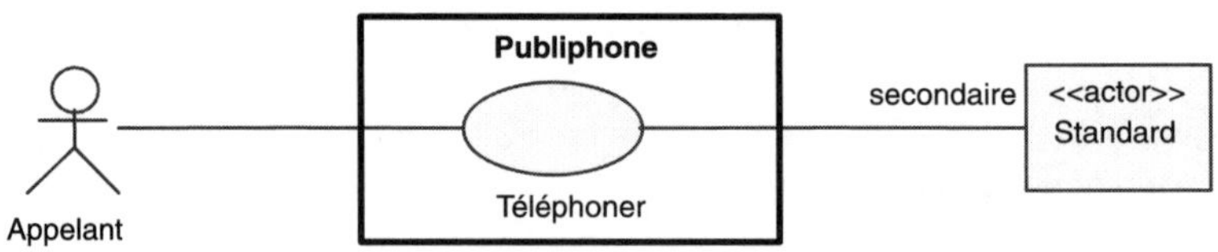

Étape 2 – Réalisation du diagramme de séquence système

Avant de plonger dans les arcanes du diagramme d'états du Publiphone, nous allons le préparer en réalisant tout d'abord un diagramme de séquence système. Nous avons vu aux chapitres 1 et 2 l'intérêt de ce type de diagramme et les différents détails qui le concernent.

EXERCICE 5-2.
Diagramme de séquence système

Réalisez un diagramme de séquence système qui décrive le scénario nominal du cas d'utilisation TÉLÉPHONER.

Solution

En se basant sur notre connaissance du domaine, nous allons décrire le scénario nominal de succès de communication entre un appelant et un appelé.

Comme cela est expliqué aux chapitres 1 et 2, nous utilisons la convention graphique suivante :

- l'acteur principal *Appelant* à gauche ;
- un objet représentant le *Publiphone* au milieu ;
- l'acteur secondaire *Standard* à droite.

Figure 5-7.
Diagramme de séquence système du scénario nominal de Téléphoner

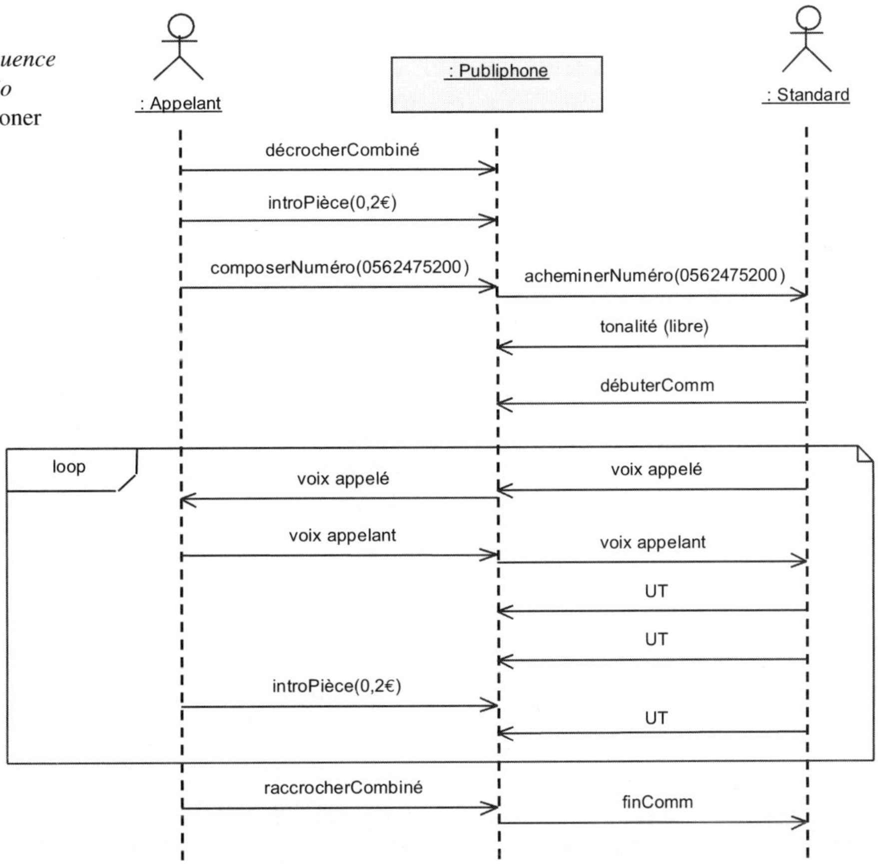

Nous n'avons pas représenté pour l'instant les réponses du Publiphone à l'appelant (en termes de tonalité par exemple) afin de ne pas alourdir ce premier schéma.

EXERCICE 5-3.
Diagramme de séquence système enrichi

Enrichissez le diagramme de séquence système précédent avec des activités internes intéressantes et quelques réponses du Publiphone à l'appelant.

En revanche, ne représentez plus la conversation afin de vous concentrer sur les « opérations système ».

Solution

Nous avons ajouté au diagramme précédent les activités internes importantes du Publiphone, telles que la vérification des pièces et la gestion du solde de l'appelant :

- incrémentation lors de l'introduction de pièces ;
- décrémentation lors du début de communication et à chaque UT.

Figure 5-8.
Diagramme de séquence système complété du scénario nominal de Téléphoner

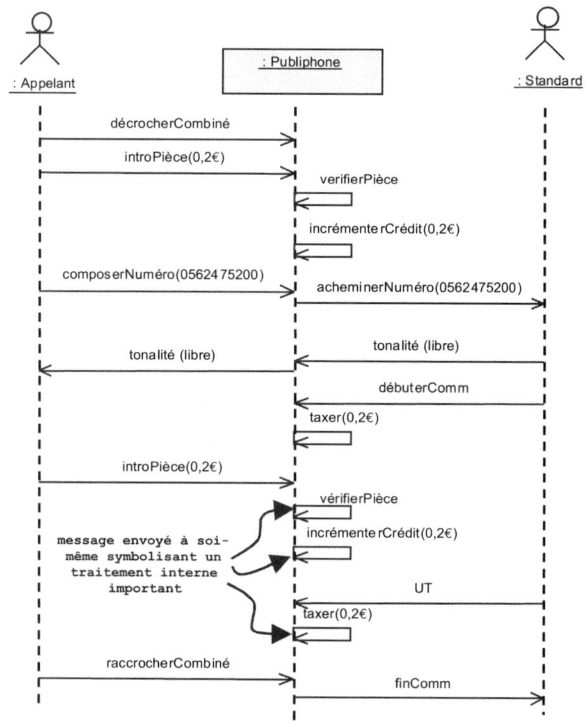

Étape 3 – Représentation du contexte dynamique

Pour parfaire la préparation du diagramme d'états, nous allons maintenant répertorier l'ensemble des messages qui sont émis et surtout ceux qui sont reçus par le Publiphone. En effet, les messages reçus vont devenir des événements qui déclenchent des transitions entre états et les messages émis vont donner lieu à des actions sur les transitions.

Le diagramme de séquence système réalisé à l'étape 2 liste un certain nombre de messages. Nous visons maintenant en la matière à l'exhaustivité et à la « généricité ». Le diagramme de séquence système réalisé à l'étape 2 liste un certain nombre de messages. Nous visons maintenant en la matière à l'exhaustivité et à la « généricité ». Dans cette optique, nous préconisons de représenter graphiquement l'ensemble des messages échangés par le système avec ses acteurs sous la forme d'un diagramme de communication appelé *diagramme de contexte dynamique*[3].

À retenir

REPRÉSENTATION GRAPHIQUE DU CONTEXTE DYNAMIQUE

Utilisez un diagramme de *communication* de la façon suivante :

- le système étudié est représenté par un objet au centre du diagramme ;
- cet objet central est entouré par une instance de chaque acteur ;
- un lien relie le système à chacun des acteurs ;
- sur chaque lien sont répertoriés tous les messages en entrée et en sortie du système, sans numérotation.

EXERCICE 5-4. Diagramme de contexte dynamique

Réalisez le diagramme de contexte dynamique du Publiphone de la façon indiquée précédemment.

Solution

En partant des deux diagrammes de séquence système, nous avons répertorié les messages échangés entre le système et ses acteurs. Puis nous les avons généralisés en ajoutant des paramètres quand c'était nécessaire :

3. Comme pour le diagramme de contexte statique recommandé au chapitre 1, il ne s'agit pas d'un diagramme UML standard. Cependant, notre expérience pratique a montré qu'il était très utile sur les projets réels.

- IntroPiece(0,2 €) devient un message paramétré : « introPiece(p) » ;
- composerNumero(0562475200) devient « composerNumero(num) » ;
- tonalité (libre) devient « tonalité(type) » pour prendre en compte l'occupation de la ligne, etc.

Ce premier travail donne le schéma préliminaire suivant :

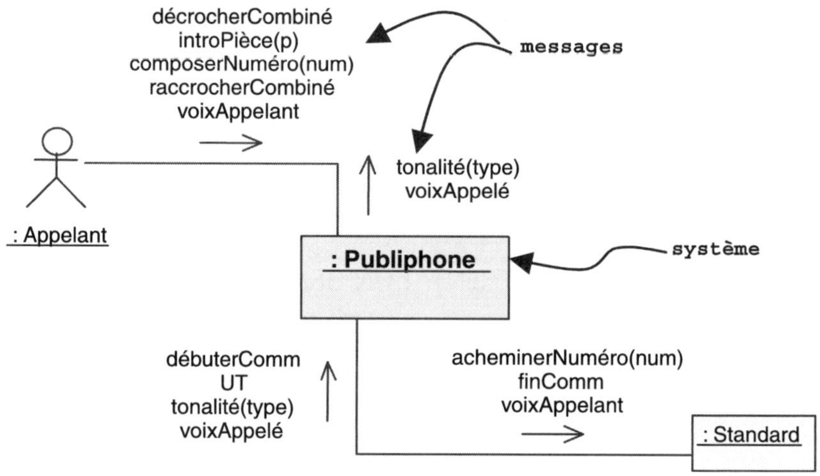

Figure 5-9. *Version préliminaire du diagramme de contexte dynamique*

Toutefois, prenons garde de ne pas oublier que nous sommes partis du diagramme de séquence système qui représente un scénario nominal du cas d'utilisation *Téléphoner*. D'autres messages peuvent être envisagés entre le Publiphone et ses acteurs :

- s'il reste des pièces inutilisées quand l'appelant raccroche, le Publiphone les lui rend ;
- après l'introduction de la somme minimale de 0,2 €, le Publiphone transmet un message au standard pour le décompte du délai de 2 minutes ;
- si le numéro composé n'est pas valide, le standard le détecte ;
- si l'appelé raccroche le premier, la fin de communication est signalée par le standard ;
- plus généralement, le standard transmet l'état de la ligne au Publiphone (libre, occupée, en dérangement, etc.), et pas seulement le type de tonalité.

Le diagramme de contexte dynamique est donc complété comme cela apparaît sur la figure ci-après.

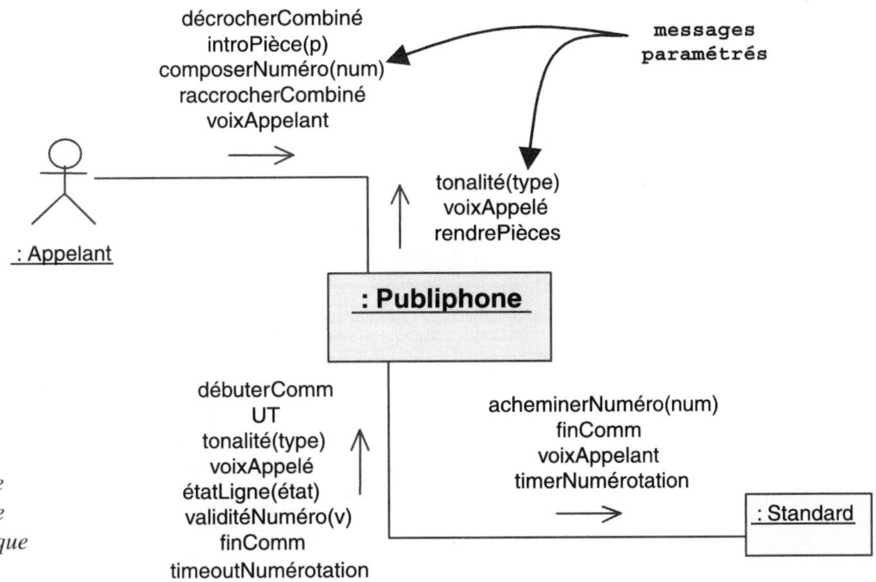

Figure 5-10.
Version complète du diagramme de contexte dynamique

Étape 4 – Description exhaustive par un diagramme d'états

Après tout ce travail préliminaire, nous pouvons maintenant entreprendre une description exhaustive de la dynamique du Publiphone.

Le comportement du Publiphone n'est pas trivial, comme en témoigne par exemple le nombre élevé de messages identifiés sur le diagramme de contexte dynamique. Nous préconisons dans ce cas une approche itérative et incrémentale. C'est la démarche que nous allons mettre en œuvre au travers des questions qui suivent.

EXERCICE 5-5.
Diagramme d'états préliminaire

Réalisez un premier diagramme d'états qui décrive le comportement nominal du Publiphone à pièces, d'après le diagramme de séquence système.

Solution

Pour le cas d'utilisation *Téléphoner*, l'état initial nominal du Publiphone est à « raccroché en service ». Quand l'appelant décroche le combiné, il doit ensuite introduire un minimum de 0,2 € pour pouvoir composer son numéro. Une fois qu'un numéro valide est composé, le Publiphone attend la réponse du standard, puis que l'appelé décroche. La conversation est alors établie jusqu'à ce que l'un des deux raccroche. Le Publiphone revient alors à son état initial.

Traduisons ce texte en un premier squelette de diagramme d'états.

Figure 5-11. *Première version du diagramme d'états*

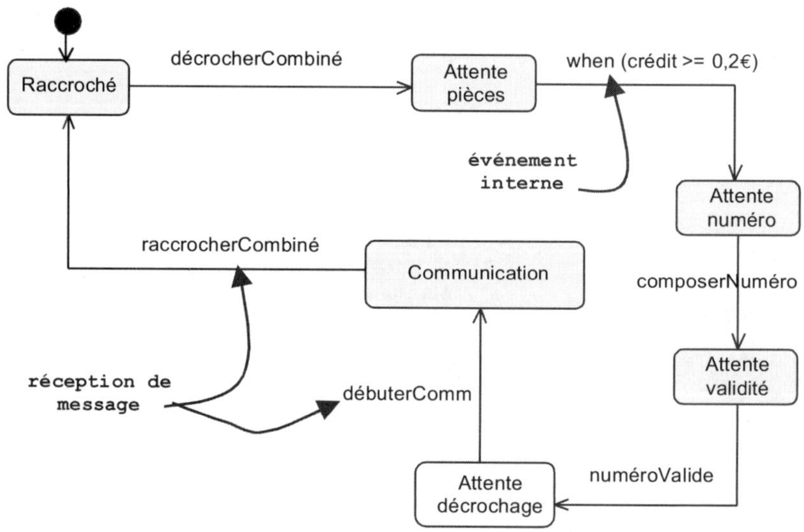

À retenir — ÉVÉNEMENT INTERNE : « WHEN »

On notera que la plupart des événements qui déclenchent les transitions entre états correspondent à la réception d'un message émis par un acteur. Nous avons d'ailleurs utilisé les mêmes noms pour les événements que pour les messages correspondants (sauf pour *numeroValide* qui est plus lisible que le rigoureux *validiteNumero(vrai)*).

Seul le passage de l'état « Attente pièces » à l'état « Attente numéro » est provoqué par un événement interne au Publiphone : la détection du dépassement du seuil des 0,2 €. UML propose un mot-clé pour distinguer ces changements d'états internes : « `when` », suivi d'une expression booléenne dont le passage de faux à vrai déclenche la transition.

EXERCICE 5-6.
Diagramme d'états (suite)

Comment représenter le fait que l'appelant peut raccrocher à tout moment et pas seulement dans l'état conversation ?

Solution

Il y a (comme souvent) deux façons de procéder : la triviale et l'élégante ! La solution triviale consiste à ajouter des transitions déclenchées par l'événement *raccrocherCombiné* et sortant de tous les états pour amener vers l'état « Raccroché ». Mais le diagramme paraît soudain bien chargé…

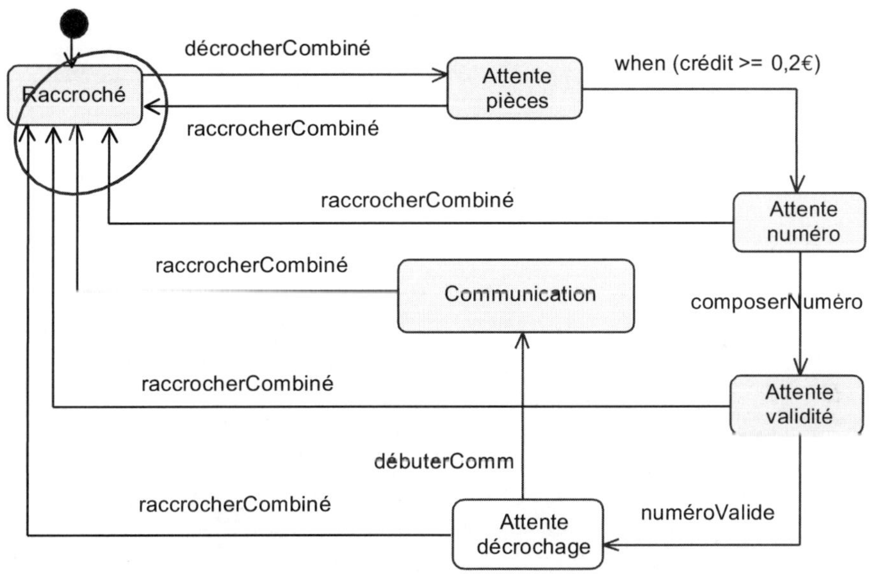

Figure 5-12.
Solution triviale

La solution élégante consiste à introduire un super-état[4], « Décroché », ce qui permet de factoriser la transition de sortie vers l'état « Raccroché ».

4. On parle également d'état « composite ».

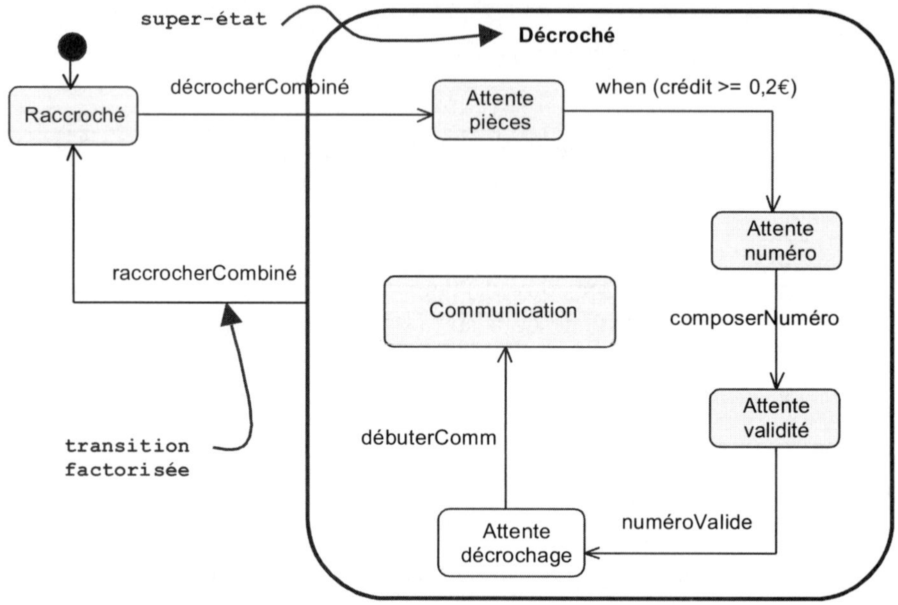

Figure 5-13. *Solution élégante*

On notera également que nous aurions pu utiliser une notation un peu plus sophistiquée pour la transition de « Raccroché » vers « Attente pièces », comme cela est illustré sur le schéma suivant.

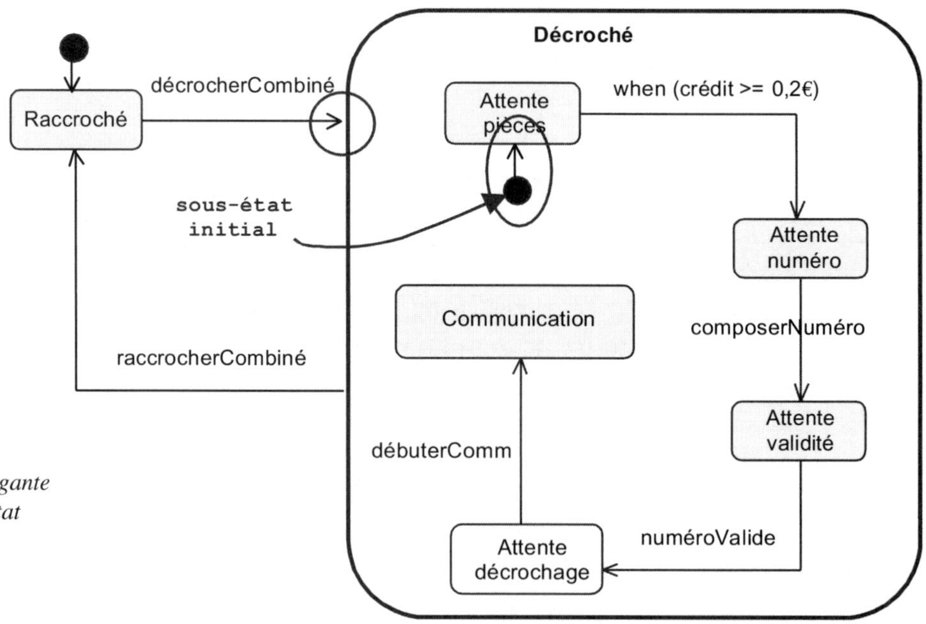

Figure 5-14. *Solution élégante avec sous-état initial*

Au lieu d'avoir directement une transition entre « Raccroché » et « Attente pièces », nous obtenons une première transition entre « Raccroché » et « Décroché », puis le symbole graphique de l'état initial à l'intérieur de « Décroché », afin d'indiquer explicitement le sous-état initial. Cette manière de procéder permet de découper le diagramme d'états en deux niveaux :

- un premier niveau ne faisant apparaître que les états « Raccroché » et « Décroché » ;
- un second niveau correspondant à la décomposition de « Décroché ».

Nous conserverons dans la suite de l'étude de cas la transition directe par souci de simplicité.

EXERCICE 5-7.
Diagramme d'états (suite bis)

Comment le crédit de l'appelant peut-il atteindre 0,2 € ?

Considérez plusieurs solutions.

Solution

Pour le moment, le crédit de l'appelant n'intervient que dans l'expression booléenne associée à l'événement interne « `when` ». Cependant, pour que le crédit atteigne 0,2 €, il faut que l'appelant introduise une ou plusieurs pièces.

Nous pouvons donc placer une transition propre (qui ramène vers l'état de départ) sur l'état « Attente pièces ». Dès que le crédit dépasse 0,2 €, le Publiphone doit passer dans l'état « Attente numéro ».

Si nous ne souhaitons utiliser que des événements de réception de messages, probablement introduirons-nous des conditions sur les transitions comme cela est illustré sur la figure 5-15.

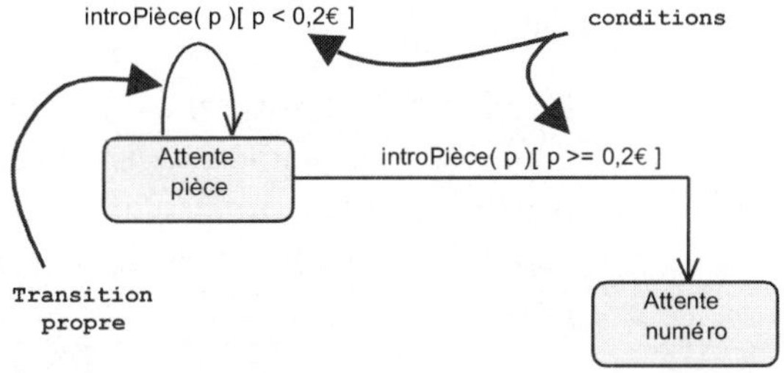

Figure 5-15.
Première solution incorrecte

Cette solution, qui paraît évidente, est cependant erronée puisqu'elle interdit de composer un numéro après avoir introduit deux pièces de 10 cents… Il faut donc que le Publiphone mémorise un attribut *crédit* qui est incrémenté à chaque introduction de pièce.

Il est tentant de transformer notre schéma en ajoutant une activité et en modifiant les conditions.

Figure 5-16.
Seconde solution incorrecte

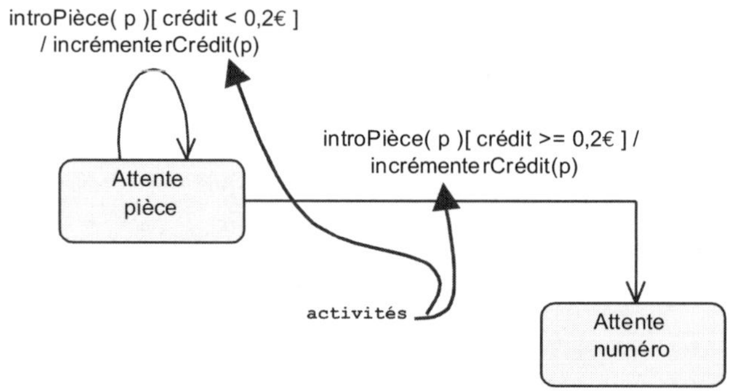

Hélas, cette solution est également fausse, mais d'une manière plus subtile ! En effet, la sémantique d'une transition en UML est la suivante : lorsque l'événement déclencheur se produit, la condition est testée ; si la condition est évaluée à vrai, la transition est déclenchée et l'activité associée est alors réalisée.

Voyons comment cela se passe concrètement sur notre exemple, en partant de « Attente pièces » avec un crédit initial de 0 € :

- L'appelant introduit une pièce de 10 cents. Le crédit est inférieur à 0,2 € (il vaut 0 €) : la transition propre est déclenchée et le crédit vaut maintenant 10 cents.
- L'appelant introduit une pièce de 10 cents. Le crédit est inférieur à 0,2 € (il vaut 10 cents) : la transition propre est déclenchée et le crédit vaut maintenant 0,2 €.

Le résultat est surprenant : l'appelant a payé 0,2 € et ne peut toujours pas composer son numéro… La moralité de ce constat est la suivante : n'essayez pas de tester une donnée dans une condition avant de l'avoir modifiée par une activité, ce qui est le cas lorsqu'on veut tout faire tenir dans une seule transition.

On en déduit aisément la solution correcte.

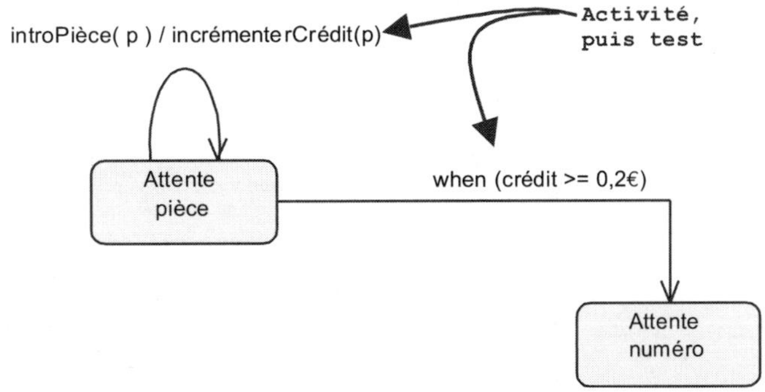

Figure 5-17.
Solution correcte

Cette façon de modéliser doit bien être notée, car elle peut être réutilisée dans nombre de contextes.

EXERCICE 5-8.
Diagramme d'états (suite ter)

Complétez la gestion du crédit de l'appelant.

N'omettez pas la dernière phrase : on peut ajouter des pièces à tout moment...

Solution

Reprenons les choses par le début. Admettons que le fait de décrocher le combiné fasse tomber les éventuelles pièces qui auraient été introduites auparavant. Le crédit doit donc être initialisé à « 0 » sur cette transition.

Ensuite, pour que le crédit atteigne 0,2 €, il faut que l'appelant introduise une ou plusieurs pièces. Nous avons donc placé une transition propre sur l'état « Attente pièces ». Dès que le crédit dépasse 0,2 €, la transition de changement « `when` » amène le Publiphone en l'état « Attente numéro ».

Le crédit n'évolue plus jusqu'à ce que l'appelé décroche, ce qui est traduit par le message *débuterComm* émis par le standard. En effet, à partir de ce moment là, le crédit est décrémenté régulièrement comme l'indique la phrase 5 (« Le Publiphone consomme de l'argent dès que l'appelé décroche et à chaque unité de temps [UT] générée par le standard »). L'activité *taxer* représente la chute d'une pièce à chaque impulsion.

Enfin, il ne faut pas oublier de rendre les pièces non utilisées quand l'appelant raccroche.

La prise en compte de tous ces éléments donne le schéma présenté ci-après.

Figure 5-18.
Prise en compte de la gestion du crédit

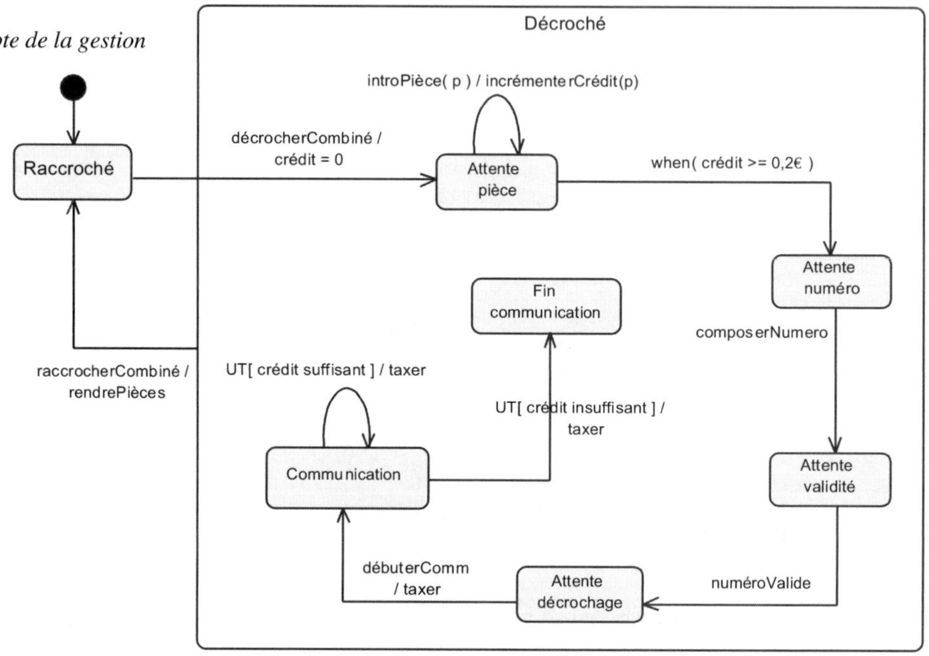

On notera l'introduction du nouvel état « Fin communication » pour parer au cas où la communication est interrompue par le Publiphone faute de crédit suffisant.

Il nous reste encore à modéliser la dernière phrase : on peut ajouter des pièces à tout moment. Là encore, plusieurs solutions sont possibles, mais une seule va s'avérer tout à la fois correcte et élégante.

La première idée consiste à introduire une transition propre identique à celle de « Attente pièce » sur chaque sous-état de « Décroché ». Cette façon de procéder est correcte, mais le dispositif est très lourd, et nous allons plutôt chercher à factoriser au moyen du super-état. N'est-il pas possible de transférer la transition propre au niveau même de « Décroché », comme cela est illustré sur le schéma ci-après ?

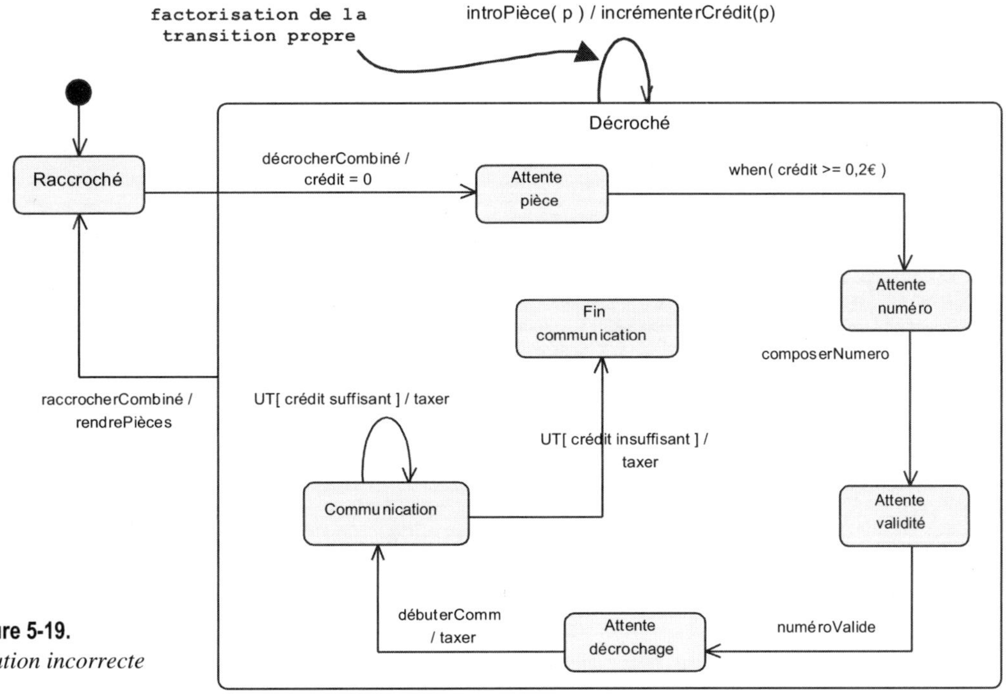

Figure 5-19.
Solution incorrecte

Hélas, cette solution n'est pas satisfaisante, comme nous allons le voir.

À retenir

TRANSITION PROPRE OU TRANSITION INTERNE ?

Dans le cas d'une transition propre, l'objet quitte son état de départ pour le retrouver. Cela peut avoir des effets secondaires non négligeables comme l'interruption puis le redémarrage d'une activité durable, la réalisation d'activités en entrée (« `entry` ») ou en sortie (« `exit` ») de l'état, etc. De plus, quand un état est décomposé en sous-états, une transition propre ramène forcément l'objet dans le sous-état initial. Ici, chaque introduction de pièce ramènerait le Publiphone dans l'état « Attente pièce », qui est implicitement sous-état initial de « Décroché » !

Pour résoudre ce problème courant, il existe en UML la notion de *transition interne* ; elle représente un couple (événement/activité) qui n'a aucune influence sur l'état courant. La transition interne est ainsi notée à l'intérieur du symbole de l'état.

C'est l'approche que nous allons utiliser pour notre étude de cas.

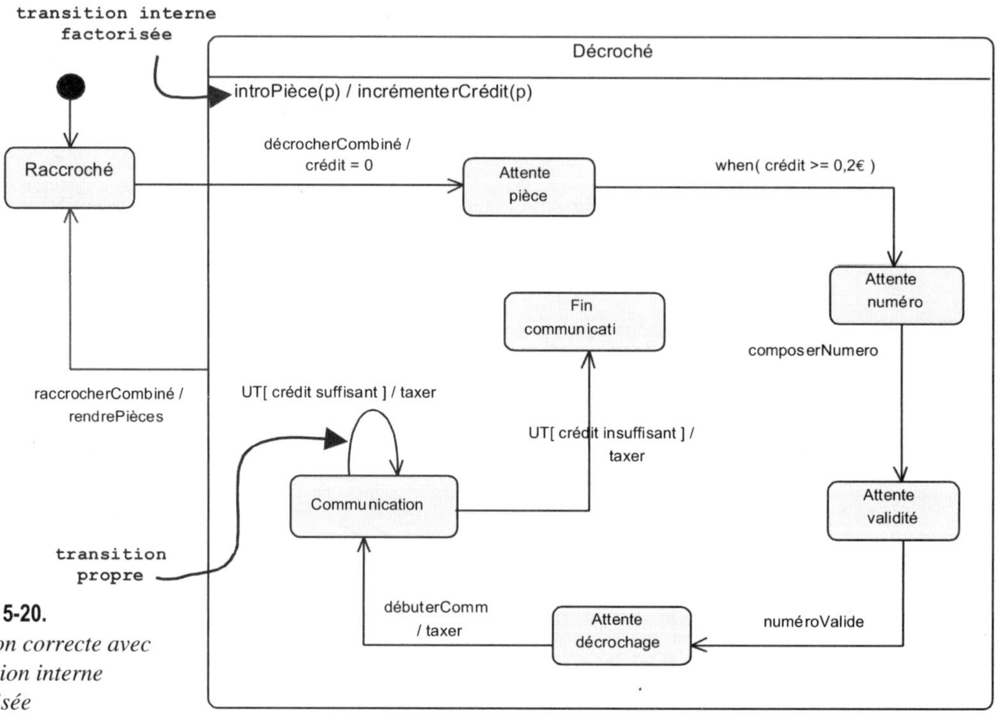

Figure 5-20.
Solution correcte avec transition interne factorisée

On voudra bien noter aussi qu'en toute rigueur, la transition propre sur l'état « Communication » devrait également être une transition interne. En fait, lorsqu'il n'y a pas d'effet secondaire, on préfère utiliser la transition propre qui est plus visuelle. Il faudra cependant être vigilant si nous devons un jour décomposer « Communication » en sous-états…

Une deuxième solution correcte, mais plus complexe, consiste à utiliser le pseudo-état « `history` ».

> **À retenir** PSEUDO-ÉTAT « HISTORY »
>
> L'activation du pseudo-état « `history` » permet à un super-état de se souvenir du dernier sous-état séquentiel qui était actif avant une transition sortante. Une transition vers l'état « `history` » rend à nouveau actif le dernier sous-état actif, au lieu de ramener vers le sous-état initial.

Le diagramme 5-19 peut donc être corrigé ainsi.

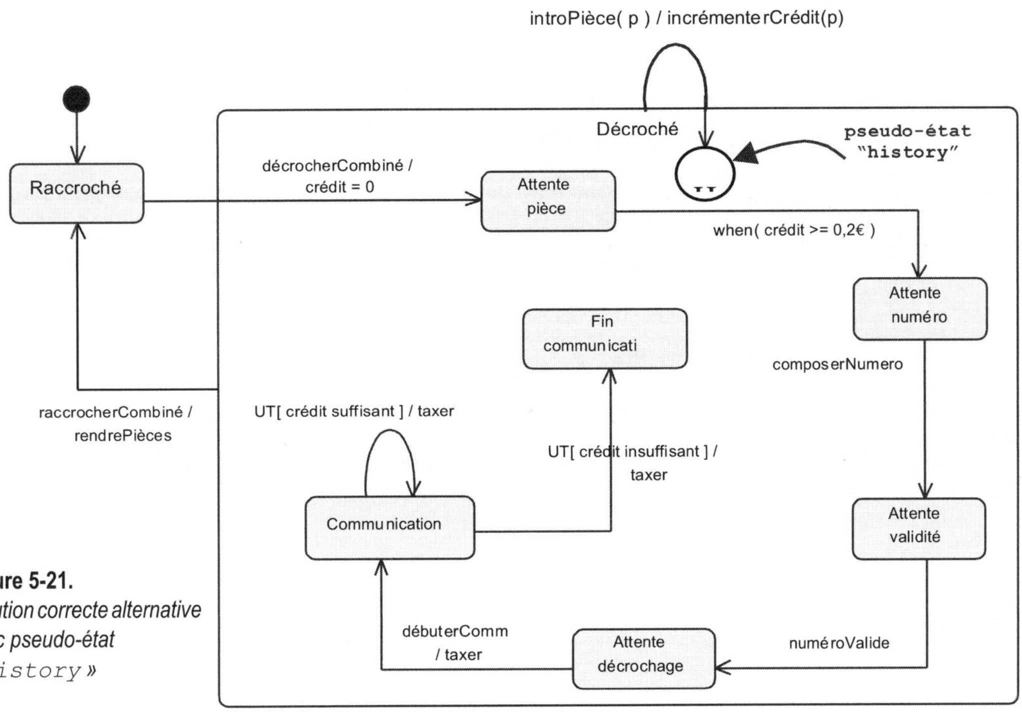

Figure 5-21.
Solution correcte alternative avec pseudo-état « history »

EXERCICE 5-9. Diagramme d'états (fin)

Complétez le diagramme d'états pour prendre en compte l'ensemble de l'énoncé. Proposez des compléments si vous le pensez nécessaire.

Solution

Reprenons les phrases de l'énoncé une à une. Nous avons traité en détail les phrases 1, 5 et 6. En revanche, nous n'avons pris en compte que très partiellement les phrases 2, 3 et 4.

Voyons tout d'abord la phrase 2 :

2. *Après l'introduction de la monnaie, l'utilisateur a 2 minutes pour composer son numéro (ce délai est décompté par le standard).*

Le délai étant décompté par le standard, nous avons introduit deux messages dans le diagramme de contexte (voir figure 5-10) :

- *timerNumérotation* envoyé par le Publiphone au standard ;
- *timeoutNumérotation* envoyé par le standard au Publiphone.

> **À retenir**
>
> **ENVOI DE MESSAGE : « SEND »**
>
> UML propose un mot-clé « `send` » pour représenter l'activité importante qui consiste à envoyer un message à un autre objet sur déclenchement d'une transition.
>
> La syntaxe de cette activité particulière est la suivante : « / `send` cible.message »[5].

Dans le diagramme d'états du Publiphone, nous aurons donc une transition qui sera déclenchée par la réception du message *timeoutNumérotation*, et l'envoi du message *timerNumérotation* à l'entrée de l'état « Attente numéro », comme cela est illustré sur le schéma suivant.

Figure 5-22.
Modélisation de la phrase 2

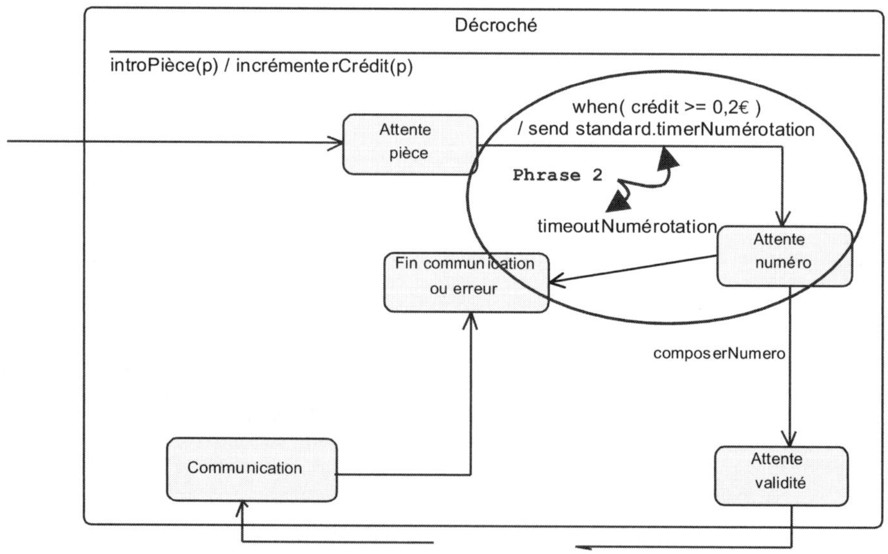

Il faut noter que nous avons renommé l'état « Fin communication », car cet « état puits » (c'est-à-dire n'ayant aucune transition en sortie) nous servira également pour tous les cas d'erreur.

5. Attention, dans des versions anciennes d'UML, la notation était plus sibylline : « ^cible.message ».

Passons maintenant à la phrase 3 : la ligne peut être libre ou occupée.

Pour le moment, nous avons supposé que la ligne était libre et que le correspondant décrochait. Nous allons introduire dans le modèle la possibilité que le standard renvoie un état ligne (occupée), mais également que l'appelé ne décroche pas (ce qui n'est pas prévu explicitement dans l'énoncé). Pour ce dernier cas, nous supposons que le standard envoie un message *timeoutAppel* qui amène le Publiphone dans l'état d'erreur.

La phrase 4 ajoute simplement une transition entre les états « Communication » et « Fin communication » : le correspondant peut raccrocher le premier.

Le diagramme d'états complété est représenté ci-après sur le schéma suivant.

Figure 5-23.
Modélisation complète de toutes les phrases de l'énoncé

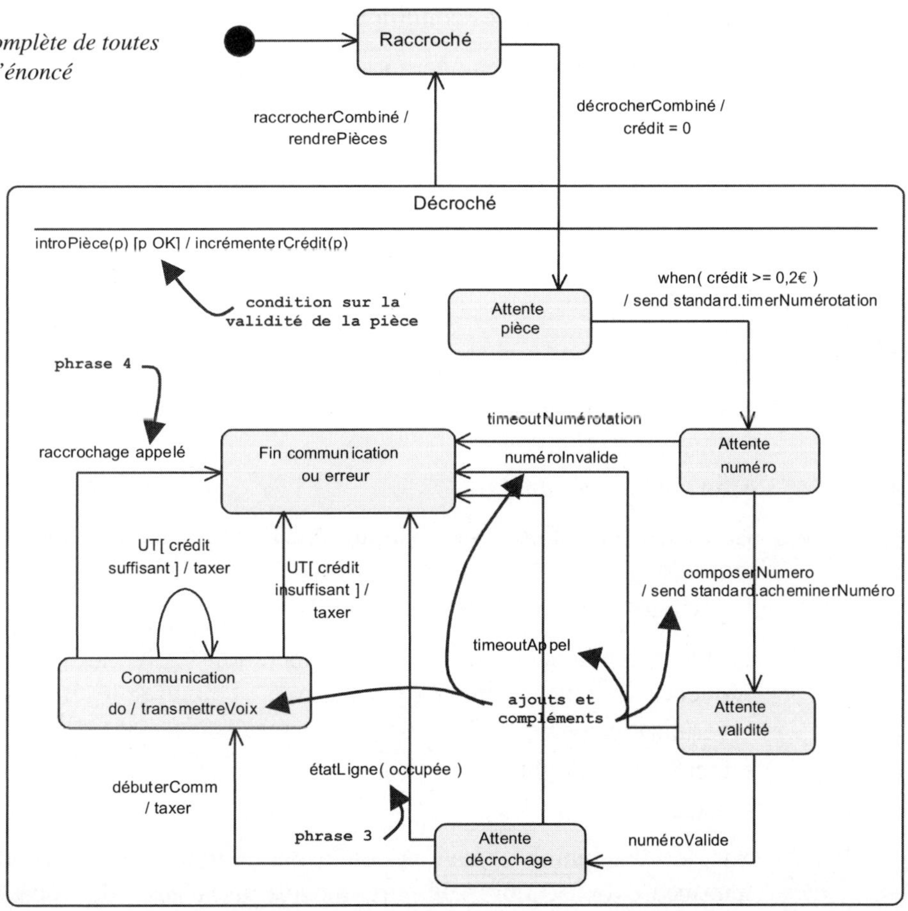

EXERCICE 5-10.
Diagramme de contexte statique étendu

En vous servant de toute cette étude dynamique, proposez une version étendue du diagramme de contexte statique qui fasse apparaître les attributs et les opérations de la classe Publiphone.

Solution

Nous allons appliquer quelques règles simples :

- Les opérations publiques correspondent aux noms des messages émis par les acteurs.
- Les opérations privées correspondent aux noms des messages envoyés à soi-même.
- Les attributs correspondent aux noms des données rémanentes, manipulées dans les actions ou les conditions.

Voyons tout d'abord les opérations publiques. D'après le diagramme de contexte dynamique (voir figure 5-10), nous pouvons identifier :

- décrocherCombiné
- introPièce(p)
- composerNuméro(num)
- raccrocherCombiné
- débuterComm
- UT
- étatLigne(état)
- validitéNuméro(v)
- finComm
- timeoutNumérotation

Le diagramme d'états (voir figure 5-23) nous amène à ajouter l'opération suivante :

- timeoutAppel

Passons maintenant en revue les opérations privées. Le diagramme de séquence système complété (voir figure 5-8) montrait les messages suivants :

- vérifierPièce
- incrémenterCrédit
- taxer

Sur le diagramme d'états, nous avons introduit l'activité durable « do/ transmettreVoix », qui peut être ajoutée à la liste des opérations privées (puisqu'elle est déclenchée indirectement par l'arrivée dans l'état « Communication »). On notera que l'opération *vérifierPièce* s'est traduite par une condition « [p OK] » sur la transition interne factorisée.

Enfin, quels sont les attributs intéressants ? Il est clair qu'une donnée importante est celle qui est gérée d'une façon permanente par le Publiphone : le *crédit* de l'appelant. Du coup, nous pouvons éliminer les opérations implicites de lecture/ écriture de cet attribut (*incrémenterCrédit*, *taxer*).

Nous en savons assez pour dessiner le diagramme de contexte statique étendu.

> **À retenir** DIAGRAMME DE CONTEXTE STATIQUE ÉTENDU
>
> Nous appelons « diagramme de contexte statique étendu » un diagramme de contexte statique dans lequel nous ajoutons des attributs et des opérations de niveau système à la classe qui représente le système (appréhendé comme une boîte noire), ainsi qu'aux acteurs non-humains.

Figure 5-24.
Diagramme de contexte étendu

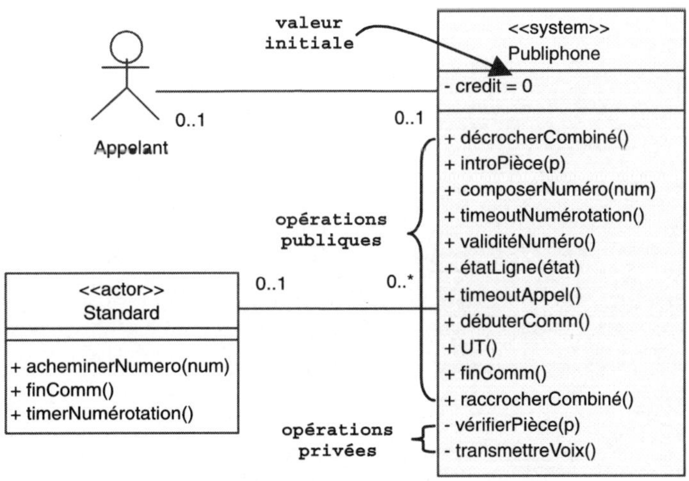

On notera que nous avons fait figurer les opérations publiques sur l'acteur non-humain *Standard*, mais pas sur l'acteur *Appelant*. Le concept d'opération n'a pas de sens sur un acteur humain : on ne cherche généralement pas à le modéliser d'une façon déterministe. Sur un acteur non-humain, en revanche, la liste des opérations représente son interface (au sens d'une API, par exemple) telle qu'elle est utilisée par le système étudié. C'est particulièrement utile pour vérifier l'interopérabilité des deux systèmes et s'assurer que ces opérations sont déjà disponibles, ou prévues dans les spécifications.

Au point de vue notation UML, rappelons que :

- « - » signifie privé ;
- « + » signifie public ;
- « = » permet de spécifier la valeur initiale d'un attribut.

Chapitre 6

Exercices corrigés et conseils méthodologiques

clés

■ Activité continue/finie ■ Transition automatique ■ Contexte statique ■ Événements « `after` » et « `when` » ■ Régions concurrentes ■ Activités d'entrée (`entry`) ou de sortie (`exit`)

Ce chapitre va nous permettre de compléter, au moyen de plusieurs petits exercices, le passage en revue des principales difficultés que pose la construction des diagrammes d'états UML, à savoir :

- Activité continue ou finie, transition automatique ;
- Pseudo-événements *after* et *when* ;
- Régions concurrentes ;
- Activités d'entrée (*entry*) et de sortie (*exit*) ;
- Héritage de transitions d'un super-état.

Nous avons déjà traité des diagrammes de séquence aux chapitres 1 et 2, et nous verrons les diagrammes de communication dans la partie consacrée à la conception.

EXERCICE 6-1.
Diagramme d'états simple

Considérons un réveille-matin simplifié :

- on peut mettre l'alarme « on » ou « off » ;
- quand l'heure courante devient égale à l'heure d'alarme, le réveil sonne sans s'arrêter ;
- on peut interrompre la sonnerie.

Dessinez le diagramme d'états correspondant.

Solution

Voyons tout d'abord la première phrase :

1. On peut mettre l'alarme « on » ou « off ».

Le réveil a clairement deux états distincts : *Désarmé* (alarme « off ») ou *Armé* (alarme « on »). Une action de l'utilisateur permet de passer d'un état à l'autre. On suppose que le réveil est bien désarmé au départ. Notez le paramètre *heureAlarme* de l'événement *armer*.

Figure 6-1.
Diagramme d'états de la phrase 1

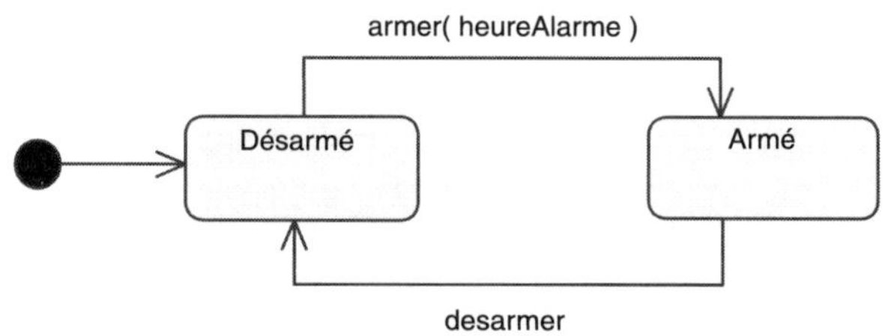

Considérons maintenant les deux autres phrases :

2. Quand l'heure courante devient égale à l'heure d'alarme, le réveil sonne sans s'arrêter ;

3. On peut interrompre la sonnerie.

Le fait de sonner constitue un nouvel état pour le réveil. Il s'agit bien d'une période de temps durant laquelle le réveil effectue une certaine activité (sonner) qui dure jusqu'à ce qu'un événement vienne l'interrompre.

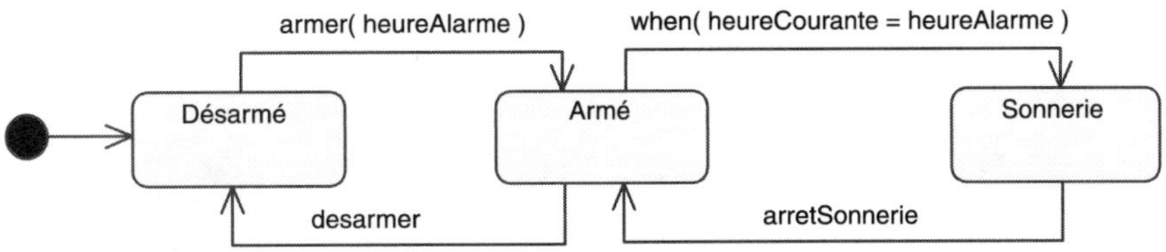

Figure 6-2. *Diagramme d'états préliminaire du réveille-matin*

Le passage de l'état *Armé* à l'état *Sonnerie* est déclenché par une transition due à un changement interne, représenté au moyen du mot-clé « `when` ». En revanche, d'après l'énoncé, le retour de l'état *Sonnerie* à l'état *Armé* ne s'effectue que sur un événement utilisateur.

EXERCICE 6-2.
Activité finie et transition automatique

Complétez le diagramme d'états précédent pour prendre en compte le fait que la sonnerie du réveil s'arrête d'elle-même au bout d'un certain temps.

Solution

Il y a donc une deuxième possibilité de sortie de l'état *Sonnerie* : quand le réveil s'arrête tout seul de sonner au bout d'un certain temps.

À retenir

ACTIVITÉ CONTINUE OU FINIE – TRANSITION AUTOMATIQUE

Une activité durable à l'intérieur d'un état peut être soit :

- « continue » : elle ne cesse que lorsque se produit un événement qui fait sortir l'objet de l'état ;
- « finie » : elle peut également être interrompue par un événement, mais elle cesse de toute façon d'elle-même au bout d'un certain temps, ou quand une certaine condition est remplie.

La transition de complétion d'une activité finie, aussi appelée transition automatique, est représentée en UML sans nom d'événement ni mot-clé.

Dans notre exemple, il suffit donc d'ajouter une activité durable *sonner* à l'état *Sonnerie* et une transition automatique en sortie de cet état. Le diagramme d'états complété est représenté sur le schéma suivant.

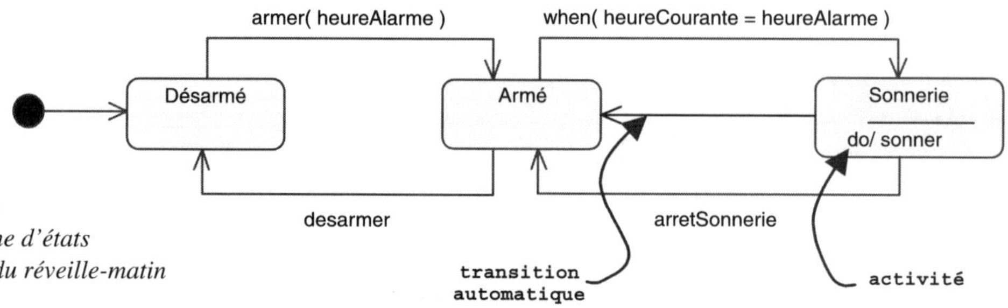

Figure 6-3.
Diagramme d'états complété du réveille-matin

Il convient aussi de se demander si l'utilisateur a le droit de désarmer le réveil pendant qu'il sonne. Dans ce cas, il faudrait ajouter une transition déclenchée par *desarmer* et allant directement de *Sonnerie* à *Désarmé*.

EXERCICE 6-3. Diagramme de contexte statique

Déduisez-en le diagramme de contexte statique étendu du réveil (voir exercice 5-10).

Solution

Si l'on applique de nouveau les règles énoncées lors de l'exercice 5-4, on obtient sans difficulté le diagramme ci-après.

Figure 6-4.
Diagramme de contexte statique étendu

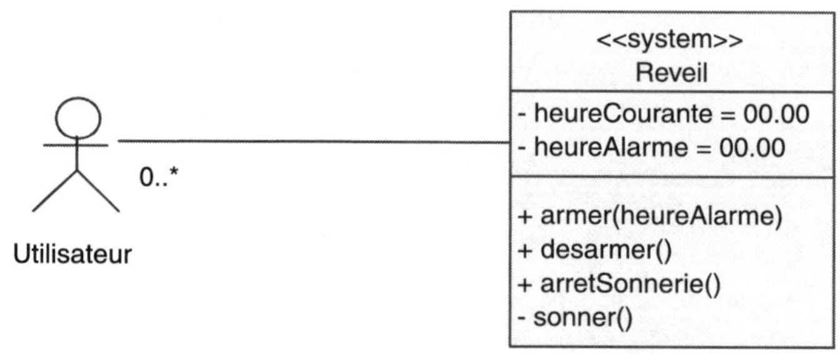

EXERCICE 6-4.
Diagramme d'états simple

Considérons une montre à cadran numérique simplifiée :

Figure 6-5.
Montre à cadran numérique simplifiée

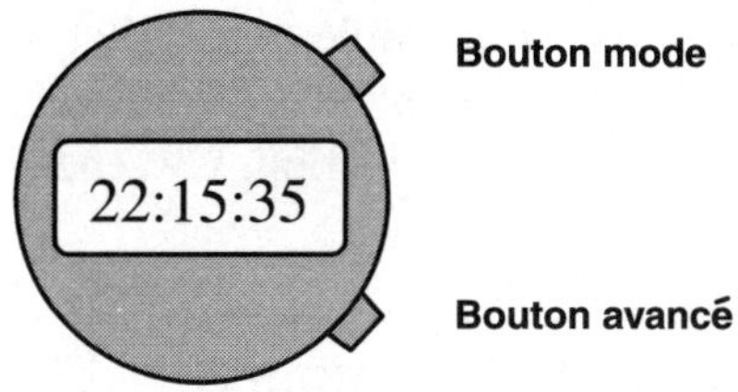

1. Le mode courant est le mode « Affichage ».
2. Quand on appuie une fois sur le bouton mode, la montre passe en « modification heure ». Chaque pression sur le bouton avance incrémente l'heure d'une unité.
3. Quand on appuie une nouvelle fois sur le bouton mode, la montre passe en « modification minute ». Chaque pression sur le bouton avance incrémente les minutes d'une unité.
4. Quand on appuie une nouvelle fois sur le bouton mode, la montre repasse en mode « Affichage ».

Dessinez le diagramme d'états correspondant.

Solution

On obtient sans difficulté particulière ce diagramme d'états typique, qui est présenté sur le schéma suivant.

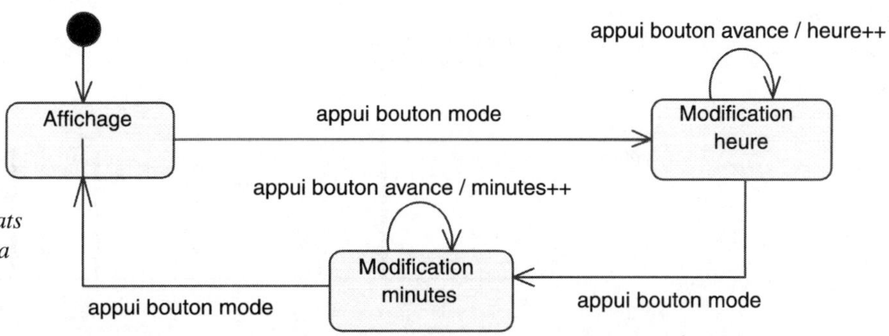

Figure 6-6.
Diagramme d'états préliminaire de la montre à cadran numérique

On remarquera les notations en style C++ ou Java pour les activités : « heure++ » et « minutes++ ». UML n'impose pas de « langage d'action, » nous pouvons donc exprimer le détail des activités comme nous le souhaitons : texte libre, pseudo-code, etc.

Nous obtenons des transitions propres sur les états de modification et pas sur l'état d'affichage. Cela veut-il dire que l'événement « appui bouton avance » est impossible dans l'état « Affichage » ? Non, bien sûr. Cela signifie plutôt que, comme cet événement n'a aucun effet dans cet état, il ne déclenche aucune transition. L'événement est purement et simplement perdu.

EXERCICE 6-5. Événement temporel

Ajoutez le comportement suivant : quand on appuie sur le bouton avance plus de deux secondes, les heures (ou les minutes) s'incrémentent rapidement jusqu'à ce qu'il se produise un relâchement dans la pression du bouton.

Envisagez plusieurs solutions possibles.

Solution

Dans l'exemple précédent, les événements d'appui sur les boutons correspondaient en fait au couple indivisible « pression » et « relâchement ». Nous avions considéré que la durée de pression sur chaque bouton était négligeable par rapport aux durées des états ou, en tout cas, non significative. Avec le nouvel énoncé, ce n'est plus le cas, puisque la durée de pression sur le bouton avance influe sur le comportement de la montre. La bonne approche consiste à introduire un nouvel événement : « relâchement bouton avance », afin de pouvoir gérer le temps de pression.

Le diagramme suivant montre l'utilisation du nouveau « timing diagram » d'UML 2.0.

Figure 6-7.
Timing diagram : transformation d'un événement en deux

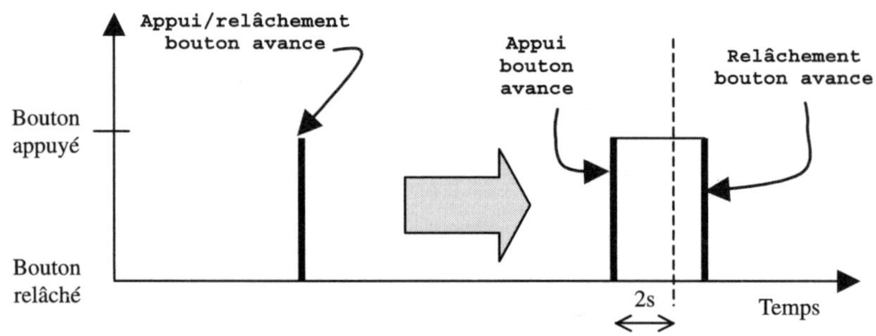

Une première solution, tentante, consiste à introduire une condition sur la durée de pression, ainsi qu'un nouvel état « Incrémentation rapide », comme cela est illustré sur la figure suivante :

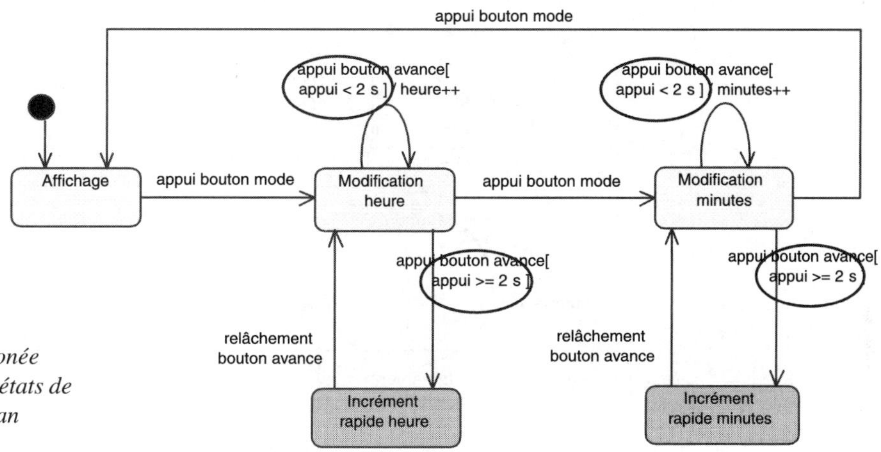

Figure 6-8.
Modification erronée du diagramme d'états de la montre à cadran numérique

Pourtant, cette solution qui semble évidente n'est pas acceptable en UML.

En effet, un événement (comme une transition) est par convention instantané, ou en tout cas insécable (atomique). Il est donc tout à fait inapproprié de tester sa durée ! Les seuls concepts dynamiques en UML pour lesquels la notion de durée est significative sont l'état et l'activité durable. Il faut donc s'en servir pour résoudre cet exercice. Deux solutions sont possibles : toutes les deux nécessitent que l'on ajoute un état intermédiaire pour que l'on puisse tester la durée de pression sur le bouton avance, mais elles diffèrent quant à la façon de réaliser ce test :

- La première approche consiste à introduire une activité finie « attendre 2 s » dans l'état intermédiaire et une transition automatique qui représente le fait que le bouton est appuyé plus de deux secondes.
- La seconde approche consiste à utiliser un autre mot-clé proposé par UML : le pseudo-événement « `after` », suivi d'une durée en argument représentant l'échéance d'un timer.

Pour illustrer les deux solutions, nous les avons représentées ensemble sur le diagramme suivant mais, dans la réalité, il faudrait bien sûr en choisir une seule et l'appliquer aux deux états de modification. Pour notre part, nous recommandons la seconde solution qui nous semble plus simple et plus facile à lire.

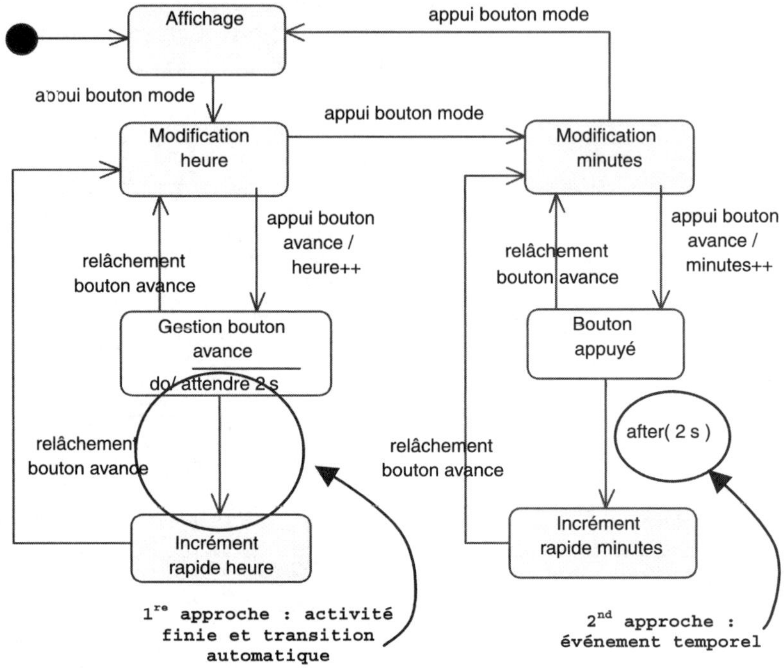

Figure 6-9.
Les deux possibilités pour procéder à une modification correcte du diagramme d'états de la montre à cadran numérique

On notera que le comportement initial est conservé : si le bouton avance est relâché en moins de deux secondes, les heures (ou les minutes) sont bien incrémentées d'une unité. En fait, la transition propre qui existait sur chaque état de modification a pu être coupée en deux suite à la séparation des deux événements « appui » et « relâche », et à l'ajout de l'état intermédiaire.

EXERCICE 6-6.
Régions concurrentes

Reprenons notre exemple de montre à cadran numérique tel qu'il était présenté au début de l'exercice, et ajoutons maintenant à cette dernière deux autres boutons :

Figure 6-10.
Montre à cadran numérique complétée

- un bouton éclairage ; en le pressant, on éclaire le cadran de la montre, jusqu'à ce qu'on le relâche ;
- un bouton alarme, qui ajoute à la montre digitale une fonctionnalité classique d'alarme, comme cela a été décrit lors du premier exercice de ce chapitre (réveille-matin).

Dessinez le diagramme d'états complet incluant tous les comportements de la montre.

Solution

Nous sommes clairement en présence de trois comportements concurrents :

- la gestion de l'affichage ;
- la gestion de l'alarme ;
- la gestion de l'éclairage.

Commençons par le plus simple d'entre eux, qui concerne la gestion de l'éclairage. Cette dernière peut se modéliser très simplement par un automate à deux états, comme nous l'illustrons sur le schéma suivant.

Figure 6-11.
Diagramme d'états de la gestion de l'éclairage

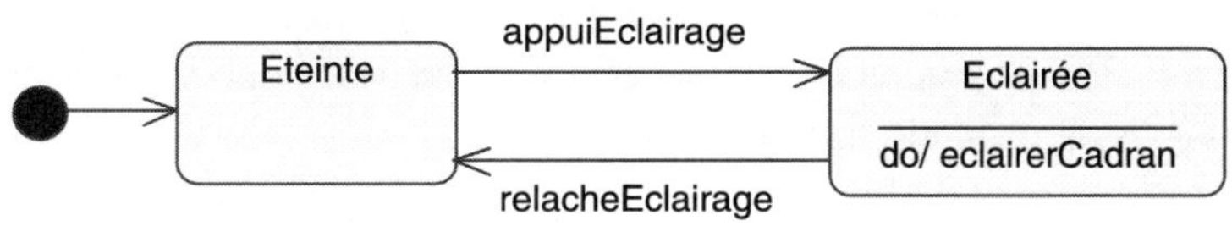

Si la gestion de l'éclairage peut tout à fait se modéliser à part, il n'en est pas de même pour l'affichage et l'alarme. En effet, il faut maintenant pouvoir aussi modifier l'heure d'alarme et la minute d'alarme, ce qui ajoute deux nouveaux états au diagramme de la figure 6-6, comme cela est indiqué ci-après.

Figure 6-12.
Diagramme d'états de la gestion de l'affichage

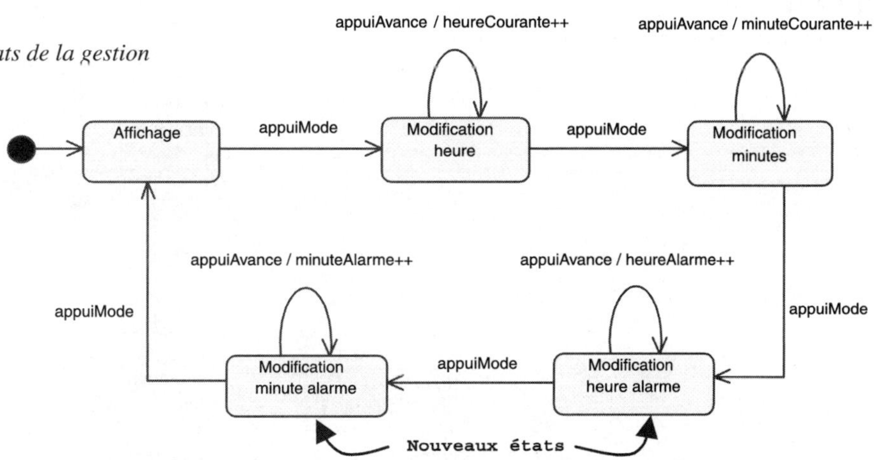

Il reste maintenant à modéliser la gestion de l'alarme. Nous pouvons nous inspirer du diagramme d'états du réveil (voir figure 6-3) pour obtenir le schéma suivant. On y notera la dépendance avec la gestion de l'affichage *via* le test effectué par la gestion de l'alarme sur les attributs (« `when` »...).

Figure 6-13.
Diagramme d'états de la gestion de l'alarme

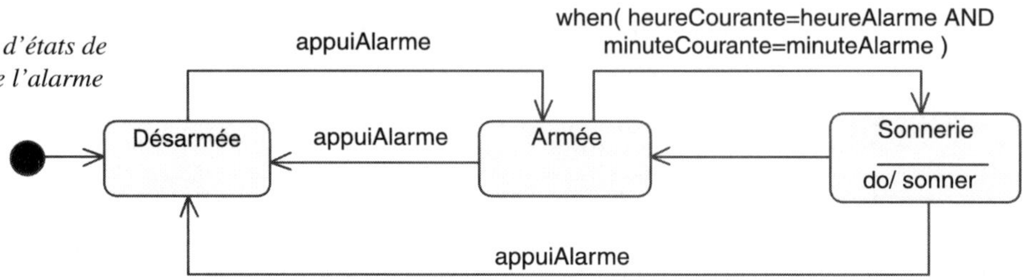

Nous avons donc obtenu trois diagrammes d'états. Comment faire en sorte que ces trois diagrammes séparés décrivent le comportement de la montre à cadran numérique ?

Là encore, deux solutions sont possibles :

- Considérer que toute instance de *Montre* contient en fait trois instances et que chacune gère un des trois comportements décrits précédemment. Toute montre délègue ainsi une partie de sa dynamique à une instance d'afficheur, d'éclairage ou d'alarme, suivant le cas. On peut représenter cela au moyen d'une relation de composition dans un diagramme de classes.

Figure 6-14.
Diagramme de classes qui montre la relation de composition

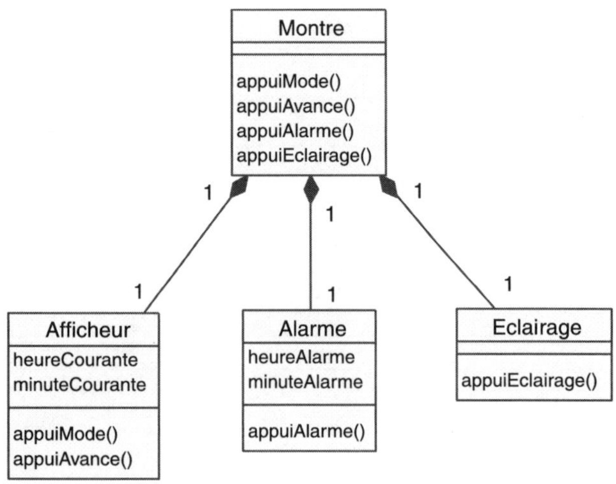

- Décrire des « régions concurrentes » au sein du diagramme d'états de la classe *Montre*. C'est une solution moins usitée que la précédente (principalement car certains outils UML ne la proposent pas), mais tout aussi légale. L'état courant de la montre devient alors un vecteur à trois lignes : état de l'affichage, état de l'alarme, état de l'éclairage. Une montre peut simultanément être en affichage de modification minute, être en train de sonner et être éclairée.

Le diagramme d'états de la montre serait alors tel qu'il apparaît sur le schéma ci-après.

Figure 6-15.
Diagramme d'états de la montre avec régions concurrentes

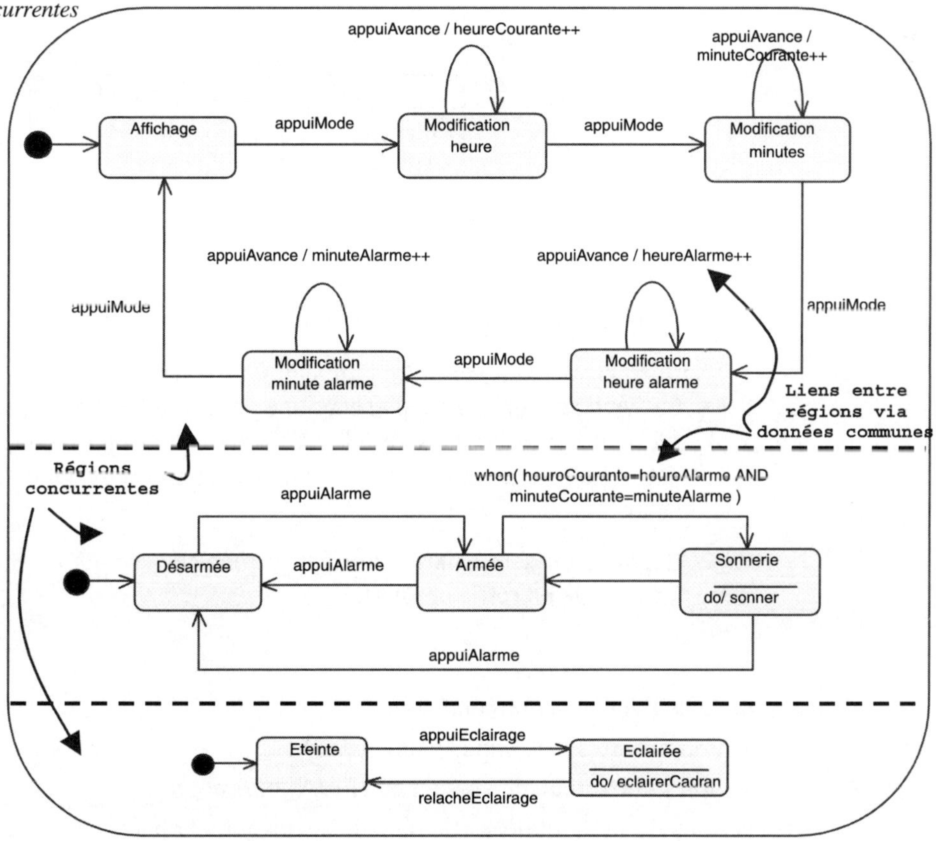

On notera que chaque « région » doit être initialisée puisque, si les états sont bien exclusifs à l'intérieur d'une région concurrente, ils existent simultanément dans les trois régions.

EXERCICE 6-7.
Diagramme d'états hiérarchique

Considérons le fragment de diagramme d'états suivant, qui contient de nombreuses activités.

Figure 6-16.
Exemple de diagramme d'états complexe

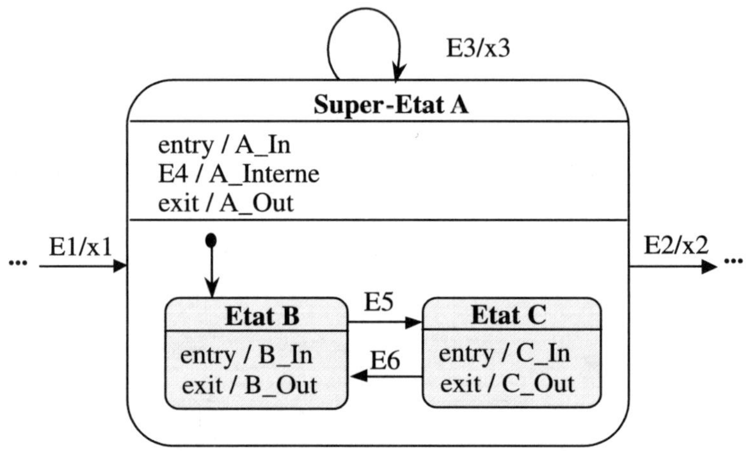

À retenir

ACTIVITÉ D'ENTRÉE (OU DE SORTIE) – ENTRY (EXIT)

Une activité d'entrée (introduite par le mot-clé « `entry` » à l'intérieur du symbole d'un état) représente une activité qui est exécutée chaque fois que l'on entre dans cet état. Cela permet de factoriser une même activité qui sera déclenchée par toutes les transitions qui entrent dans l'état.

L'activité de sortie (introduite par le mot-clé « `exit` ») est l'activité symétrique en sortie de l'état.

Le diagramme de l'énoncé comprend donc :
- une transition propre sur le super-état (E3/x3) ;
- une transition interne dans le super-état (E4/A_Interne) ;
- des transitions d'entrée et de sortie dans le super-état et chacun des sous-états.

Nous allons étudier l'ordre temporel d'exécution des activités en complétant le tableau suivant. Nous partirons de l'état à gauche du diagramme symbolisé par « … », et nous prendrons comme nouvel état de départ l'état d'arrivée de la ligne précédente.

État de départ	Événement	Activités	État d'arrivée
…	E1	?	?
?	E5	?	?
?	E4	?	?
?	E6	?	?
?	E3	?	?
?	E5	?	?
?	E3	?	?
?	E2	?	?

Complétez le tableau précédent.

Solution

Dans l'état de départ, symbolisé par « … » à gauche du diagramme, l'événement E1 déclenche l'activité x1, puis conduit au super-état A. Cette entrée dans le super-état A déclenche l'activité d'entrée A_In, puis l'entrée dans le sous-état B (à cause du symbole du sous-état initial), et donc l'activité d'entrée B_In.

État de départ	Événement	Activités	État d'arrivée
…	E1	x1, A_In, B_In	B (dans A)

Dans l'état B, l'événement E5 fait sortir de l'état et déclenche donc l'activité B_Out, puis conduit à l'état C et déclenche en conséquence l'activité C_In.

État de départ	Événement	Activités	État d'arrivée
B	E5	B_Out, C_In	C (dans A)

Dans l'état C, l'événement E4 est-il possible ? Oui, car les transitions internes sont héritées du super-état. L'événement E4 fait donc rester dans l'état C et déclenche simplement l'activité A_Interne.

État de départ	Événement	Activités	État d'arrivée
C	E4	A_Interne	C (dans A)

Dans l'état C, l'événement E6 fait sortir de l'état et déclenche donc l'action C_Out, puis conduit à l'état B et déclenche en conséquence l'activité B_In.

État de départ	Événement	Activités	État d'arrivée
C	E6	C_Out, B_In	B (dans A)

Dans l'état B, l'événement E3 est-il possible ? Oui, car les transitions propres sont héritées du super-état. L'événement E3 fait d'abord sortir de l'état B et déclenche l'activité B_Out, puis fait sortir du super-état A et déclenche A_Out, déclenche ensuite l'activité x3, puis fait entrer dans le super-état A et déclenche A_In, enfin fait rentrer dans l'état B et déclenche l'activité B_In.

État de départ	Événement	Activités	État d'arrivée
B	E3	B_Out, A_Out, x3, A_In, B_In	B (dans A)

Nous avons déjà considéré l'arrivée de E5 dans l'état B :

État de départ	Événement	Activités	État d'arrivée
B	E5	B_Out, C_In	C (dans A)

Attention, il y a un piège ! Dans l'état C, l'événement E3 fait d'abord sortir de l'état C et déclenche l'activité C_Out, puis fait sortir du super-état A et déclenche A_Out, déclenche ensuite l'activité x3, puis fait entrer dans le super-état A et déclenche A_In, enfin fait rentrer dans l'état B (car c'est le sous-état initial !) et déclenche l'activité B_In.

État de départ	Événement	Activités	État d'arrivée
C	E3	C_Out, A_Out, x3, A_In, B_In	B (dans A)

Dans l'état B, l'événement E2 fait d'abord sortir de l'état B et déclenche l'activité B_Out, puis du super-état A et déclenche A_Out, et déclenche enfin l'activité x2.

État de départ	Événement	Actions	État d'arrivée
B	E2	B_Out, A_Out, x2	…

CONSEILS MÉTHODOLOGIQUES

CONTEXTE DYNAMIQUE

Pour représenter le contexte dynamique, utilisez un diagramme de *communication*, de la façon suivante :

- le système étudié est représenté par un objet au centre du diagramme ;
- cet objet central est entouré par une instance de chaque acteur ;
- un lien relie le système à chacun des acteurs ;
- sur chaque lien sont répertoriés tous les messages en entrée et en sortie du système, sans numérotation.

COMMENT CONSTRUIRE LES DIAGRAMMES D'ÉTATS ?

Pour construire efficacement les diagrammes d'états :

- représentez d'abord la séquence d'états qui décrit le comportement nominal d'une instance, avec les transitions associées ;
- ajoutez progressivement les transitions qui correspondent aux comportements « alternatifs » ou d'exception ;
- complétez les activités sur les transitions et dans les états ;
- structurez le tout en sous-états et utilisez les notations avancées (`entry`, `exit`, etc.) si le diagramme devient trop complexe.

ÉVÉNEMENTS

Distinguez bien les événements internes (« `when`(condition) ») et temporels (« `after`(durée) ») de ceux qui résultent de la réception de messages.

Attention : un événement (comme une transition) est par convention instantané, ou en tout cas insécable (atomique). Il est donc tout à fait incorrect de tester sa durée ! Les seuls concepts dynamiques en UML qui possèdent la notion de durée sont l'état et l'activité durable.

SUPER-ÉTAT

Pensez à utiliser le concept de super-état pour factoriser les nombreuses transitions déclenchées par le même événement et amenant au même état.

ACTIVITÉ ET CONDITION

Attention, sur une transition, l'activité est toujours déclenchée *après* l'évaluation de la condition de garde.

TRANSITION AUTOMATIQUE

Utilisez correctement les transitions automatiques. Une activité durable à l'intérieur d'un état peut être soit :

- « Continue » : elle ne s'arrête que lorsque se produit un événement qui fait sortir de l'état ;
- « Finie » : elle peut également être interrompue par un événement, mais s'arrête de toute façon d'elle-même au bout d'un certain temps, ou quand une certaine condition est remplie.
- La transition de complétion d'une activité durable, aussi appelée *transition automatique*, est représentée en UML sans nom d'événement ni mot-clé.

TRANSITION PROPRE OU INTERNE ?

Retenez bien la différence entre la transition propre et la transition interne :

- Dans le cas d'une *transition propre*, l'objet quitte son état de départ pour y revenir ensuite. Cela peut avoir des effets secondaires non négligeables comme l'interruption puis le redémarrage d'une activité durable, la réalisation d'activités en entrée (« `entry` ») ou en sortie (« `exit` ») de l'état, etc. ; en outre, si l'état est décomposé en sous-états, une transition propre ramène forcément l'objet dans le sous-état initial.
- En revanche, la *transition interne* représente un couple (événement/activité) qui n'a aucune influence sur l'état courant. La transition interne est notée graphiquement à l'intérieur du symbole de l'état.

PSEUDO-ÉTAT « HISTORY »

Il faut savoir utiliser à bon escient le pseudo-état « `history` » : il permet à un super-état de se souvenir du dernier sous-état séquentiel qui était actif avant une transition sortante. Une transition vers l'état « `history` » rend de nouveau actif le dernier sous-état actif, au lieu de ramener vers le sous-état initial.

ACTIVITÉS D'ENTRÉE ET DE SORTIE

N'abusez pas des activités d'entrée et de sortie. En effet, en cas de modification de l'activité sur une des transitions concernées, il vous faudra penser à « défactoriser » et à remettre l'activité sur chaque autre transition. Une activité d'entrée (ou de sortie) doit réellement être une caractéristique de l'état dans lequel elle est décrite et pas seulement un artifice local de factorisation.

ACTIVITÉ D'ENVOI DE MESSAGE

N'oubliez pas de décrire dans vos diagrammes d'états l'activité importante qui consiste à envoyer un message à un autre objet sur déclenchement d'une transition. La syntaxe de cette activité particulière est la suivante : « `/send` cible.message ».

ÉTATS CONCURRENTS

Si un objet réalise plusieurs comportements relativement indépendants, il y a deux façons de le modéliser :

- considérer qu'il contient en fait plusieurs objets et que chacun d'entre eux réalise un de ses comportements, et représenter cela au moyen d'une relation de composition dans un diagramme de classes ;
- décrire des « régions concurrentes » au sein du diagramme d'états ; l'état courant devient alors un vecteur à plusieurs lignes qui peuvent évoluer en parallèle.

COMMENT ENRICHIR LES CLASSES À PARTIR DES DIAGRAMMES D'ÉTATS ?

Des règles simples permettent d'enrichir la définition des classes à partir des diagrammes d'états :

- les opérations publiques correspondent aux noms des messages émis par les acteurs ;
- les opérations privées correspondent aux noms des messages envoyés à soi-même ;
- les attributs correspondent aux noms des données rémanentes, manipulées dans les activités ou les conditions.

OPÉRATION ET ACTEUR ?

Le concept d'opération n'a pas de sens sur un acteur humain : on ne cherche généralement pas à le modéliser d'une façon déterministe. Sur un acteur non-humain, en revanche, la liste des opérations représente son interface (au sens d'une API par exemple), telle qu'elle est utilisée par le système étudié. Cela s'avère particulièrement utile pour vérifier l'interopérabilité des deux systèmes et s'assurer que ces opérations sont déjà disponibles, ou prévues dans les spécifications.

PAS DE DIAGRAMME D'ÉTATS À MOINS DE TROIS ÉTATS !

Pas de diagramme d'états si l'on compte moins de trois états ! Ne perdez pas de temps à dessiner des diagrammes d'états qui ne contiennent que deux états (de type « on/off »), voire un seul. Dans ce cas, la dynamique de la classe est sûrement simple et susceptible d'être appréhendée directement. En suivant cette règle, il apparaît que 10 % des classes nécessitent usuellement une description détaillée sous forme de diagramme d'états.

FAUT-IL UTILISER TOUTES LES ARCANES DU DIAGRAMME D'ÉTATS ?

Ne mettez pas forcément en œuvre toutes les subtilités des diagrammes d'états. Le formalisme du diagramme d'états UML est très puissant, mais aussi très complexe. Le lecteur qui n'en maîtrise pas tous les détails risque fort de ne pas vous suivre.

Chapitre 7 Une étude de cas complète : de la modélisation métier à la conception détaillée en Java ou C#

Ce chapitre va nous permettre de mener une étude de cas complète partant de la modélisation métier et aboutissant à la conception détaillée en Java ou C#, en passant par l'expression des besoins fonctionnels et l'analyse orientée objet.

Nous allons voir en particulier :

- Quels diagrammes d'UML utiliser pour la modélisation métier ?
- Comment se servir de cette modélisation métier pour mieux définir les besoins informatiques ?
- Comment l'analyse linguistique permet d'aider à la modélisation du domaine ?
- Comment décrire une architecture en couches avec UML ?
- Comment utiliser les diagrammes de communication pour décrire les interactions entre objets informatiques, et répartir les opérations ?
- Comment répercuter les décisions d'affectation des responsabilités aux objets dans les diagrammes de classes ?
- Comment traduire les diagrammes UML de conception détaillée en code orienté objet ?

Étape 1 – Modélisation métier (business modeling)

Dans le cadre de l'amélioration qu'elle veut apporter à son système d'information, une entreprise souhaite modéliser, dans un premier temps, le processus de formation de ses employés afin que quelques-unes de leurs tâches soient informatisées.

1. Le processus de formation est initialisé lorsque le responsable formation reçoit une demande de formation de la part d'un employé. Cette demande est instruite par le responsable qui la qualifie et transmet son accord ou son désaccord à l'intéressé.
2. En cas d'accord, le responsable recherche dans le catalogue des formations agréées un stage qui correspond à la demande. Il informe l'employé du contenu de la formation et lui propose une liste des prochaines sessions. Lorsque l'employé a fait son choix, le responsable formation inscrit le participant à la session auprès de l'organisme de formation concerné.
3. En cas d'empêchement, l'employé doit informer le responsable de formation au plus tôt pour annuler l'inscription ou la demande.
4. À la fin de sa formation, l'employé doit remettre au responsable formation une appréciation sur le stage qu'il a effectué, ainsi qu'un document justifiant de sa présence.
5. Le responsable formation contrôle par la suite la facture que l'organisme de formation lui a envoyée avant de la transmettre au comptable achats.

À retenir

STÉRÉOTYPES POUR LA MODÉLISATION MÉTIER

En matière de modélisation métier, Jacobson[a] a été le premier à proposer d'utiliser les concepts UML d'acteur, cas d'utilisation, classe, package, etc., avec des stéréotypes particuliers. Dans la suite de l'exercice, nous utiliserons les stéréotypes suivants, fournis entre autres par Rational/Rose :

Figure 7-1. *Stéréotypes utilisés pour la modélisation métier*

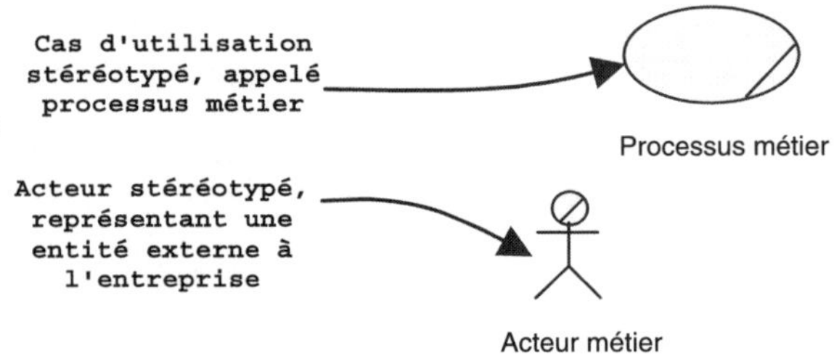

a. *Software Reuse:* I. Jacobson *et al.*, 1997, Prentice Hall, puis *The Unified Software Development Process*, I. Jacobson, G. Booch, J. Rumbaugh, 1999, Addison-Wesley (qui existe en version française chez Eyrolles : *Le processus unifié de développement logiciel*).

À retenir

Figure 7-1.
(suite)

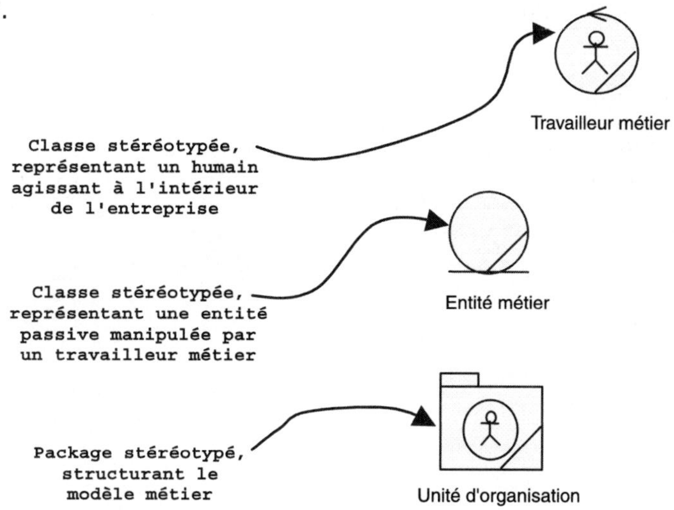

EXERCICE 7-1.
Modélisation d'un processus métier

Utilisez les stéréotypes pour la modélisation métier afin de montrer le processus de formation et ses acteurs sur un diagramme de cas d'utilisation.

Modélisez le processus de formation et ses acteurs.

Solution

Le processus de formation est représenté par un cas d'utilisation stéréotypé.

Les acteurs impliqués sont (dans l'ordre de l'énoncé) :

- l'employé ;
- le responsable formation ;
- l'organisme de formation ;
- le comptable des achats.

Seul l'organisme de formation est une entité externe à l'entreprise, ce qui donne le schéma suivant :

Figure 7-2.
Modélisation du processus de formation avec ses acteurs

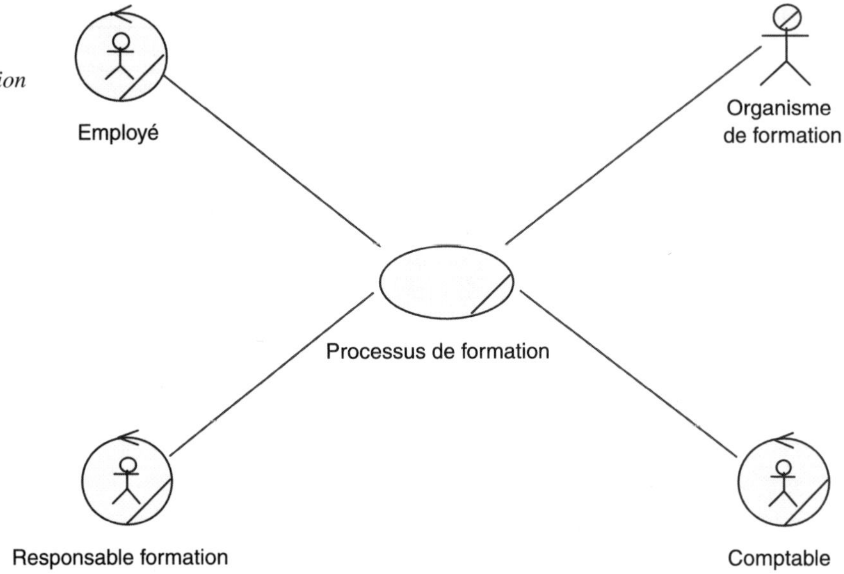

EXERCICE 7-2.
Le diagramme d'activité pour modéliser un processus

Décrivez la dynamique du processus de formation au moyen d'un diagramme d'activité. Utilisez des partitions verticales pour affecter les responsabilités aux acteurs.

Modélisez le processus de formation avec un diagramme d'activité.

Solution

Le processus de formation comporte un ensemble d'actions ordonnées dans le temps et affectées à un des acteurs identifiés précédemment. Cet enchaînement se représente parfaitement grâce à un diagramme d'activité.

Les partitions[1] permettent d'agencer graphiquement les actions de telle sorte que celles qui sont affectées à un même acteur se trouvent dans la même bande verticale.

1. Généralisation UML 2.0 du concept de « swimlane ».

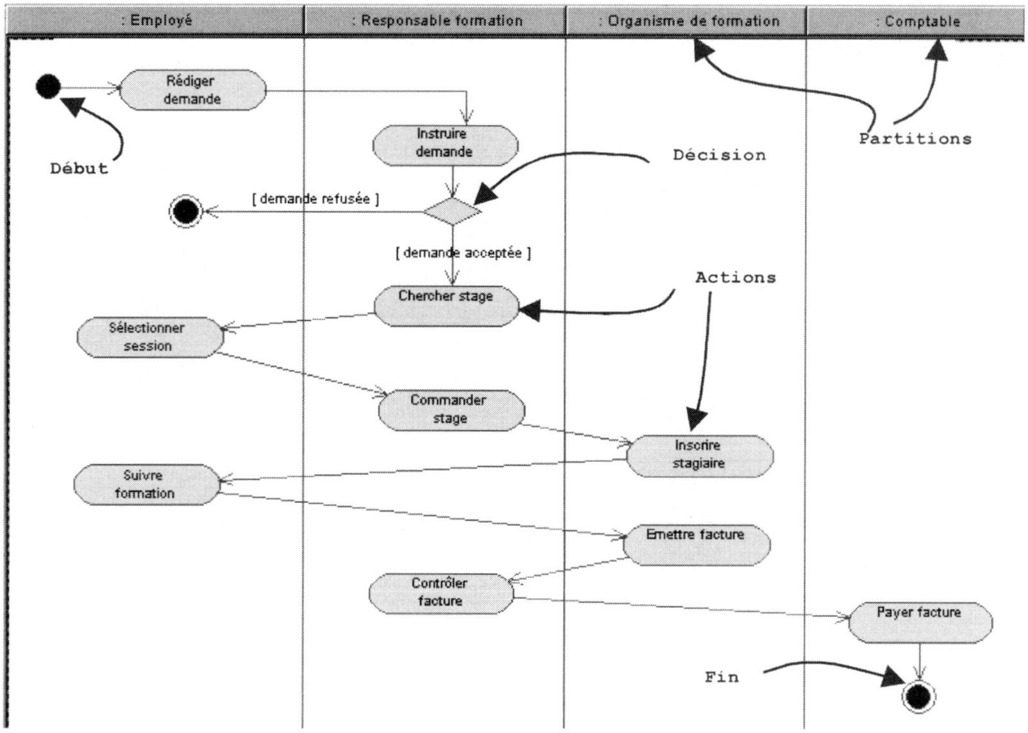

Figure 7-3.
Diagramme d'activité du processus de formation

Pour compléter le diagramme, on peut également ajouter la création et le changement d'état des entités métier, suite à la réalisation des activités.

Notez que nous n'avons pas utilisé l'icône spécifique de l'entité métier pour la *DemandeDeFormation*, afin de pouvoir plus facilement indiquer ses changements d'états.

Le diagramme ainsi obtenu est très intéressant, puisqu'il fait le pont entre les trois axes de modélisation : fonctionnel (actions), dynamique (flots) et statique (entités et partitions) !

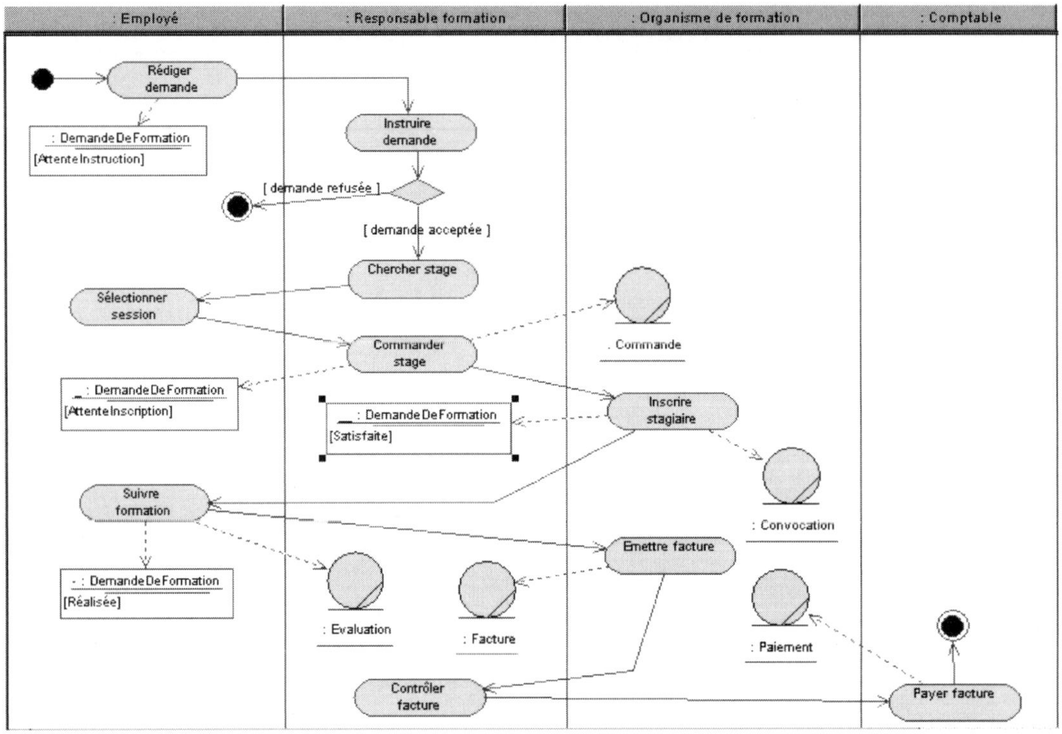

Figure 7-4.
Diagramme d'activité complété du processus de formation

Étape 2 – Définition des besoins du système informatique

Poursuivons notre étude fonctionnelle. La définition des tâches qui seront informatisées est réalisée par sélection de certaines actions du modèle métier. Nous allons ainsi déduire le cahier des charges fonctionnel du système informatique à partir de l'étude précédente, et en particulier du diagramme d'activité.

Le système doit permettre d'initialiser une demande de formation et de suivre cette demande jusqu'à l'inscription effective d'un employé.

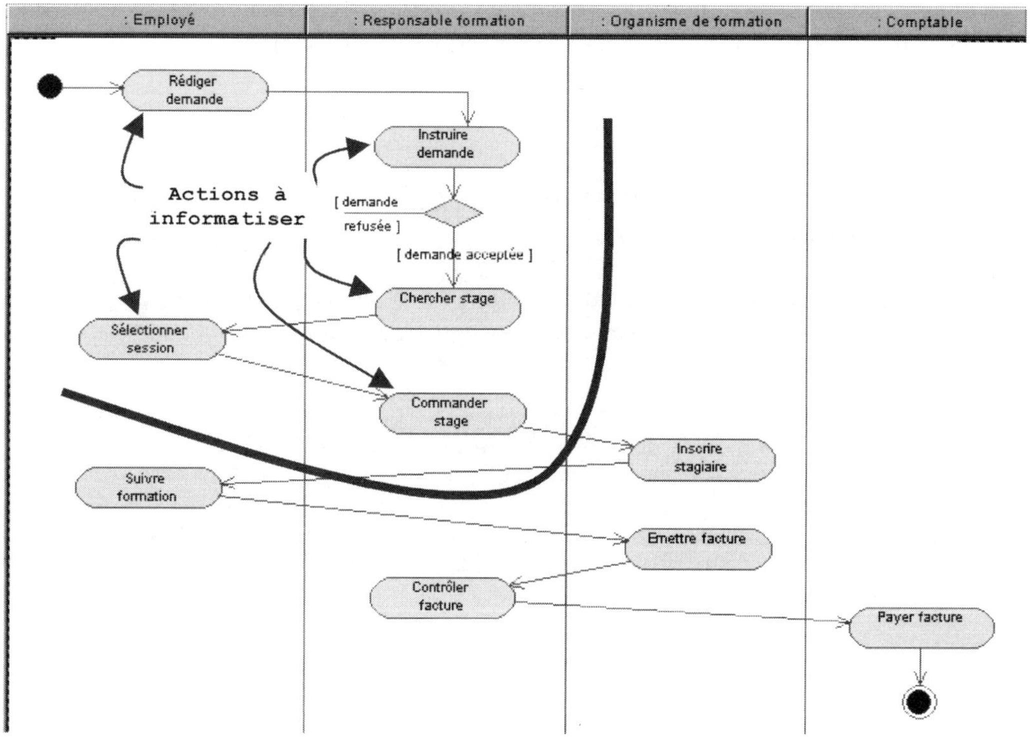

Figure 7-5.
Actions du processus de formation à informatiser

Le système de gestion des demandes de formation doit donc permettre d'automatiser les actions métier suivantes :

- Rédiger une demande (employé) ;
- Instruire une demande (responsable formation) ;
- Chercher un stage (responsable formation) ;
- Sélectionner une session (employé) ;
- Commander un stage (responsable formation).

Et il ne faut pas oublier qu'un employé a la possibilité d'annuler une demande ou une inscription à une session.

Pour tout cela, il est indispensable que le système informatique gère un catalogue de formations agréées auquel les employés peuvent accéder partiellement en lecture, et le responsable formation globalement en écriture. Ce catalogue contiendra non seulement le contenu technique, la durée, etc., des formations proposées par les organismes agréés, mais aussi les dates et lieux des prochaines sessions. Le responsable formation pourra également créer des regroupements de formations appelés thèmes.

EXERCICE 7-3.
Le diagramme de cas d'utilisation pour définir les besoins informatiques

Élaborez le diagramme de cas d'utilisation du système informatique de gestion des demandes de formation. Écrivez quelques lignes de résumé pour chaque cas d'utilisation.

Élaborez le modèle des cas d'utilisation du système.

Solution

D'après la liste des actions métier, on peut définir les cas d'utilisation suivants :

Demander une formation

L'employé peut consulter le catalogue et sélectionner un thème, ou une formation, ou même une session particulière. La demande est automatiquement enregistrée par le système et transmise au responsable formation par e-mail. Si l'employé n'a pas choisi une session, mais simplement une formation ou un thème, le responsable formation va consulter le catalogue et sélectionner les sessions qui paraissent correspondre le mieux à la demande. Cette sélection sera transmise par e-mail à l'employé, qui pourra ainsi faire une nouvelle demande plus précise.

Traiter les demandes

Le responsable formation va utiliser le système pour indiquer aux employés sa décision (accord ou refus). En cas d'accord sur une session précise, le système va envoyer automatiquement par fax une demande d'inscription sous forme de bon de commande à l'organisme concerné.

Gérer ses demandes

L'employé peut consulter l'état de ses demandes de formation en cours et éventuellement les annuler individuellement. Le responsable formation est automatiquement averti par e-mail.

Mettre à jour le catalogue

Le responsable formation peut introduire une nouvelle formation dans le catalogue, modifier une formation existante ou supprimer une formation qu'un organisme a abandonnée. Il peut également modifier les regroupements de formations qui ont été faits par thèmes. Il a aussi la possibilité de mettre à jour les dates et lieux des sessions.

Le diagramme préliminaire ci-après synthétise toutes ces réflexions.

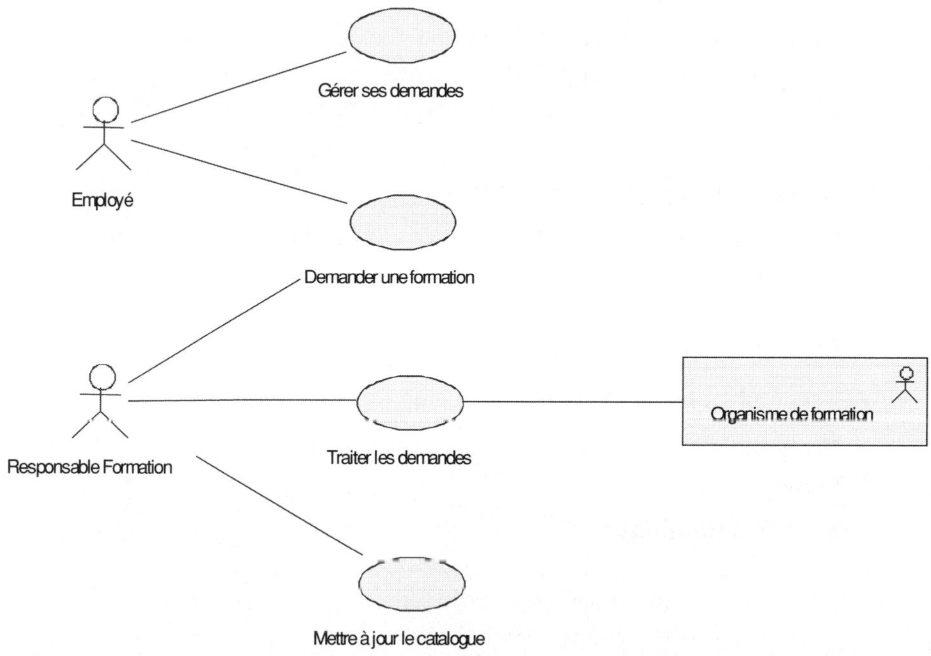

Figure 7-6.
Diagramme de cas d'utilisation préliminaire du système de gestion des demandes de formation

EXERCICE 7-4.
Description essentielle d'un cas d'utilisation

Rédigez une description détaillée essentielle de MAINTENIR LE CATALOGUE.

Dessinez un diagramme de séquence représentatif pour ce cas d'utilisation.

Solution

Sommaire d'identification

Titre : Mettre à jour le catalogue **Type** : essentiel détaillé

Résumé : le responsable formation est chargé de la mise à jour continue d'un catalogue qui répertorie les formations agréées disponibles pour les employés. La plupart des modifications proviennent des organismes de formation.

Acteurs : responsable formation.

Date de création : 28/09/03 **Date de mise à jour** : 21/05/04
Version : 3.0 **Responsable** : Pascal Roques

Description des enchaînements

Préconditions : le responsable formation s'est authentifié sur le système.

Postconditions : une nouvelle version du catalogue est disponible en consultation.

Scénario nominal :

1. Ce cas d'utilisation commence en général quand un organisme de formation informe le responsable formation de modifications par rapport à son offre.	
2. Le responsable formation peut introduire une nouvelle formation dans le catalogue, modifier une formation existante ou enlever une formation supprimée par l'organisme. Lors d'une création ou d'une modification, le responsable formation a la possibilité de modifier l'agenda des sessions prévues pour la formation.	3. Le système prévient les utilisateurs connectés qu'ils risquent de travailler sur une version obsolète. Lors d'une suppression, le système indique au responsable formation la liste des participants qui étaient inscrits aux sessions annulées, et les inscriptions sont annulées.

4. Le responsable formation valide ses modifications.	5. Le système prévient les employés connectés qu'une nouvelle version du catalogue est disponible.

Séquences alternatives :

A1 : informations incomplètes

L'enchaînement A1 démarre à l'étape 2 du scénario nominal.

2. Lorsque les informations relatives à une nouvelle formation sont incomplètes (par exemple, absence de date de session), la formation est mise au catalogue mais aucune inscription ne pourra être prise. La description doit être modifiée et complétée plus tard.

Le scénario nominal continue à l'étape 2.

A2 : gestion des thèmes

La séquence A2 démarre à l'étape 2 du scénario nominal.

2. Le responsable formation peut commencer par créer un nouveau thème ou renommer un thème existant. Il peut également déplacer une formation d'un thème à un autre.

Le scénario nominal continue à l'étape 2.

Spécifications supplémentaires :

Concurrence : ce cas d'utilisation ne peut être exécuté que par un responsable à la fois.

Disponibilité : le catalogue est accessible *via* l'Intranet du lundi 9 h au vendredi 17 h. Les actions de maintenance doivent être limitées au strict minimum pendant ces heures.

Exemple de diagramme de séquence système du cas d'utilisation : « Mettre à jour le catalogue ».

Figure 7-7.
Diagramme de séquence système du cas d'utilisation : « Mettre à jour le catalogue »

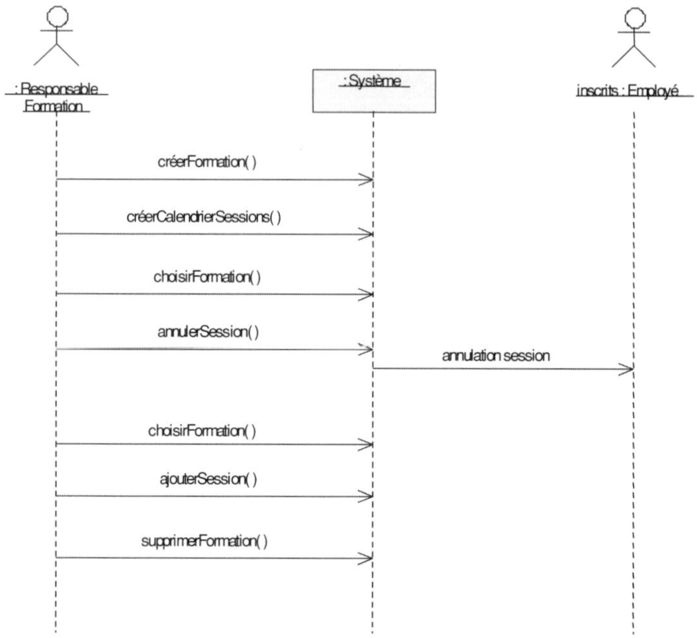

Remarquons que les employés inscrits à une session annulée sont automatiquement avertis par le système (e-mail).

Il faudra donc ajouter un acteur secondaire à notre schéma préliminaire.

EXERCICE 7-5. Amélioration du diagramme de cas d'utilisation

Améliorez le diagramme de cas d'utilisation préliminaire du système informatique de gestion des demandes de formation.

En particulier, pour demander une formation et pour maintenir le catalogue, le système doit proposer une fonctionnalité de base de consultation du catalogue.

Améliorez le modèle des cas d'utilisation du système.

Solution

Pour demander une formation, le système doit proposer une fonctionnalité de base de consultation du catalogue. L'employé peut consulter le catalogue sans faire de demande. La création d'une demande vient étendre optionnellement la consultation.

L'acteur « Organisme de formation » ne fait que recevoir des messages venant du système, nous utiliserons donc une association unidirectionnelle (comme pour l'employé dans la mise à jour du catalogue).

Enfin, pour ne pas surcharger le diagramme, nous n'y représenterons pas le processus d'identification de l'employé ou du responsable formation. Mais nous créerons plutôt un acteur généralisé, ainsi qu'un package différent. Le modèle de cas d'utilisation est ainsi divisé en deux packages :

- cas d'utilisation opérationnels ;
- cas d'utilisation de support.

Le diagramme de cas d'utilisation du premier package devient :

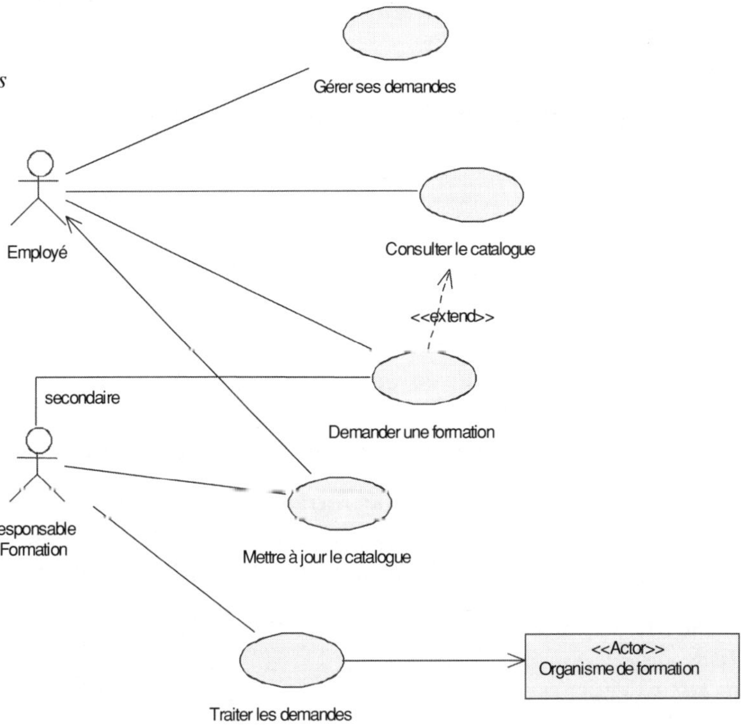

Figure 7-8.
Diagramme de cas d'utilisation du package des cas opérationnels

Celui du second package est fourni par la figure suivante.

Figure 7-9.
Diagramme de cas d'utilisation du package des cas de support

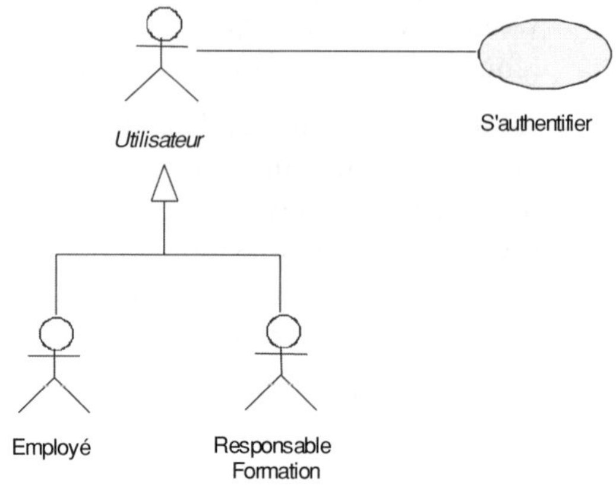

EXERCICE 7-6.
Diagramme de contexte statique

La contrainte de concurrence sur ce cas d'utilisation amène une dernière question.

Élaborez le diagramme de contexte statique du système.

Le système de gestion des demandes de formation est fondamentalement multi-utilisateurs (typiquement : un intranet), sauf pour le responsable formation qui doit en être le seul utilisateur en modification à un moment donné.

Les organismes de formation n'ont pas accès au système : ils ne font que recevoir des commandes, ce qui explique la flèche de navigabilité sur l'association entre le système et l'acteur non-humain.

Figure 7-10.
Diagramme de contexte statique du système de gestion des demandes de formation

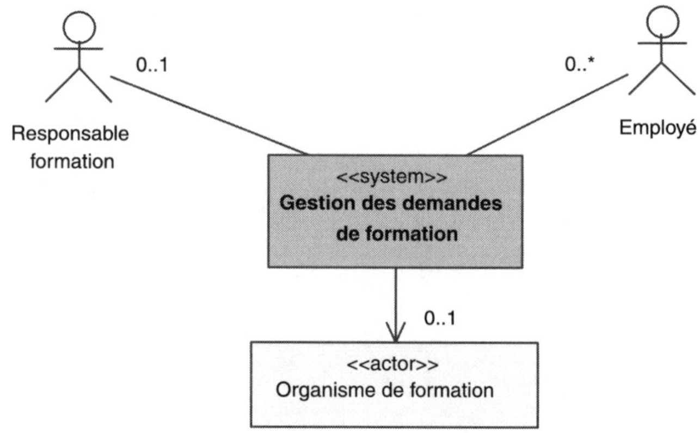

Étape 3 – Analyse du domaine (partie statique)

Nous allons reprendre l'énoncé de l'étude de cas, déjà traitée du point du vue fonctionnel aux étapes 1 et 2, en le reformulant et en le simplifiant légèrement.

1. Le processus de formation est initialisé lorsque le responsable formation reçoit une demande de formation de la part d'un employé.
2. Cette demande est instruite par le responsable qui qualifie la demande et transmet son accord ou son désaccord à l'intéressé.
3. En cas d'accord, le responsable recherche dans le catalogue des formations agréées un stage correspondant à la demande.
4. Il informe l'employé du contenu de la formation et lui propose une liste des prochaines sessions.
5. Lorsque l'employé retourne son choix, le responsable formation inscrit le participant à la session auprès de l'organisme de formation concerné.
6. Le responsable formation contrôle par la suite la facture que lui a adressée l'organisme de formation avant de la transmettre au comptable des achats.

Nous avons déjà identifié les travailleurs métier impliqués dans le processus de formation (exercice 7-1). Il nous faut maintenant aborder ce dernier sous l'angle statique qu'il présente et découvrir les principales entités métier.

Pour cela, une analyse lexicale du texte de l'énoncé est tout à fait indiquée. Cette technique est en général sous-utilisée, car elle peut sembler fastidieuse. Elle est pourtant très efficace pour découvrir des objets candidats dans les cas difficiles, par exemple si le modélisateur connaît mal le domaine métier.

EXERCICE 7-7.
Analyse linguistique (1/6)

Modélisez la phrase 1, en employant les stéréotypes de Jacobson.

Solution

Une analyse simpliste des noms et groupes nominaux fournit les entités suivantes : processus de formation, responsable formation, demande de formation, employé. Considérons chacun des candidats à tour de rôle.

- *Processus de formation* a déjà été identifié à l'étape 1 en tant que processus métier : il n'apparaîtra pas sur le diagramme de classes.
- En revanche, *responsable formation* et *employé* y figureront, car ils ont été identifiés comme travailleurs métier.
- Articles « un/une » ou « le/la ». L'article indéfini (« un/une ») indique que le nom est utilisé de façon générique, alors que l'article défini (« le/la »)

indique que le nom est unique dans le contexte de la phrase. Attention cependant : l'article « un » signifie souvent « un en général », (comme dans : lorsque le responsable formation reçoit *une* demande de formation), mais aussi parfois « un et un seul » pour indiquer que le pluriel ne serait pas possible (comme dans : de la part d'*un* employé). Dans ce cas, on obtient une multiplicité 1 sur une association.

Nous en déduisons aisément le diagramme de classes suivant.

Figure 7-11.
Modélisation statique de la phrase 1

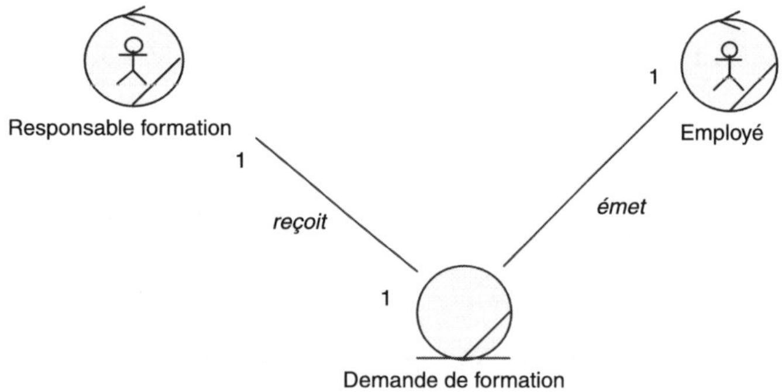

EXERCICE 7-8.
Analyse linguistique (2/6)

Modélisez la phrase 2.

Solution

En procédant, comme pour la première phrase, à une analyse simpliste des noms et groupes nominaux, on obtient les entités suivantes : demande, responsable, accord, désaccord, l'intéressé.

- Référence indirecte par « ce/cette », « ces » : une phrase utilisant le mot « ce » fait presque toujours référence au sujet de la phrase précédente. Les concepts *demande* et *demande de formation* sont donc identiques.
- Attention aux synonymes ! Il est clair que *responsable* n'est pas un nouveau concept, mais simplement une forme plus courte de *responsable formation*. C'est un peu moins évident avec le mot *intéressé* qui fait référence à l'employé qui a émis la demande.
- Possessifs : « son/sa », « ses ». Nous pouvons traduire la possession de deux façons : une association ou un attribut. Nous choisissons l'association si le possesseur et la possession sont tous les deux des concepts. Nous choisissons l'attribut si la possession est une simple caractéristique du possesseur.
- Conjonction de coordination « ou ». Un « ou exclusif » doit faire penser à une relation de généralisation/spécialisation, mais uniquement si les con-

cepts spécialisés ont des attributs et des comportements différents. Dans le cas contraire, il vaut mieux introduire un simple type énuméré. Dans notre exemple, nous pouvons considérer que l'accord ou le désaccord sont des spécialisations d'une entité *réponse* relative à la demande. En effet, le désaccord aura probablement un attribut *motif*, contrairement à l'accord.

- Verbes : la demande est reçue par le responsable, puis instruite et enfin qualifiée. Il n'est pas question de dessiner trois associations pour modéliser toutes les actions que le responsable peut effectuer à propos de la demande. Au contraire, le diagramme de classes doit représenter une vue statique qui soit valable à tout moment. Nous renommons donc l'association entre *responsable* et *demande* avec un verbe plus neutre (*traiter*), et nous modifions les multiplicités en conséquence.

Pour compléter le diagramme, nous avons supposé qu'un employé ne peut pas émettre plus d'une demande à la fois. On notera également les multiplicités entre *demande* et *réponse* : une réponse est forcément liée à une et une seule demande ; une demande peut exister sans réponse (tant qu'elle n'est pas instruite).

Figure 7-12.
Modélisation statique de la phrase 2

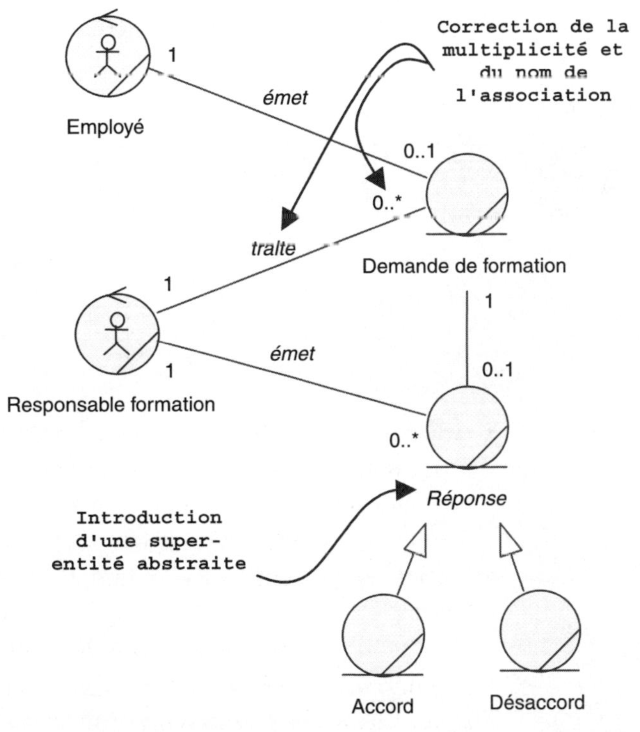

EXERCICE 7-9.
Analyse linguistique (3/6)

Modélisez la phrase 3.

Solution

Une nouvelle analyse rapide des noms et groupes nominaux fournit les entités suivantes : accord, responsable, catalogue, formation, stage, demande.

- *Accord*, *responsable* et *demande* ont été identifiés précédemment.
- Conteneur et contenu : *catalogue* est un conteneur composé de *formations* ; les deux peuvent donner lieu à des entités, si elles portent des attributs et des comportements. C'est bien le cas dans notre exemple. On doit alors étudier la possibilité d'une agrégation ou d'une composition. Sinon, le contenu peut être un simple attribut du conteneur.
- Pluriel : le pluriel sur un nom (catalogue *des* formation*s*) donne souvent lieu à une entité au singulier, mais avec une multiplicité « 0..* » sur une association.
- Verbes : attention, les verbes correspondent souvent à des actions effectuées sur les entités (le responsable *recherche*…). Ces actions ne se traduisent généralement pas dans le diagramme de classes d'analyse. Elles donnent en revanche des indications sur la dynamique, et peuvent donner lieu à des fragments de diagramme de séquence ou de communication.

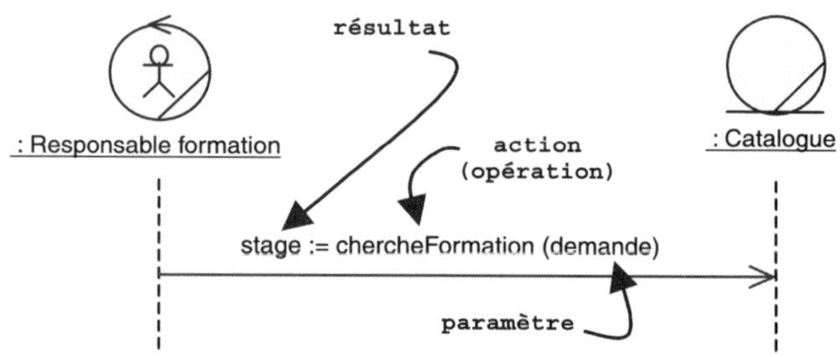

Figure 7-13.
Fragment de modèle dynamique issu de la phrase 3

- Adjectifs : ils représentent soit des attributs d'une entité déjà identifiée, soit une possibilité de relation de généralisation. Attention : ils peuvent aussi simplement ajouter du « bruit » dans le texte, comme dans notre cas où seules les *formations agréées* ont une existence notable dans le processus de formation.
- Participes présents : ils indiquent souvent une association entre deux entités. Par exemple, « un stage *correspondant à* la demande » amène la création d'une association entre les entités *stage* et *demande*.
- Attention aux synonymes ! Pour éviter les répétitions qui alourdissent le style, l'usage des synonymes est fréquent : *formation* et *stage* en sont une

bonne illustration. Le modélisateur doit débusquer ces synonymes et les « réduire » en choisissant un nom principal d'entité. Nous préférerons le terme *formation* plutôt que celui de *stage*.

Toute cette discussion conduit au diagramme de classes ci-après.

Figure 7-14.
Modélisation statique de la phrase 3

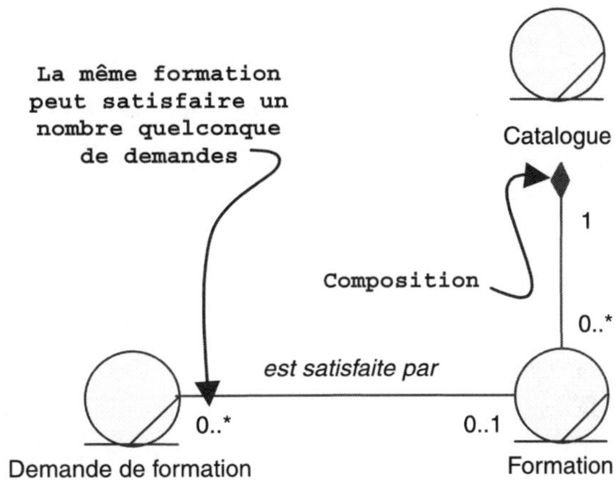

EXERCICE 7-10.
Analyse linguistique (4/6)

Modélisez la phrase 4.

Solution

Une analyse sommaire des noms et groupes nominaux permet de relever les entités suivantes : employé, contenu, formation, liste, session.

- Référence indirecte par un pronom : « il/elle », etc. Les pronoms sont des références à un autre nom qui est souvent le sujet de la phrase précédente. Ici, « *il* informe… » concerne de toute évidence le responsable.
- *Employé* et *formation* ont été identifiés précédemment.
- Contenance ou possession : entité à part entière ou attribut suivant les cas. Si l'on considère qu'une formation a un contenu dont la structure est complexe (prérequis, objectifs, plan détaillé, etc.) et un comportement, il est tout à fait justifié d'en faire une entité. Comme nous l'avons souligné précédemment, on doit étudier la possibilité d'une agrégation ou d'une composition.
- Conteneur : le mot *liste* indique simplement une multiplicité « * » et apporte souvent une notion d'ordonnancement (contrainte UML `{ordered}`). Il ne faut surtout pas identifier une entité *liste* lors de la phase d'analyse : le choix des types de conteneur est vraiment du ressort de la conception détaillée, voire de l'implémentation.

- Attention aux faux synonymes ! Cette fois-ci, il ne faut pas croire que *session* est synonyme de *formation* ou *stage*. En effet, le concept de *session* ajoute des notions de date et de lieu qui ne font pas partie du concept plus générique de *formation*. On peut évoquer les mérites de la « formation UML de 4 j proposée par Valtech Training », et s'inscrire à la « session qui a lieu à Toulouse du 19 au 22 juillet 2004 ». De plus, ces entités ont des comportements bien distincts : on peut reporter ou annuler une *session*, sans modifier de quelque manière que ce soit la *formation*.
- Verbes : là encore, les verbes représentent des échanges de messages entre instances, et absolument pas des associations.

Figure 7-15.
Fragment de modèle dynamique issu de la phrase 4

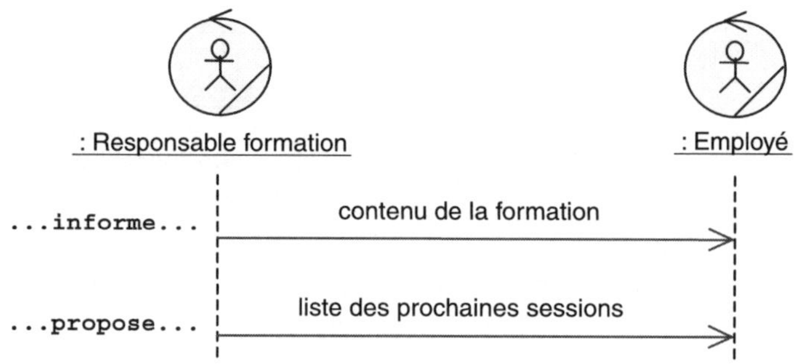

Le résultat de ces cogitations est synthétisé sur le schéma présenté ci-après.

Figure 7-16.
Modélisation statique de la phrase 4

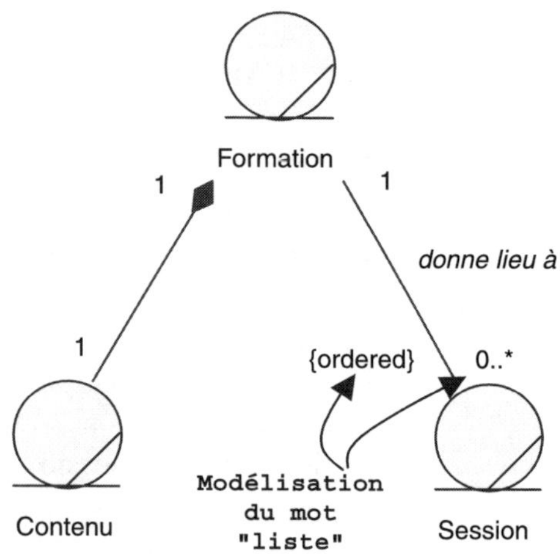

La relation entre *formation* et *session* est une nouvelle illustration de l'important « pattern de la métaclasse », étudié au chapitre 3, exercice 3-11.

EXERCICE 7-11.
Analyse linguistique (5/6)

Modélisez la phrase 5.

Solution

Une fois encore, l'analyse linguistique nous fournit les entités candidates : employé, choix, responsable formation, participant, organisme de formation.

- Employé, responsable et organisme de formation ont été identifiés précédemment.
- Une nouvelle fois, il faut veiller à ne pas modéliser un comportement dynamique dans le diagramme de classes ! La phrase 5 se traduirait directement par le fragment de diagramme de séquence suivant.

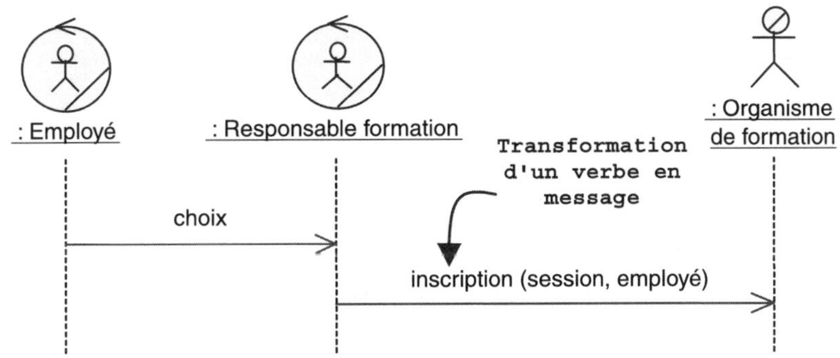

Figure 7-17.
Modélisation dynamique de la phrase 5

- Verbes : souvent le verbe cache un nom ! Dans l'exemple précédent, où « le responsable formation *inscrit* le participant », le diagramme de séquence fait apparaître un message *inscription* qui porte des paramètres. En fait, nous avons besoin d'une entité *inscription* qui représente une sorte de contrat entre le responsable et l'organisme externe. Cette entité porte des attributs (date, prix, etc.) et des comportements (reporter, annuler, etc.). Nota – Les entités de type *contrat* se modélisent très fréquemment comme des classes d'association.
- Termes vagues : le mot *choix* est délicat à modéliser. En effet, il s'agit d'un mot imprécis, d'un terme vague. Il faut donc le situer dans le contexte auquel il se rapporte. D'après la phrase 4, l'employé choisit une des sessions proposées par le responsable. Le mot *choix* dans ce contexte ne sert qu'à identifier une *session* particulière pour laquelle le responsable va faire une demande d'inscription auprès de l'organisme de formation. Il ne s'agit donc pas d'une nouvelle entité, mais plutôt d'un rôle joué par une session dans une relation avec une inscription.

- Rôles : il faut veiller à ne pas créer systématiquement de nouvelles entités. En effet, certains noms représentent simplement des rôles joués par des entités déjà identifiées. C'est le cas pour *participant*, qui ne décrit qu'un rôle joué par un employé dans le cadre d'une session.
- Acteurs. Faut-il relier *organisme de formation* à *session* ? C'est ce que semble indiquer la phrase 5. Toutefois, nous avons vu avec la phrase 4 que les sessions se rapportent toutes à une formation. Il est donc plus judicieux de relier directement *organisme de formation* à *formation*.

La modélisation statique de la phrase 5 est illustrée sur la figure suivante.

Figure 7-18.
Modélisation statique de la phrase 5

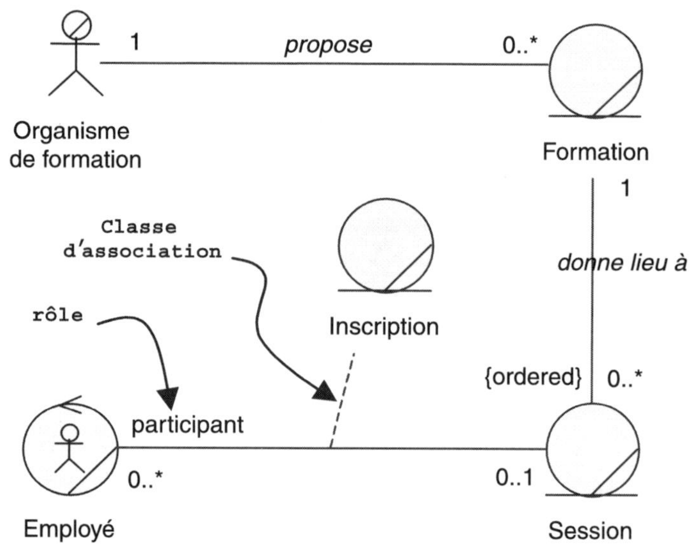

EXERCICE 7-12.
Analyse linguistique (6/6)

Modélisez la phrase 6.

Solution

Pour cette dernière phrase aussi, l'analyse linguistique nous fournit les entités candidates : responsable formation, suite, facture, organisme de formation, comptable des achats.

- *Responsable formation* et *organisme de formation* ont été identifiés précédemment. *Comptable des achats* est un travailleur métier comme nous l'avions indiqué à l'étape 1.

- Propositions temporelles : elles ne servent que pour la modélisation dynamique. Dans notre cas, « contrôle *par la suite…* » ne fait qu'indiquer une succession temporelle de messages. Elle permet implicitement de relier la *facture* à *l'inscription* (voir phrase 5).

Figure 7-19.
Modélisation statique de la phrase 6

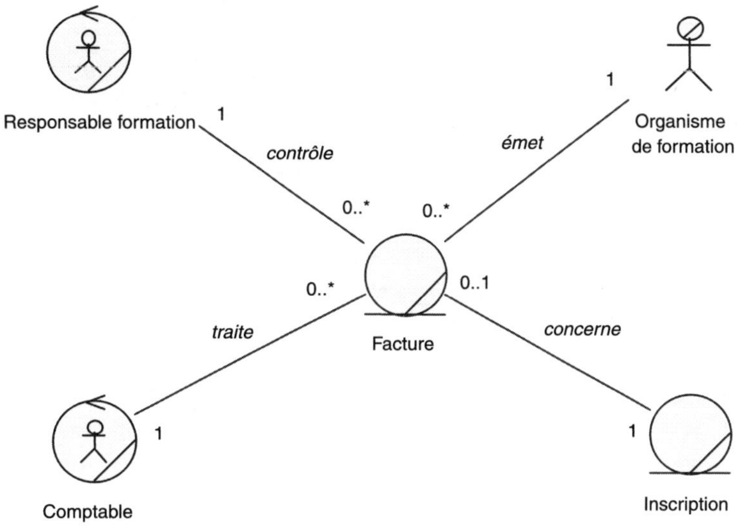

EXERCICE 7-13.
Modèle métier – découpage en packages

Rassemblez tous les fragments précédents sur un même diagramme de classes.

Proposez une découpe du modèle en packages représentant des unités d'organisation métier.

Élaborez un diagramme de classes global découpé en packages.

Solution

Le modèle statique préliminaire de notre étude de cas provient de la réunion de tous les diagrammes précédents.

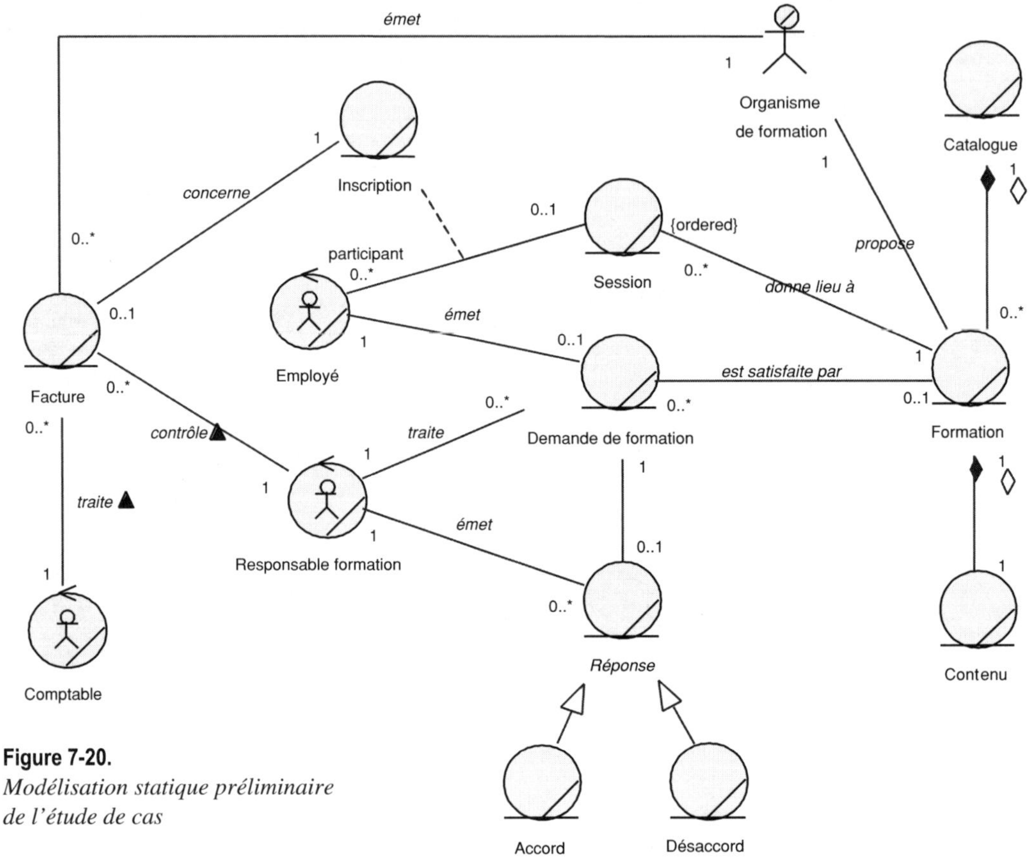

Figure 7-20.
Modélisation statique préliminaire de l'étude de cas

Comment procéder pour découper ce modèle en unités d'organisation métier ?

- Il est clair que toute la partie droite du modèle (y compris l'entité *session*) concerne le catalogue de formation et constitue une unité cohérente, relativement stable dans le temps.
- Le couple *facture-comptable* est aussi relativement indépendant du reste, et correspond d'ailleurs à un service bien identifié de l'entreprise.
- Tout le reste est de la responsabilité du responsable formation et constitue un ensemble cohérent, centré sur la demande de formation.

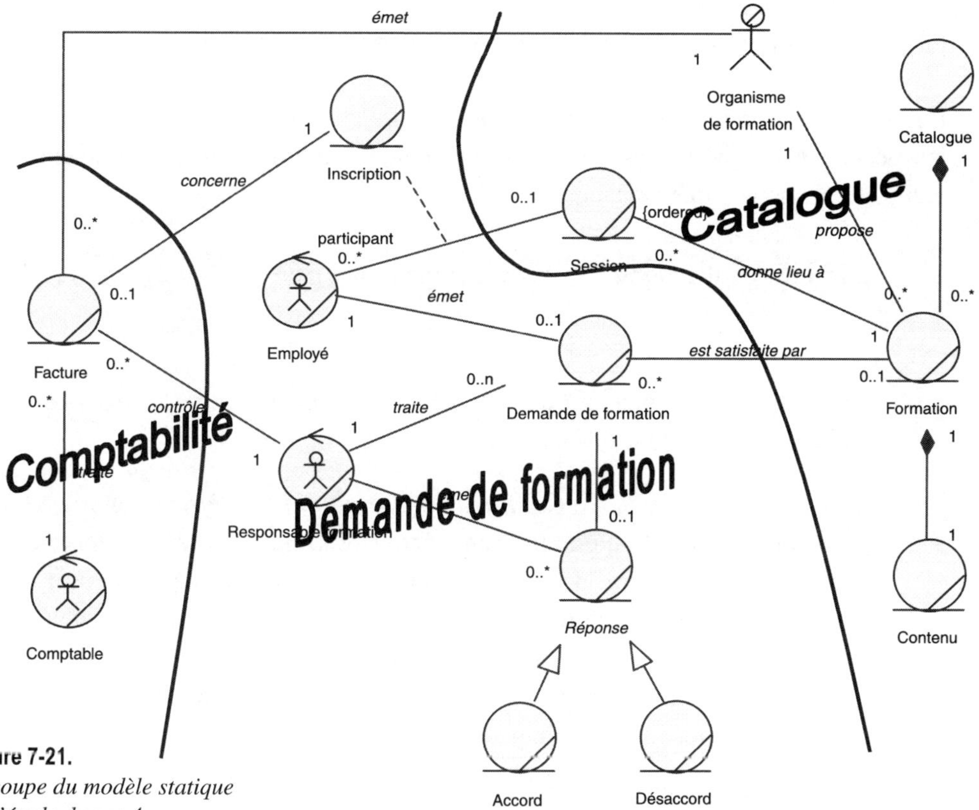

Figure 7-21.
Découpe du modèle statique de l'étude de cas 4

Nous pouvons représenter cette structuration en découpant le schéma précédent grâce à des packages stéréotypés, comme cela a été indiqué à l'étape 1.

Figure 7-22.
Packages stéréotypés représentant la découpe du modèle métier

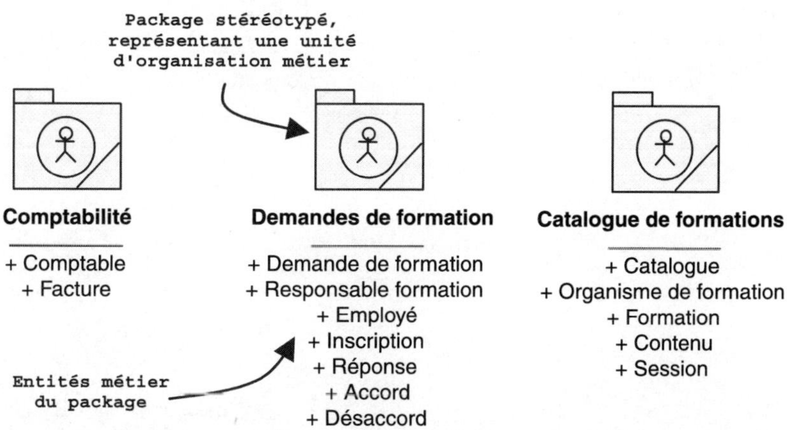

EXERCICE 7-14.
Modèle métier – diagramme de classes par package

Dessinez un diagramme de classes par unité d'organisation, en essayant de minimiser les dépendances entre packages. Ajoutez quelques attributs métier pertinents pour compléter le modèle métier statique.

Élaborez un diagramme de classes complet par package.

Nous allons commencer par étudier les dépendances entre les trois packages que nous avons identifiés à l'exercice précédent.

Il est clair que le package *Catalogue de formation* peut être autonome et qu'il peut donc constituer un composant métier réutilisable. Il est également logique de faire dépendre la facture de la demande de formation plutôt que le contraire. Le schéma de dépendances entre unités d'organisation métier que l'on obtient est donc celui qui est présenté ci-après. Il s'agit d'un diagramme de packages (nouveau type de diagramme officialisé par UML 2.0) qui respecte les sacro-saints principes des dépendances entre packages :

- pas de dépendances mutuelles ;
- pas de dépendances circulaires.

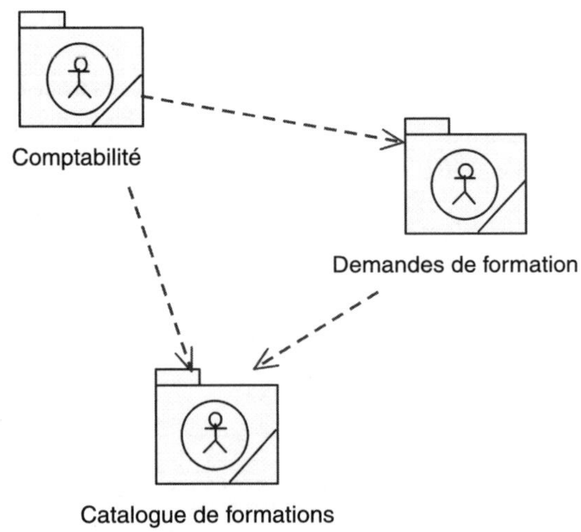

Figure 7-23.
Diagramme de packages montrant les dépendances souhaitées entre packages

Cet objectif de dépendances entre packages impose une contrainte sur la navigabilité des associations qui traversent deux unités d'organisation, de la façon suivante.

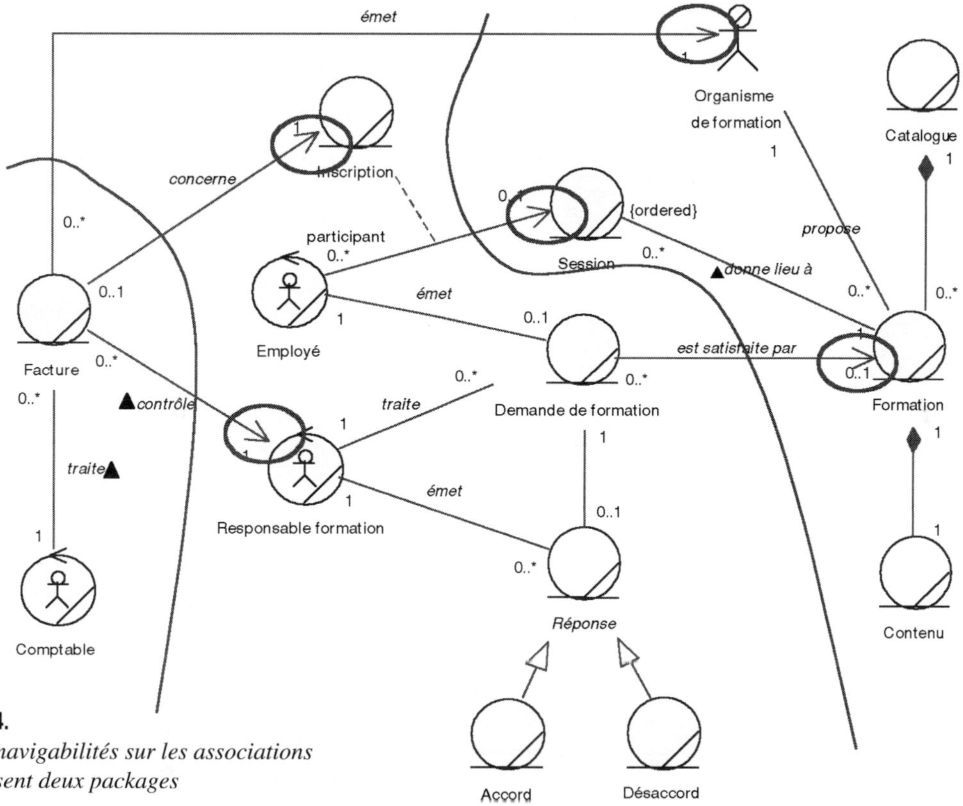

Figure 7-24.
Ajout des navigabilités sur les associations qui traversent deux packages

Nous pouvons maintenant dessiner un diagramme de classes par package en ajoutant quelques attributs métier pertinents. Notez la présence sur les diagrammes des classes reliées appartenant aux autres packages (avec l'indication « (from xxx)[2] »).

2. Cette convention grahique efficace n'est pas standard UML. Elle a été popularisée par l'outil Rational/Rose.

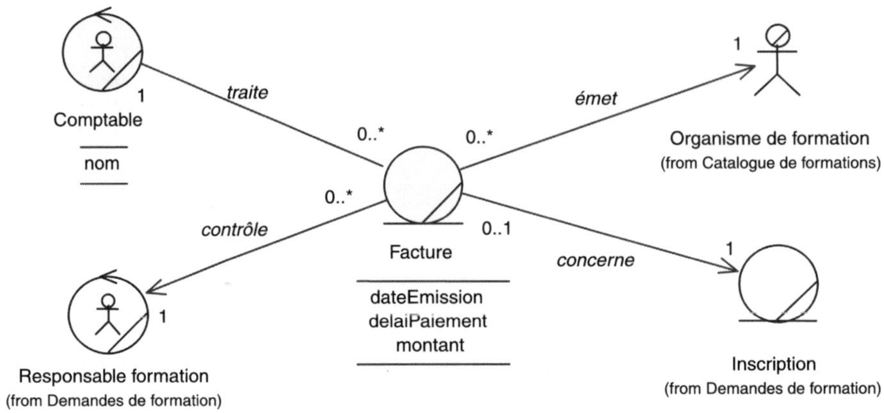

Figure 7-25.
Diagramme de classes du package Comptabilité

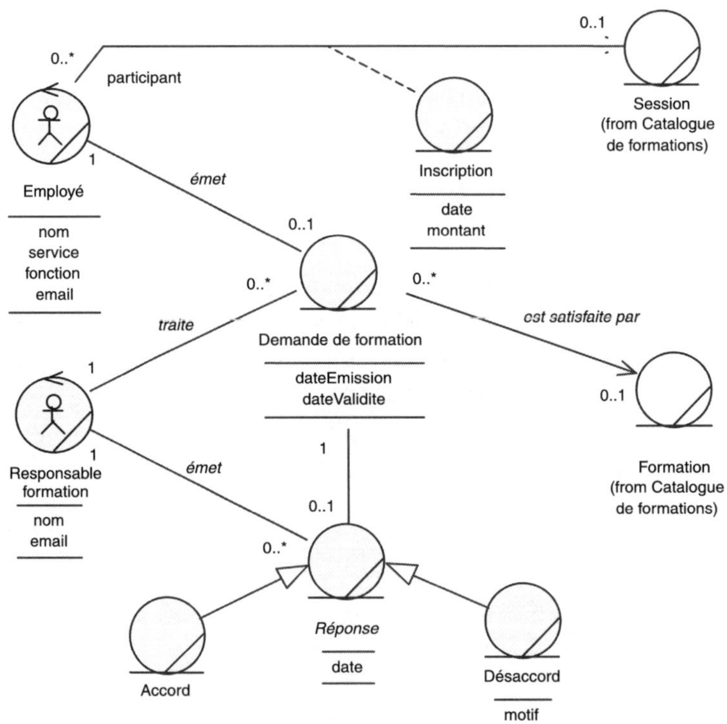

Figure 7-26.
Diagramme de classes du package Demandes de formation

Figure 7-27.
Diagramme de classes du package Catalogue de formations

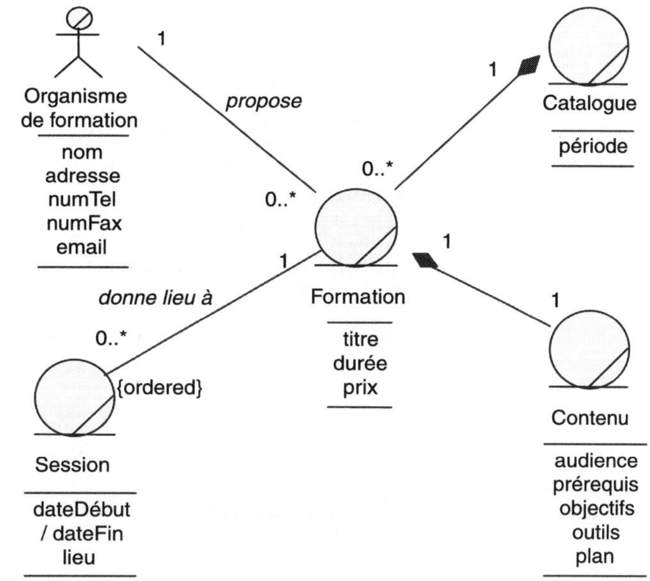

On notera l'attribut dérivé */dateFin* de *Session*. La contrainte pourrait s'écrire simplement en OCL[3] : {self.dateFin = self.dateDébut + formation.durée }.

Étape 4 – Analyse du domaine (partie dynamique)

EXERCICE 7-15. Modèle métier – diagramme d'états

Réalisez le diagramme d'états de la demande de formation.

Solution

Quelles informations avons-nous déjà réunies sur la dynamique d'une demande de formation ?

Reprenons les trois premières phrases de l'énoncé :

3. OCL (Object Constraint Language) est un petit langage à expressions, permettant d'exprimer des contraintes sur les diagrammes de classes UML au moyen d'expressions booléennes qui doivent être vérifiées par le modèle. OCL fait partie intégrante d'UML depuis la version UML 1.1. Le document le plus récent sur OCL dans UML 2.0 se trouve sur le site de l'OMG : ad/2003-01-07.

1. processus de formation est initialisé lorsque le responsable formation reçoit une demande de formation de la part d'un employé. Cette demande est instruite par le responsable qui qualifie la demande et transmet son accord ou son désaccord à l'intéressé.
2. En cas d'accord, le responsable recherche dans le catalogue des formations agréées un stage correspondant à la demande. Il informe l'employé du contenu de la formation et lui propose une liste des prochaines sessions. Lorsque l'employé retourne son choix, le responsable formation inscrit le participant à la session auprès de l'organisme de formation concerné.
3. En cas d'empêchement, l'employé doit informer le responsable de formation au plus tôt pour annuler l'inscription ou la demande.

Nous avions également réalisé un diagramme d'activité du processus de formation montrant les objets métier et leurs changements d'états.

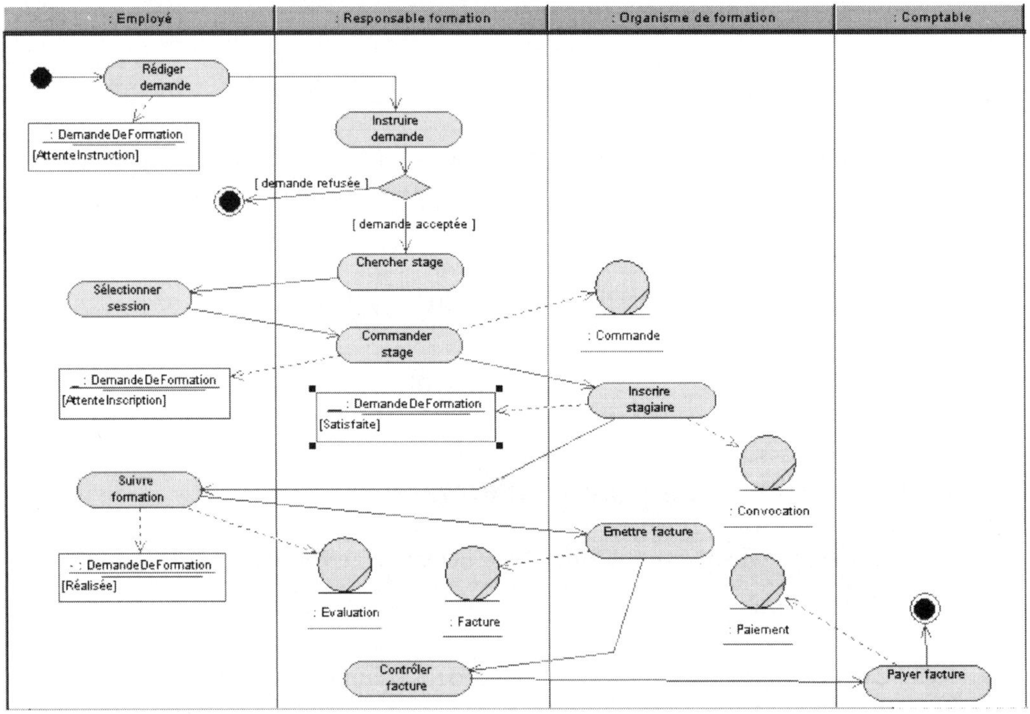

Figure 7-28.
Diagramme d'activités du processus de formation

À partir de ce diagramme d'activité, nous pouvons tout d'abord identifier quatre états principaux de la demande de formation, comme le montre la figure suivante.

Figure 7-29.
Diagramme d'états initial de la demande de formation

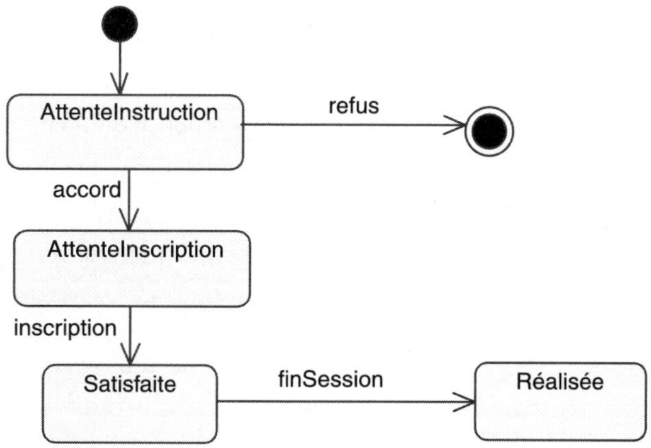

En fait, en relisant attentivement la première phrase, nous nous apercevons que la demande est initiée par l'employé et envoyée au responsable formation, puis instruite par ce dernier qui transmet son accord ou son désaccord à l'intéressé. Pour pouvoir compléter le diagramme d'états, nous allons tout d'abord détailler les scénarios au moyen du diagramme de séquence.

Figure 7-30.
Diagramme de séquence illustrant le début du diagramme d'états

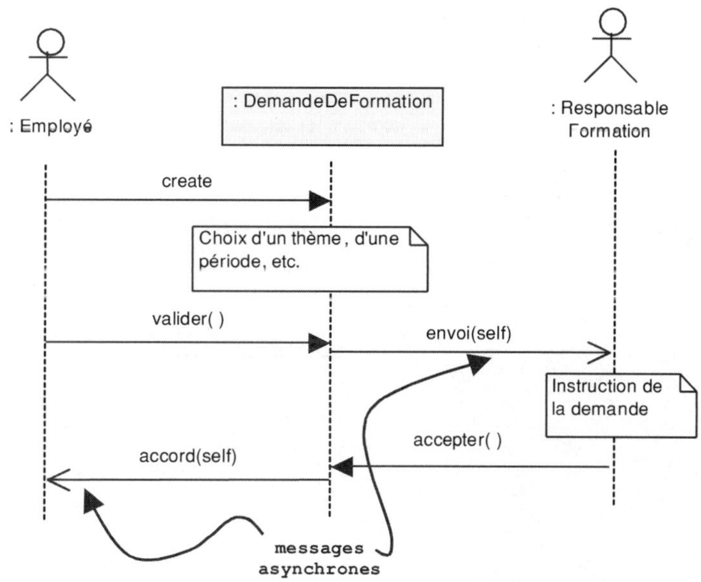

On notera le symbole particulier du message asynchrone[4] qui est utilisé sur le schéma précédent pour distinguer les actions de notification effectuées dans le cadre de la demande de formation.

4. Attention, ceci est conforme à la nouvelle norme UML 2.0. Dans les versions précédentes, le message asynchrone était représenté par une demi-flèche ouverte.

À retenir FLOTS DE CONTRÔLE DES MESSAGES

Un flot de contrôle synchrone signifie que l'objet émetteur se bloque en attendant la réponse du récepteur du message.

Dans un flot de contrôle asynchrone au contraire, l'objet émetteur n'attend pas la réponse du récepteur et poursuit sa tâche sans se soucier de la réception de son message.

Ce premier diagramme de séquence nous amène à ajouter un état avant *Attente Instruction*, puisque c'est la validation de la demande qui déclenche la transmission au responsable formation. La création proprement dite de cette demande n'est pas atomique, car l'employé doit effectuer plusieurs sélections (thème, période, etc.) avant de procéder à la validation. Nous avons également identifié des activités d'envoi de message qui se matérialiseront par le mot-clé « `send` » sur les transitions du diagramme d'états.

Poursuivons par un autre diagramme de séquence qui met en jeu l'acteur *Organisme de formation* pour la suite nominale des événements sur la demande.

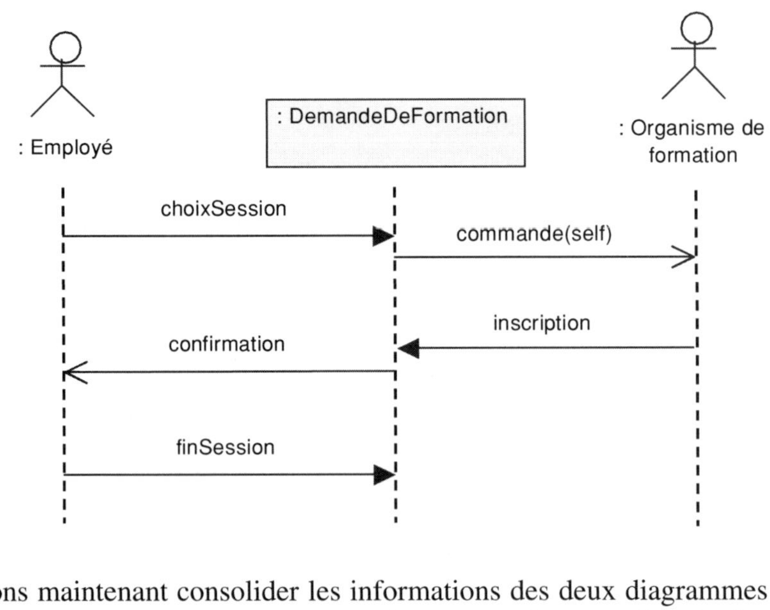

Figure 7-31. *Diagramme de séquence qui illustre la suite du diagramme d'états*

Nous pouvons maintenant consolider les informations des deux diagrammes de séquence de façon à construire une nouvelle version plus complète du diagramme d'états.

Figure 7-32.
Deuxième version du diagramme d'états de la demande de formation

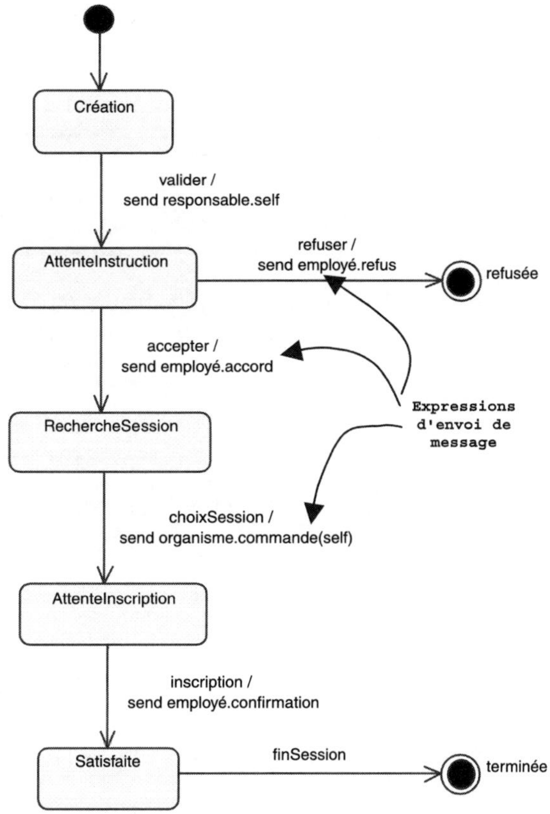

Que peut-il bien nous manquer pour terminer notre diagramme d'états ? En fait, toutes les transitions d'annulation ou d'erreur. L'employé peut ainsi annuler sa demande à tout moment, l'organisme de formation peut indiquer une annulation de session, etc.

Le diagramme d'états complet est représenté sur la figure ci-après.

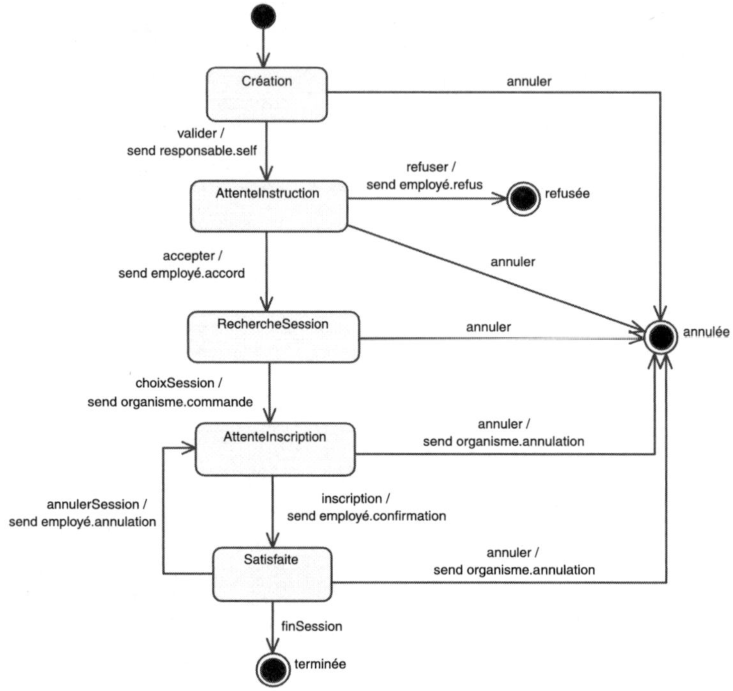

Figure 7-33.
Diagramme d'états complet de la demande de formation

Étape 5 – Définition des itérations

Nous allons maintenant définir des itérations à partir du travail déjà effectué et nous fixer comme objectif la conception de la première de ces itérations avec le langage Java comme cible.

EXERCICE 7-16.
Planification des itérations

Proposez une découpe du projet en itérations à partir du travail d'analyse précédent (cas d'utilisation et modèle métier statique). Ayez en particulier bien à l'esprit un des principes majeurs du processus unifié : guidé par les cas d'utilisation…

Découpez le projet en itérations.

Solution

Au vu des dépendances entre les packages métier, ainsi qu'entre les cas d'utilisation, il paraît naturel de commencer par la gestion du catalogue. En effet, les deux autres packages métier dépendent de *Catalogue de formations* et le cas d'utilisation fondamental *Demander une formation* est relié par extension au cas *Consulter le catalogue*. Nous choisissons donc de réaliser les deux cas d'utilisation qui concernent le catalogue dans les deux premières itérations.

Pour la troisième itération, il est indispensable de s'occuper du cas d'utilisation principal du système, à savoir *Demander une formation*.

Dans une quatrième itération, nous traiterons les aspects plus administratifs (inscription, etc.) avec *Traiter les demandes*.

Enfin, la dernière itération ser consacrée à *Gérer ses demandes*, un peu moins important fonctionnellement.

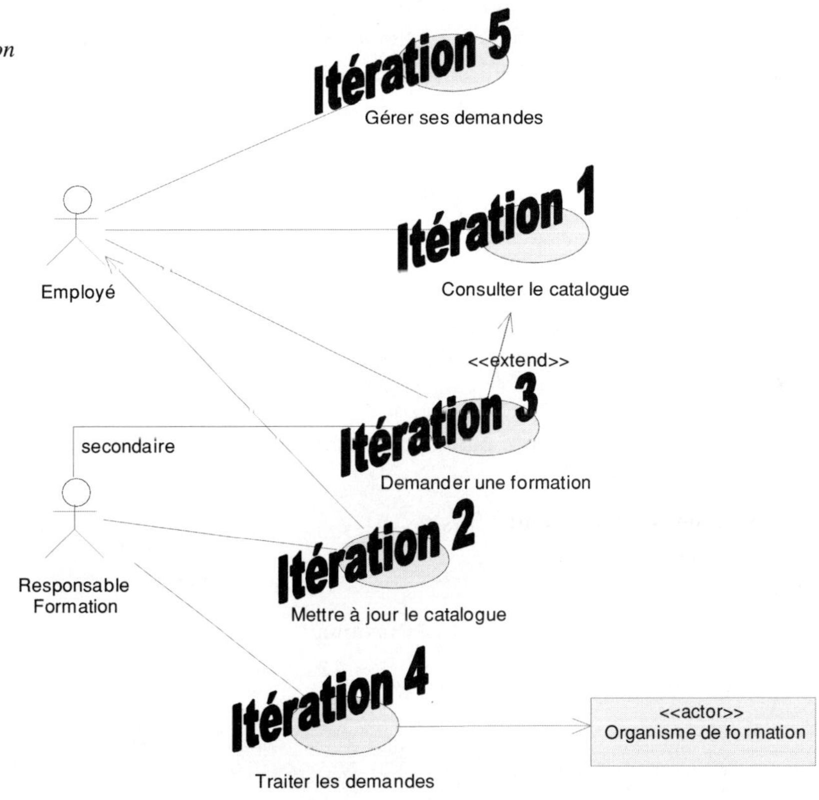

Figure 7-34.
Proposition de répartition des cas d'utilisation en itérations

Il est à noter que le service plus technique d'authentification de l'employé ou du responsable formation sur l'intranet peut être réalisé parallèlement aux cas d'utilisation fonctionnels.

Étape 6 – Définition de l'architecture système

Les systèmes informatiques modernes sont organisés en couches horizontales, elles-mêmes découpées en partitions verticales. Cette découpe est d'abord logique, puis éventuellement physique en termes de machines.

Le problème général de l'architecture des systèmes informatiques n'est pas le sujet de ce livre. Néanmoins, nous profiterons de cette quatrième partie pour faire passer quelques idées fondamentales sur les architectures en couches dites « n-tiers », ainsi que sur les diagrammes UML qui sont utiles pour cette activité.

À retenir

ARCHITECTURE EN TROIS NIVEAUX

L'architecture à trois niveaux, devenue maintenant classique, était bien, au départ, une division logique, mais elle fut interprétée à tort comme pouvant impliquer des nœuds d'exécution physiquement séparés.

Le principal objectif de cette séparation en trois couches (3-tiers) est d'isoler la logique métier des classes de présentation (IHM), ainsi que d'interdire un accès direct aux données stockées par ces classes de présentation. Le souci premier est de répondre au critère d'évolutivité : pouvoir modifier l'interface de l'application sans devoir modifier les règles métier, et pouvoir changer de mécanisme de stockage sans avoir à retoucher l'interface, ni les règles métier.

En voici l'illustration, basée sur l'étude de cas du chapitre 2 : la caisse enregistreuse de supermarché.

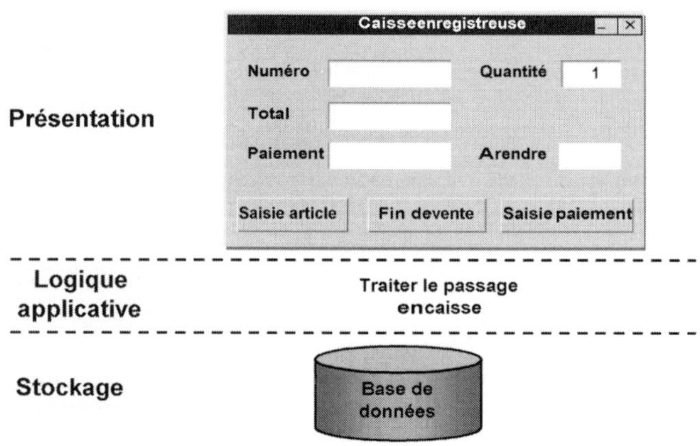

Figure 7-35.
Architecture en trois couches de la caisse enregistreuse

On ne considère plus aujourd'hui que cette décomposition en trois couches est suffisante si l'on a des objectifs importants de modularité et de réutilisation. En effet, elle conduit les objets graphiques de présentation à connaître le détail de la couche logique, ce qui nuit à leur maintenabilité et à leur réutilisabilité.

Pour améliorer cet état de fait, l'idée consiste à introduire un objet artificiel, souvent appelé « contrôleur »[5], entre les objets graphiques et les objets métier. C'est l'objet de conception *contrôleur* qui connaît maintenant l'interface des objets de la couche métier et qui joue le rôle de « façade » vis-à-vis de la couche présentation, comme cela est illustré sur la figure suivante.

Figure 7-36.
Diagramme illustrant l'ajout de l'objet contrôleur

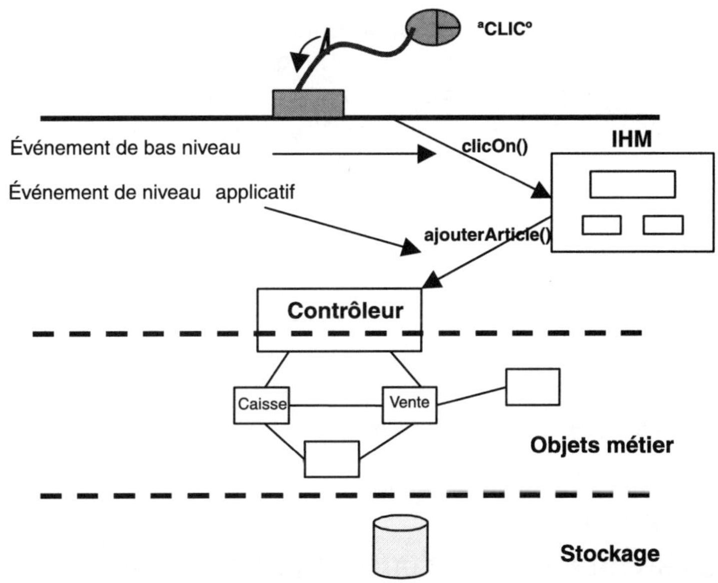

Tous ces nouveaux objets contrôleurs, introduits en conception, vont être rassemblés dans une nouvelle couche appelée « logique applicative », qui concourt à réaliser les cas d'utilisation du système, et à isoler la couche présentation des objets métier, souvent persistants et très réutilisables.

L'architecture en trois couches peut ainsi être complétée avec deux couches supplémentaires qui représentent pour la première ces objets contrôleurs

5. Il s'agit du deuxième GRASP Pattern proposé par Larman dans [Larman 02]. Le nom de contrôleur fait également référence au pattern bien connu MVC (Model – View – Controller), ainsi qu'aux classes « control » de Jacobson, dont nous parlons plus loin dans ce chapitre.

découplant la présentation du métier et pour la seconde des services techniques généraux tels que l'accès aux bases de données, la génération de rapports, etc.

Nous allons utiliser ces principes d'architecture multicouches dans la suite du chapitre dans le cadre du système de gestion des demandes de formation.

À retenir

PACKAGES, COUCHES ET PARTITIONS

En UML, le seul mécanisme de regroupement de classes disponible est le package. Par conséquent, les couches horizontales et les partitions verticales se traduisent également par des packages.

Ainsi, une architecture en couches se décrit par un diagramme statique qui ne montre que des packages et leurs dépendances. UML 2.0 a reconnu l'importance de ce type de diagramme de haut-niveau en officialisant le diagramme de packages comme un type de diagramme UML à part entière. Vous pouvez utiliser le stéréotype prédéfini « `layer` » pour distinguer les packages qui représentent les couches.

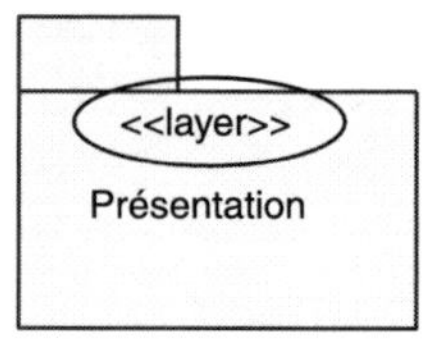

Figure 7-37.
Représentation UML d'une couche logicielle

EXERCICE 7-17.
Architecture en couches préliminaire

Proposez un diagramme d'architecture préliminaire du projet sur la base des recommandations précédentes.

Élaborez un diagramme de packages d'architecture.

Solution

Nous décrivons donc un package stéréotypé « `layer` » par couche logicielle. À l'intérieur de chaque couche, nous donnons une structure préliminaire en partitions.

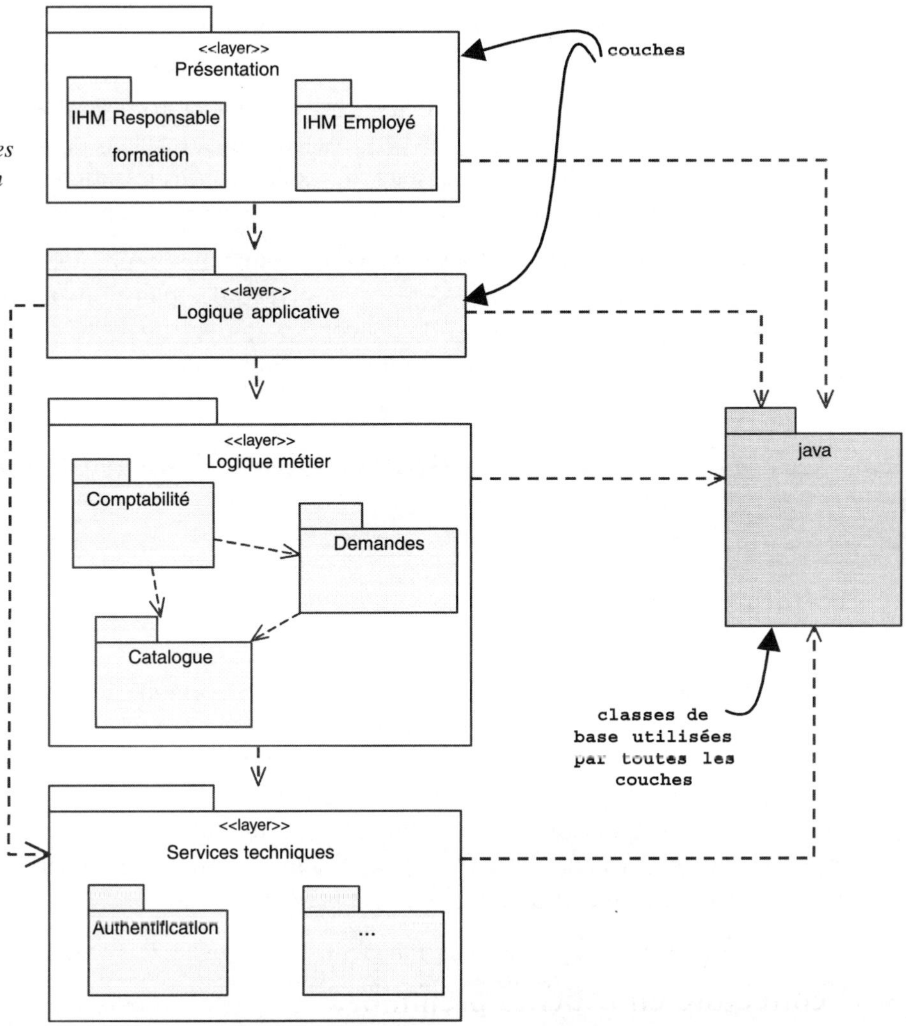

Figure 7-38. *Architecture en couches du système de gestion des demandes de formation*

La couche métier comprend *a priori* les trois packages identifiés à l'étape 3 : *Comptabilité*, *Demandes* et *Catalogue.* Cette découpe pourra être affinée par la suite dans notre étude ; il ne s'agit que d'une structuration préliminaire.

La couche applicative n'est pas détaillée sur le schéma. Elle peut être structurée soit à l'identique de la couche métier, soit au contraire d'un point de vue fonctionnel en calquant les packages de cas d'utilisation.

La couche présentation regroupe plutôt les classes graphiques des interfaces respectives du responsable et de l'employé.

La couche des services techniques comprend au moins un package pour gérer le service technique d'authentification, identifié dès l'étape 1.

Enfin, il ne faut pas oublier les classes de base Java fournies par le JDK et qui sont utilisées par toutes les couches. La couche présentation par exemple va utiliser les classes graphiques. La couche des services techniques quant à elle va en particulier utiliser les classes JDBC d'accès aux bases de données relationnelles. Toutes les couches vont se servir des classes de base telles que les conteneurs, les dates, etc.

Il faut toutefois bien considérer que cette architecture préliminaire pourra être affinée ou modifiée (principalement au niveau des partitions à l'intérieur de chaque couche) par le travail de conception qui va suivre. N'oubliez pas que le processus d'analyse/ conception est fondamentalement itératif.

Étape 7 – Définition des opérations système (itération #1 et #2)

EXERCICE 7-18. Opérations système

Les deux premières itérations correspondent aux cas d'utilisation *Consulter le catalogue* et *Mettre à jour le catalogue*. Les concernant, on a procédé à une description de haut niveau à l'étape 1 (exercice 7-3). Nous les citons pour mémoire :
« Le responsable formation peut introduire une nouvelle formation dans le catalogue, modifier une formation existante ou supprimer une formation supprimée par un organisme. Il peut également modifier les regroupements de formations appelés thèmes. Il a aussi la possibilité de mettre à jour les dates et lieux des sessions.

Pour demander une formation et pour maintenir le catalogue, le système doit proposer une fonctionnalité de base de consultation du catalogue.

Listez les opérations système pour le cas d'utilisation METTRE À JOUR LE CATALOGUE.

Solution

Les opérations système pour le cas d'utilisation *Mettre à jour le catalogue* se déduisent facilement de sa description de haut niveau. Il faut néanmoins penser à la création et à la maintenance des organismes de formation, ce qui n'apparaît pas clairement dans le texte.

Les opérations système sont rassemblées sur le schéma suivant, où une classe symbolise le système vu comme une boîte noire, avec ses opérations.

Figure 7-39.
Opérations système pour le cas d'utilisation Mettre à jour le catalogue

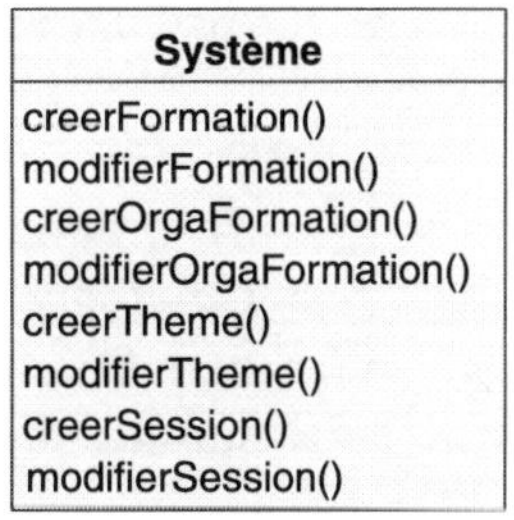

Pour simplifier, nous avons considéré que l'action de modification inclut toujours la suppression et nous avons omis les opérations de consultation.

EXERCICE 7-19.
Contrat d'opération système

Nous avons identifié les opérations système à l'étape précédente. Mais comment pouvons-nous spécifier le résultat de l'exécution d'une opération système ?

À retenir

CONTRAT D'OPÉRATIONS

Larman a proposé dans [Larman 02] d'établir un « contrat » pour chaque opération système.

Un contrat d'opération décrit les changements d'état du système quand une opération système est effectuée. Ces modifications sont exprimées en termes de « post-conditions » qui détaillent le nouvel état du système après l'exécution de l'opération.

Les principales post-conditions concernent la création (ou la destruction) d'objets et de liens issus du modèle statique d'analyse, ainsi que la modification de valeurs d'attributs. Les contrats d'opérations permettent ainsi de faire le lien entre le point de vue fonctionnel/dynamique des cas d'utilisation et le point de vue statique d'analyse.

Un plan type de description textuelle de contrat d'opération est donné ci-après :

- nom
- responsabilités
- références
- pré-conditions
- post-conditions
- exceptions (optionnel)
- notes (optionnel)

Rédigez le contrat de l'opération système CREERFORMATION.

Solution

En premier lieu, nous allons extraire du diagramme de classes du package *Catalogue de formations* (voir figure 7-27) la partie concernée par notre question. En effet, les opérations système *creerFormation* et *creerTheme* vont agir sur des objets et des liens provenant du diagramme suivant :

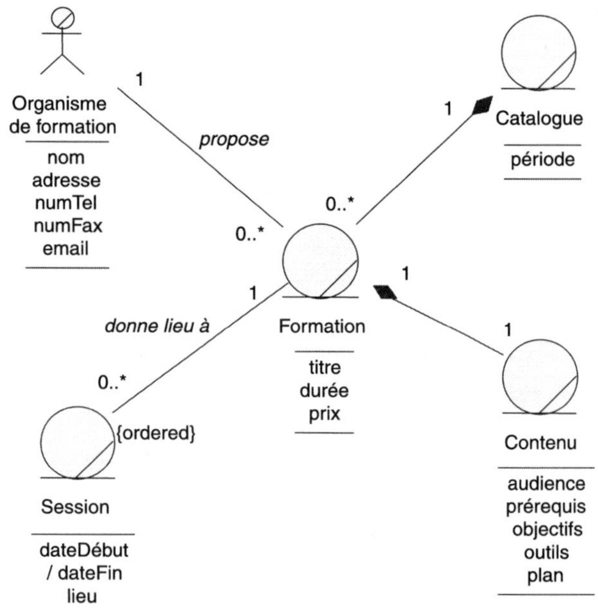

Figure 7-40.
Diagramme de classes du package Catalogue de formations

Cependant, faisait défaut la notion de thème dans notre modèle métier. Ce concept de thème est purement applicatif : il facilite le travail de l'employé lors d'une demande de formation en lui permettant de rester volontairement imprécis et de ne pas choisir une formation particulière, mais plutôt un ensemble de formations sur un sujet donné.

Nous supposerons que les thèmes structurent le catalogue, mais qu'ils ne le partitionnent pas : une formation appartient à au moins un thème. La figure suivante montre les modifications apportées par l'introduction du concept de thème.

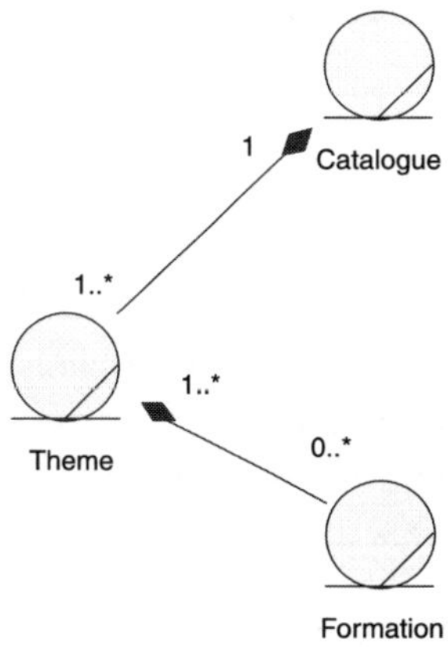

Figure 7-41.
Introduction du concept de thème

Nous pouvons maintenant décrire le contrat de l'opération *creerFormation* :

- Nom
  creerFormation.
- Responsabilités
  Créer une nouvelle formation d'après la description fournie par l'organisme de formation concerné et la classer dans au moins un des thèmes existants.
- Références
  Cas d'utilisation *Mettre à jour le catalogue.*
- Pré-conditions
  - le catalogue de formations existe ;
  - il y a au moins un thème dans le catalogue ;
  - l'organisme fournisseur de la formation existe déjà dans le catalogue ;
  - le responsable est connecté sur l'intranet.
- Post-conditions
  - une formation f a été créée avec ses attributs ;
  - un objet contenu c a été créé avec ses attributs ;
  - c a été lié à f ;
  - f a été liée à l'organisme fournisseur ;
  - d'éventuels objets sessions ont été créés avec leurs attributs ;
  - ces objets sessions ont été liés avec f ;
  - f a été liée à au moins un thème.

Étape 8 – Diagrammes de communication (itération #1)

Les contrats d'opérations constituent le dernier livrable en matière d'analyse. En effet, s'ils décrivent ce que fait une opération en termes de changements d'état, ils ne doivent pas encore décrire comment elle y procède.

C'est justement le travail du concepteur de choisir comment les objets logiciels vont interagir entre eux pour réaliser telle ou telle opération. Jacobson[6] a proposé le premier (encore lui !) des stéréotypes de classes pour décrire la réalisation d'un cas d'utilisation. Nous allons nous inspirer de ses travaux pour remplacer le système vu comme une boîte noire (du point de vue de l'analyse) par des objets logiciels (du point de vue de la conception), comme cela est illustré par les diagrammes de séquence présentés ci-après.

Figure 7-42.
Passage de l'analyse à la conception

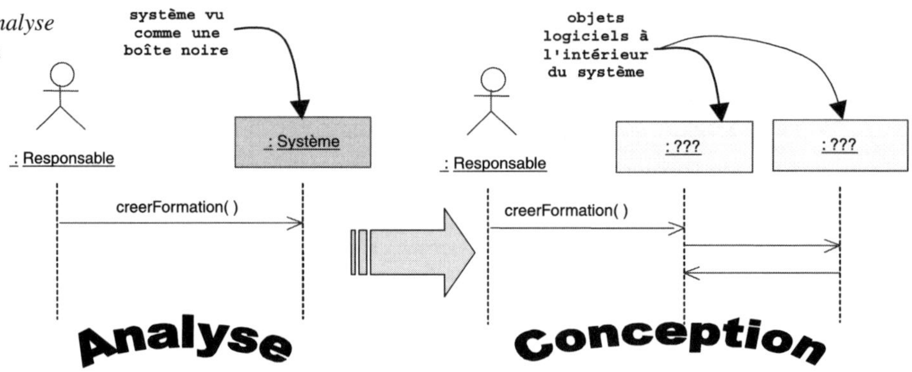

> **À retenir** STÉRÉOTYPES DE JACOBSON
>
> À l'intérieur du système, Jacobson distingue les trois stéréotypes suivants :
>
> - <<boundary>> : classes qui servent à modéliser les interactions entre le système et ses acteurs ;
> - <<control>> : classes utilisées pour représenter la coordination, l'enchaînement et le contrôle d'autres objets – elles sont en général reliées à un cas d'utilisation particulier ;
> - <<entity>> : classes qui servent à modéliser des informations durables et souvent persistantes

6. Voir en particulier *The Unified Software Development Process*, I. Jacobson *et al.*, 1999, Addison Wesley, p. 44.

Nous utiliserons ces trois stéréotypes (avec leurs symboles graphiques associés, dans les diagrammes de séquence) pour montrer graphiquement comment un message émis par un acteur traverse les couches présentation, application et métier[7].

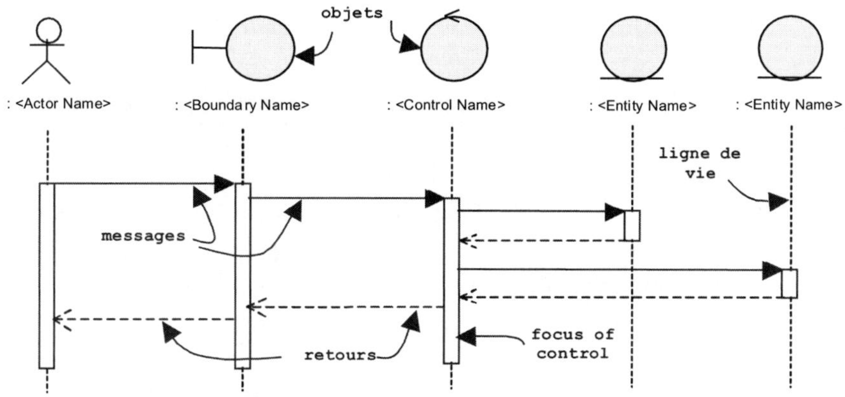

Figure 7-43.
Illustration des trois stéréotypes de Jacobson sur un diagramme de séquence

Notez la représentation des « focus of control » – bandes blanches qui représentent les périodes d'activité sur les lignes de vie des objets –, ainsi que les flèches en pointillé de retour d'invocation d'une opération.

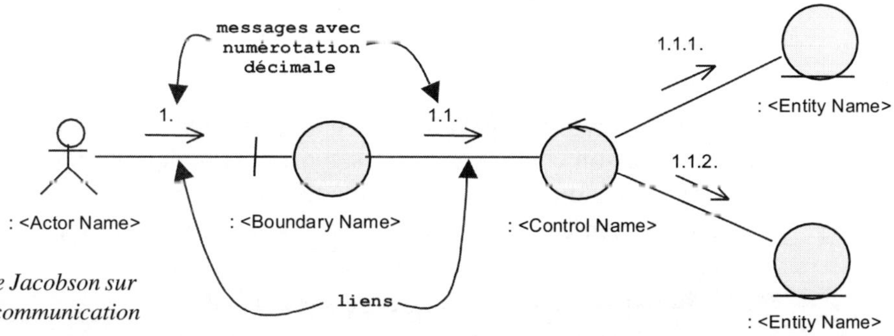

Figure 7-44.
Illustration des trois stéréotypes de Jacobson sur un diagramme de communication

Notez la numérotation décimale qui permet de montrer l'imbrication des messages, d'une façon comparable à la représentation des « focus of control » sur le diagramme précédent.

7. Même si Jacobson (et le RUP de Rational) présente ses stéréotypes comme des types de classes d'analyse, nos préférons parler pour notre part de conception préliminaire. Nous détaillerons ensuite cette conception logique en fonction de la plate-forme de développement choisie (J2EE, .NET, etc.) et remplacerons par exemple les « boundary » par des JSP (J2EE) ou des ASP (.Net), etc.

EXERCICE 7-20.
Diagrammes d'interaction de conception

Réalisez un diagramme de séquence ou un diagramme de communication qui montre la réalisation de l'opération système *creerFormation.*

Réalisez un diagramme d'interactions pour CREERFORMATION.

Solution

Que devons-nous faire ? Pour le savoir, il nous faut reprendre toutes les post-conditions répertoriées lors de l'étape précédente :

- une formation f a été créée avec ses attributs ;
- un objet contenu c a été créé avec ses attributs ;
- c a été lié à f ;
- f a été liée à l'organisme fournisseur ;
- d'éventuels objets sessions ont été créés avec leurs attributs ;
- ces objets sessions ont été liés avec f ;
- f a été liée à au moins un thème.

N'oubliez pas que les post-conditions ne représentent que le nouvel état du système à la fin de l'exécution de l'opération système. Elles ne sont absolument pas ordonnées : c'est le rôle du concepteur de choisir maintenant quel objet doit réaliser chaque action, et dans quel ordre.

La post-condition fondamentale concerne bien la création de l'objet formation, avec son contenu et ses sessions, puis la définition de ses liens avec les autres objets du catalogue tels que les thèmes et les organismes. Il est raisonnable de penser que la création de l'objet formation f va se faire en quatre étapes :

1. initialisation de l'objet f et de ses attributs ;
2. création de son contenu ;
3. création des sessions ;
4. validation de f.

Voyons par le détail une solution possible pour la première étape, mettant en jeu deux objets <<`boundary` », un « `control` » et un <<`entity`>>.

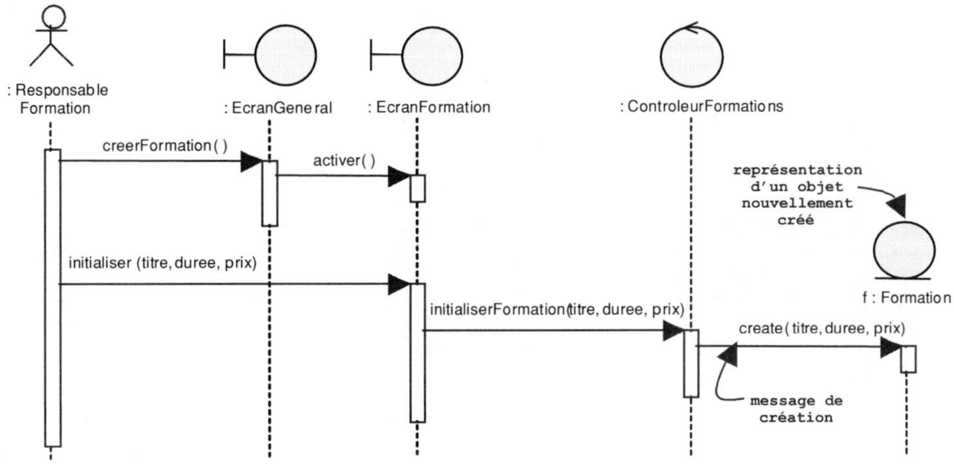

Figure 7-45.
Diagramme de séquence de l'initialisation de f

Le même scénario peut se représenter par un diagramme de communication, comme ceci :

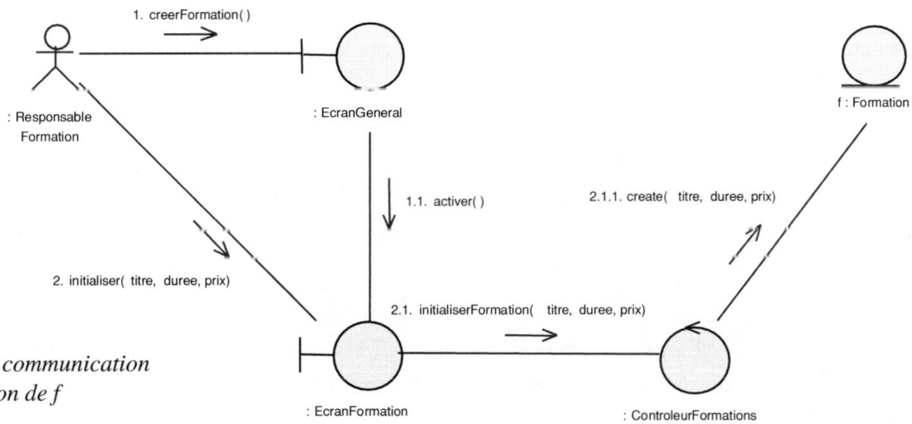

Figure 7-46.
Diagramme de communication de l'initialisation de f

Poursuivons par la création du contenu. Le diagramme de séquence complété devient alors :

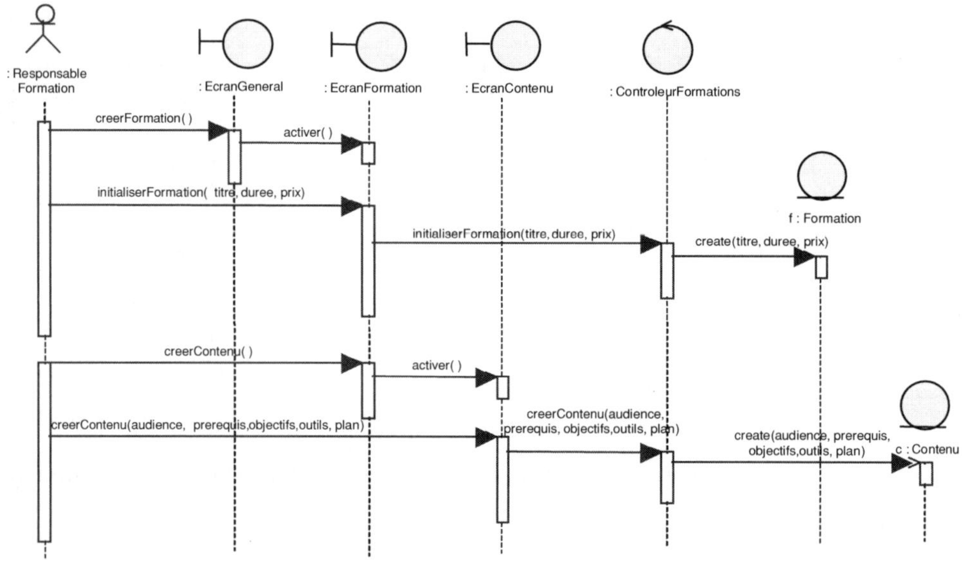

Figure 7-47.
Diagramme de séquence de l'initialisation de f et de la création de son contenu

On notera que le diagramme de séquence devient de moins en moins lisible au fur et à mesure que nous ajoutons des objets… C'est pour cette raison simple que le diagramme de communication est indispensable en conception : il nous permet de disposer nos objets dans les deux dimensions afin d'améliorer la lisibilité du schéma.

Le diagramme de communication qui correspond au diagramme de séquence précédent est donné sur la figure suivante, à titre de comparaison. Pour la suite, nous utiliserons exclusivement le diagramme de communication.

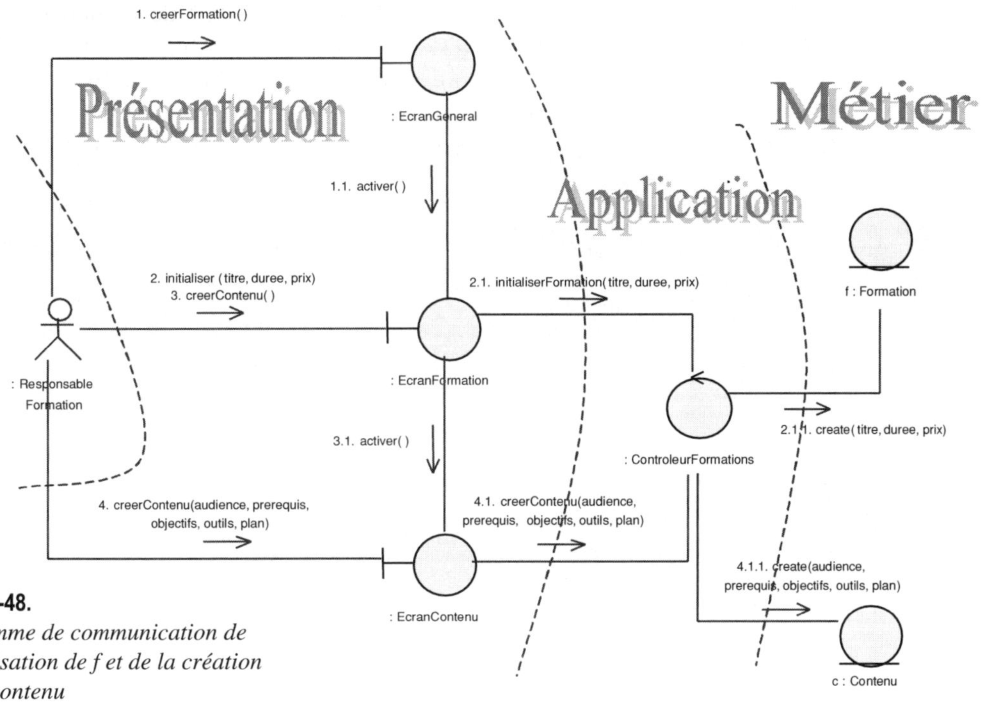

Figure 7-48.
Diagramme de communication de l'initialisation de f et de la création de son contenu

On notera que le diagramme de *communication* présenté ci-dessus permet de bien différencier visuellement les couches d'objets.

Poursuivons maintenant par la création des sessions.

À retenir

MULTI-OBJET

Pour indiquer que la formation f sera liée à une collection de sessions, nous utilisons un *multi-objet*. Le *multi-objet* est une construction UML qui représente en un seul symbole plusieurs objets de la même classe. Cela permet de ne pas ajouter trop tôt de classes de conception détaillée liées au langage de programmation (comme Vector de la STL C++ ou *ArrayList* en Java, etc.). Un multi-objet peut également représenter l'abstraction entière d'une connexion à une base de données.

Nous avions d'ailleurs oublié dans le diagramme 7-47 de créer cette collection vide de sessions lors de la création de f. Il suffit ensuite après la création de chaque session de l'ajouter à la collection. Nous utilisons pour cela une opération générique *add()* : voir figure 7-49.

Le diagramme de *communication* présente un autre avantage sur le diagramme de séquence : il permet de représenter les relations structurelles entre les objets. Nous avons par exemple fait figurer les liens de composition autour de l'objet formation f, pour mieux préparer la traçabilité avec notre futur diagramme de classes de conception.

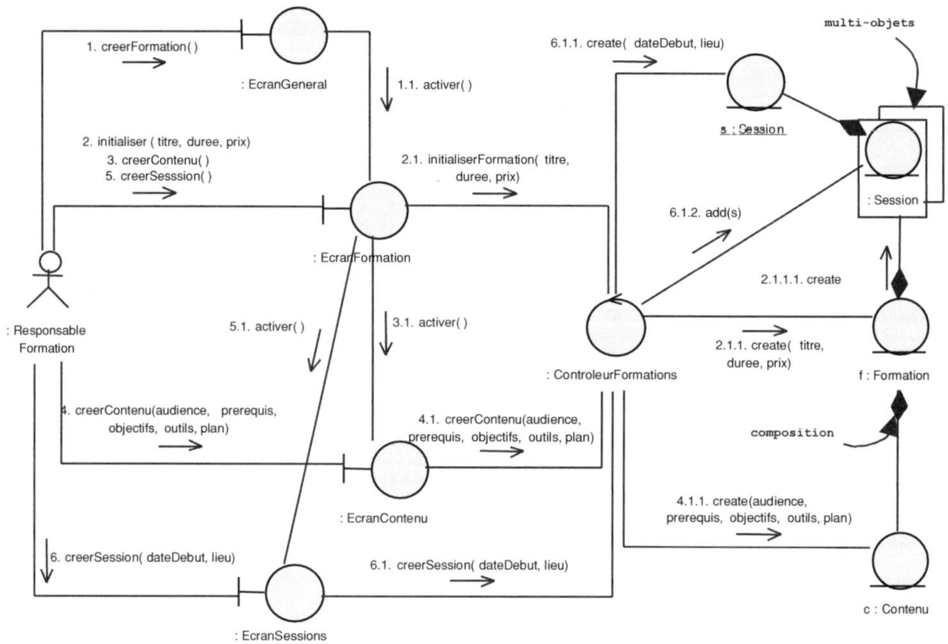

Figure 7-49.
Diagramme de communication de l'initialisation de f, de la création de son contenu et d'une session

Il ne nous reste plus qu'à lier la formation f à un thème existant et à valider la création. En comparant le travail réalisé aux post-conditions qui étaient souhaitées au début de la réponse, on peut constater que la suivante n'a pas été prise en compte : « f a été liée à l'organisme fournisseur ». Nous l'ajoutons simplement aux responsabilités du contrôleur, lors de la création de la formation.

Le diagramme de communication complet de l'opération système *creerFormation* se trouve sur la figure suivante. Remarquez la quantité d'information, assez considérable, qui arrive à être représentée de façon encore à peu près lisible sur une seule page. Néanmoins, nous atteignons déjà les limites du diagramme de communication (et nous avons dépassé depuis longtemps celles du diagramme de séquence !).

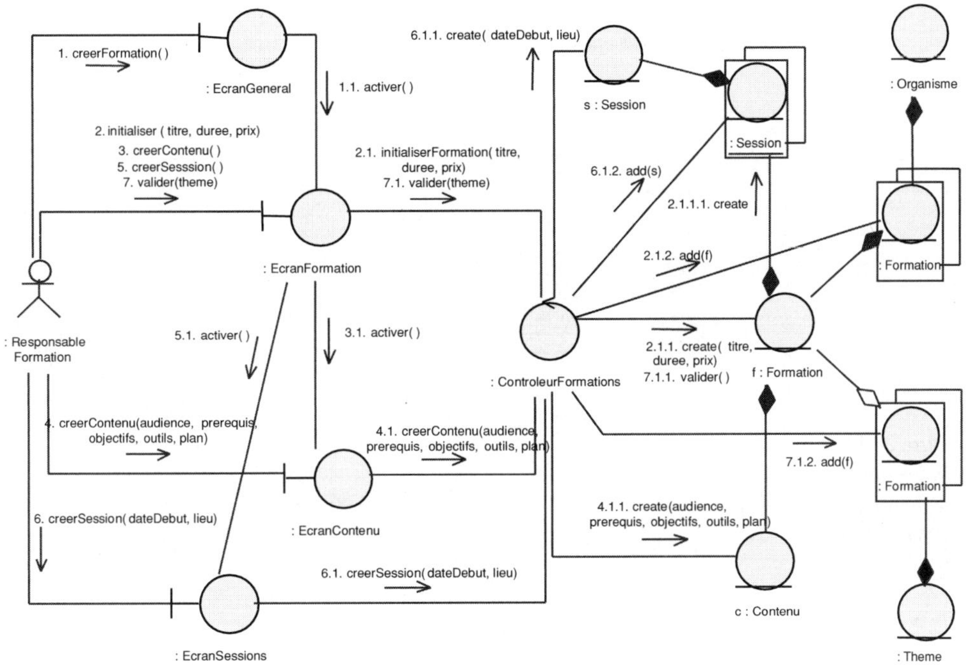

Figure 7-50.
Diagramme de communication complet de l'opération système creerFormation

Une idée intéressante pour améliorer la lisibilité du diagramme consiste à le découper en deux en prenant l'objet contrôleur comme charnière :

- une première partie afin de spécifier la cinématique de l'interface homme-machine avec les acteurs, les objets `<<boundary>>` et l'objet `<<control>>` ;
- une seconde partie afin de spécifier la dynamique des couches applicatives et métier avec l'objet `<<control>>` et les objets `<<entity>>`.

Les diagrammes de communication partiels ainsi obtenus sont montrés sur les deux figures qui suivent.

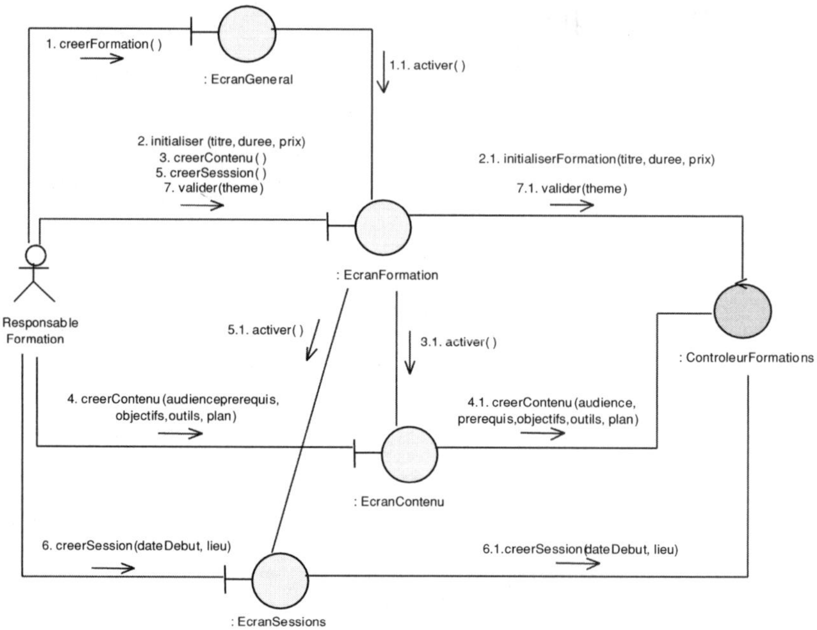

Figure 7-51.
Diagramme de communication partiel de l'opération système creerFormation *: couche présentation et lien avec la couche applicative*

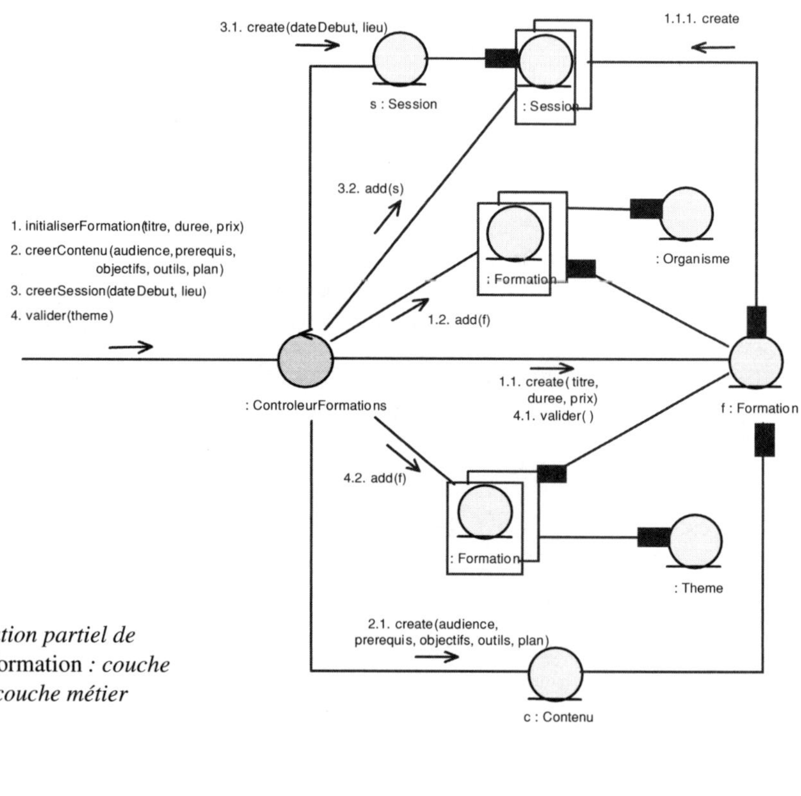

Figure 7-52.
Diagramme de communication partiel de l'opération système creerFormation *: couche applicative et lien avec la couche métier*

Étape 9 – Diagrammes de classes de conception (itérations #1 et #2)

Chaque opération système va donner lieu à une étude dynamique sous la forme d'un diagramme de communication, comme cela a été le cas pour l'opération *creerFormation* lors de l'exercice précédent.

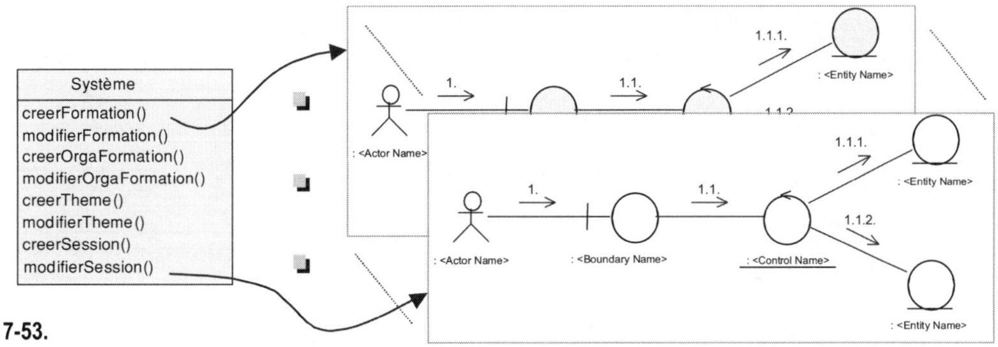

Figure 7-53.
Démarche de conception initialisée par les opérations système

Les diagrammes de communication ainsi réalisés vont permettre d'élaborer des diagrammes de classes de conception, et ce en ajoutant principalement les informations suivantes aux classes issues du modèle d'analyse :

- les opérations : un message ne peut être reçu par un objet que si sa classe a déclaré l'opération publique correspondante ;

Figure 7-54.
Rapport entre message et opération

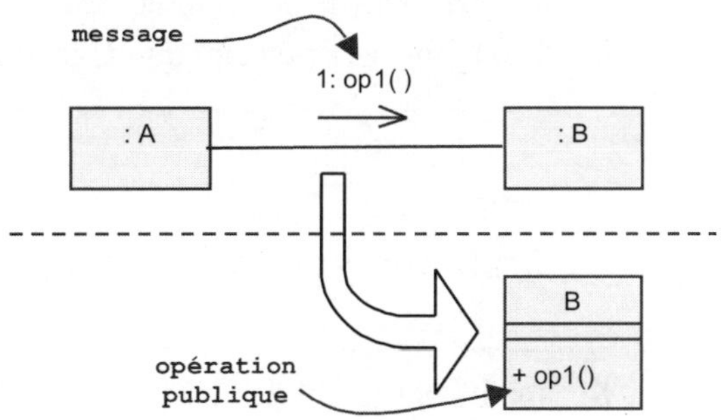

- la navigabilité des associations ou les dépendances entre classes, suivant que les liens entre objets sont durables ou temporaires, et en fonction du sens de circulation des messages.

À retenir

LIENS DURABLES OU TEMPORAIRES

Un lien durable entre objets va donner lieu à une association navigable entre les classes correspondantes ; un lien temporaire (par paramètre : « `parameter` », ou variable locale : « `local` ») va donner lieu à une relation de dépendance.

Sur l'exemple présenté ci-après, le lien entre l'objet :A et l'objet :B devient une association navigable entre les classes correspondantes. Le fait que l'objet :A reçoive en paramètre d'un message une référence sur un objet de la classe C induit une dépendance entre les classes concernées.

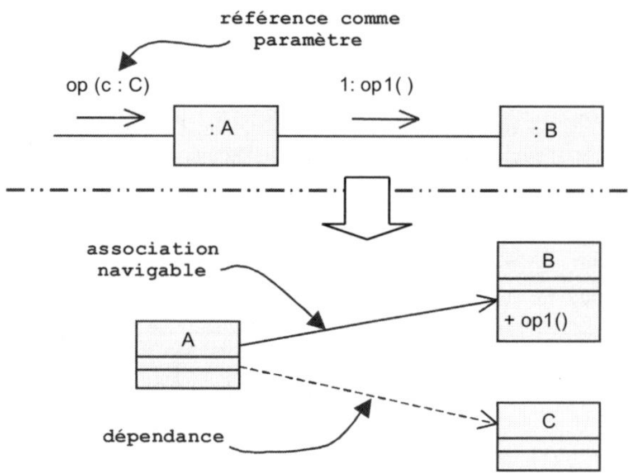

Figure 7-55.
Rapport entre les liens entre objets et les relations entre classes

Notez enfin que nous recommandons de ne pas ajouter les classes qui correspondent aux multi-objets dans le diagramme de classes de conception de façon à rester le plus longtemps possible indépendant du langage de programmation cible.

EXERCICE 7-21.
Diagramme de classes de conception

En appliquant les règles énoncées plus haut, Réalisez un fragment de diagramme de classes de conception à partir du diagramme de communication partiel 7-52 (*creerFormation*).

Commencez un diagramme de classes de conception pour CREERFORMATION.

Solution

Le diagramme de communication 7-52 nous permet tout d'abord d'ajouter les opérations dans les classes comme cela est montré sur le schéma suivant.

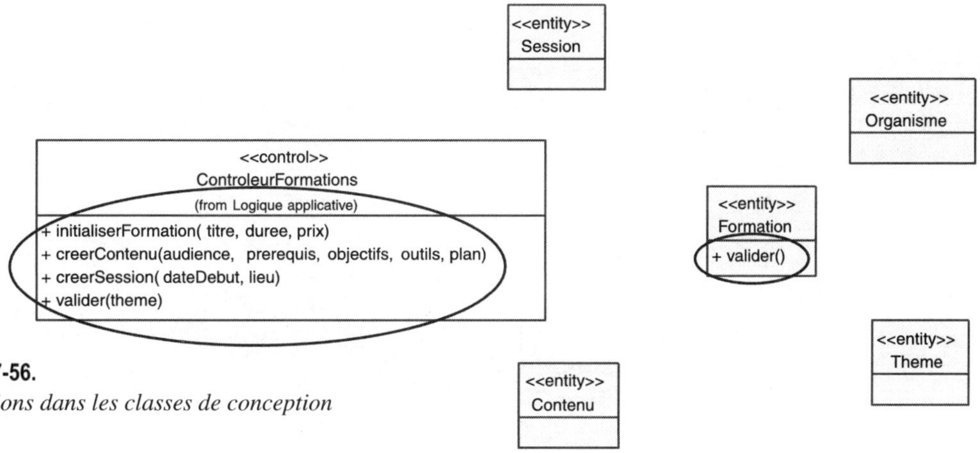

Figure 7-56.
Opérations dans les classes de conception

On notera qu'il y a bien peu d'opérations puisque nous ne faisons pas apparaître :

- Les opérations de création (message `create`),
- Les opérations génériques sur les classes conteneurs (*add*(), etc.).

Néanmoins, on peut remarquer un premier problème : comment l'objet *controleurFormations* peut-il ajouter la nouvelle formation f au multi-objets de l'organisme correspondant sans posséder une référence sur cet organisme ?

Figure 7-57.
Diagramme de communication restreint au premier message de l'opération système creerFormation

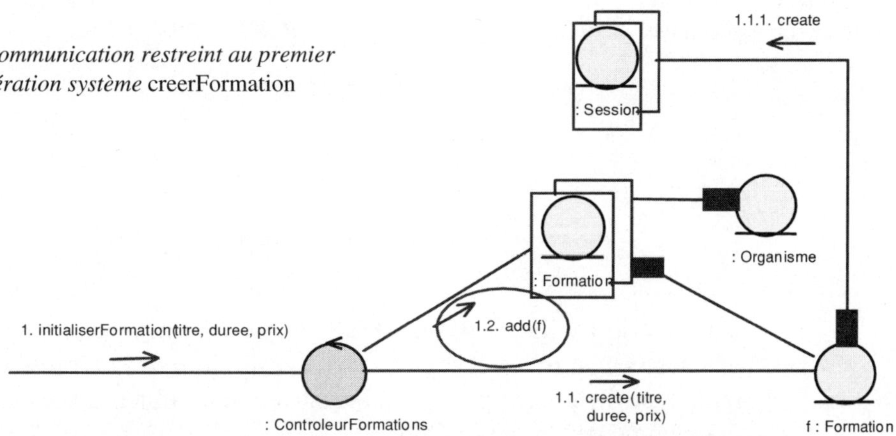

Cela signifie que nous devons ajouter un paramètre à l'opération *initialiserFormation* : une référence vers un organisme existant.

Si nous utilisons également les stéréotypes pour indiquer les liens temporaires entre objets, le diagramme de communication précédent est modifié comme suit :

Figure 7-58.
Diagramme de communication complété

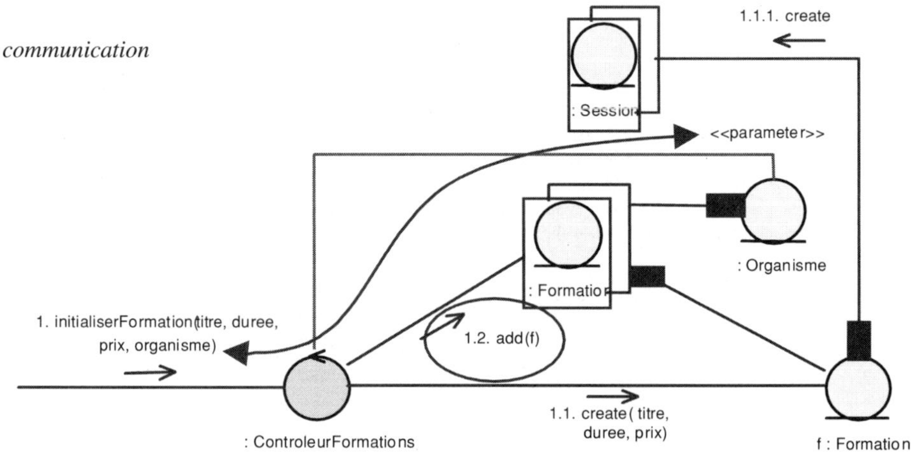

Nous allons maintenant compléter le diagramme de classes en ajoutant les relations entre classes : association (avec ses variantes : agrégation ou composition) et dépendance. Le travail est facilité en ceci que nous avions déjà indiqué les liens de composition et d'agrégation sur le diagramme de communication.

Figure 7-59.
Diagramme de classes réalisé d'après le diagramme de communication précédent

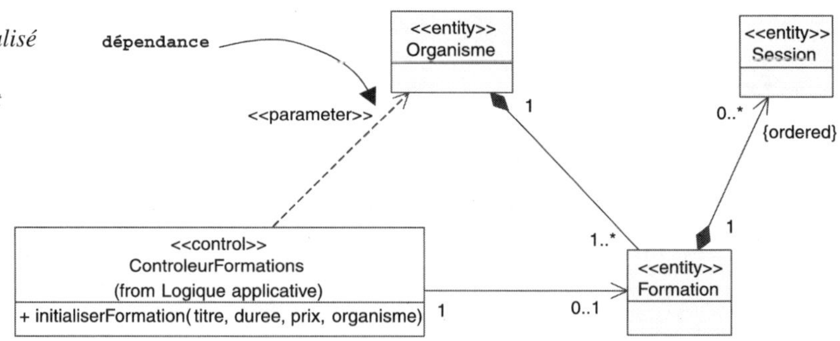

On notera l'utilisation du stéréotype prédéfini « `parameter` » sur la dépendance entre les classes *ControleurFormations* et *Organisme*, pour refléter le type de lien temporaire qui existe entre les objets correspondants dans le diagramme de communication.

Si nous appliquons maintenant la même démarche sur l'ensemble du diagramme 7-52, nous obtenons le diagramme de classes de conception ci-après. Il faut noter que nous avons fait figurer les attributs dans les classes, mais pas les paramètres des opérations (pour simplifier le schéma).

Figure 7-60.
Diagramme de classes de conception complété

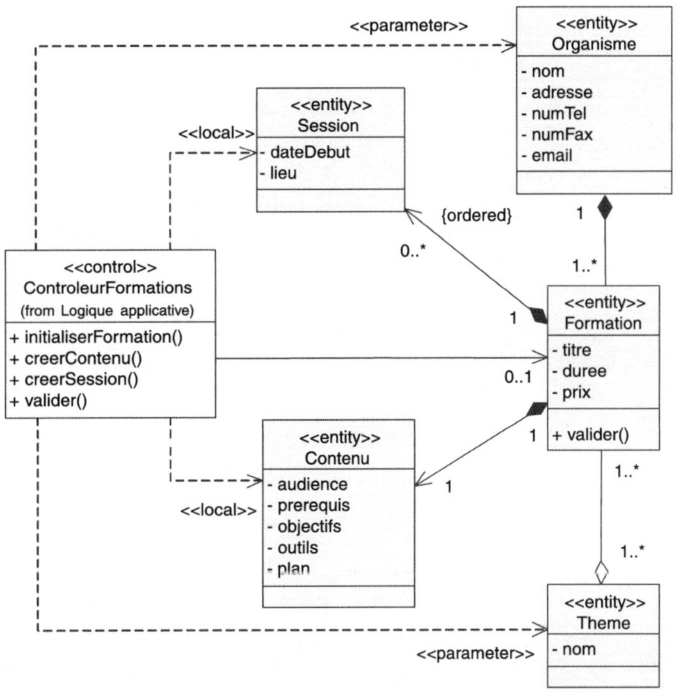

Bien sûr, ce diagramme est encore dans un état tout à fait provisoire :

- les choix de navigabilité des associations sont loin d'être définitifs – ils pourront être modifiés par l'étude des autres opérations système ;
- les dépendances se transformeront peut-être en associations si les objets requièrent un lien durable, et non un simple lien temporaire, dans le cadre d'autres opérations système.

EXERCICE 7-22.
Amélioration de la conception

À partir des diagrammes réalisés lors de la question précédente, proposez des améliorations à la conception objet qu'ils illustrent.

Améliorez les diagrammes de conception précédents.

Solution

Le diagramme de classes 7-60 présente une classe *ControleurFormations* couplée à toutes les autres classes ! Cette propriété est tout à fait contraire à un principe fondamental de la conception objet, appelé couramment « couplage faible».

À retenir

COUPLAGE FAIBLE

Le « couplage » représente une mesure de la quantité d'autres classes auxquelles une classe donnée est connectée , dont elle a connaissance, ou dont elle dépend.

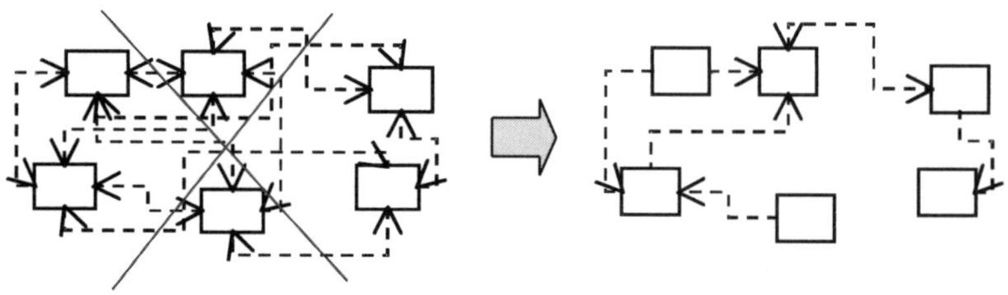

Figure 7-61.
Couplage entre classes

Conserver un couplage faible est un principe qu'il faut bien avoir à l'esprit pour toutes les décisions de conception ; c'est un objectif sous-jacent à évaluer d'une façon continue. En effet, en y pourvoyant, on obtient en général une application plus évolutive et plus facile à maintenir.

La notion d'objet « contrôleur » que nous avons détaillée précédemment (voir figure 7-36) est un bon exemple de moyen mis en œuvre pour minimiser le couplage entre les couches logicielles.

Essayons de voir s'il n'existe pas un moyen simple de réduire le couplage de la classe *ControleurFormations* sans augmenter pour autant celui des autres classes.

Reprenons le diagramme de communication 7-52. L'objet *ControleurFormations* est-il vraiment le mieux placé pour créer les objets *Contenu* et *Session* ? Ne pourrait-il pas plutôt déléguer cette responsabilité de création à l'objet *Formation* qui va de toute façon être ensuite lié d'une façon durable à son contenu et à ses sessions ? De cette manière, nous enlevons les deux dépendances entre *ControleurFormations* et *Contenu* et *Session*, sans en ajouter, puisque *Formation* est déjà couplée à *Contenu* et *Session* par des relations fortes de composition.

Le diagramme de communication peut donc être modifié comme le montre la figure suivante.

Figure 7-62.
Diagramme de communication amélioré de l'opération système creerFormation

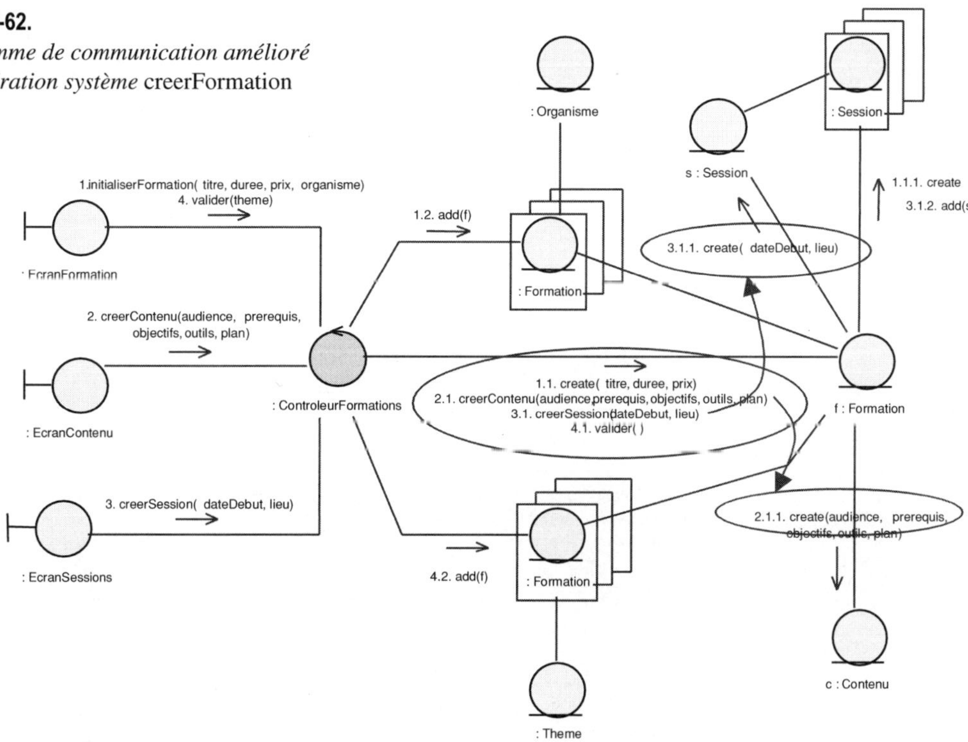

Le diagramme de classes de conception est ainsi allégé de deux dépendances, simplement parce que l'objet *ControleurFormations* a su déléguer une partie de ses responsabilités à l'objet *Formation*. En fait, cet exemple simple est tout à fait représentatif du travail itératif d'évaluation et d'amélioration que doit faire tout concepteur en matière de conception objet.

Pour terminer, nous allons compléter le diagramme de classes amélioré par les types des attributs, et procéder à la signature complète des opérations (paramètres avec leur type). Il faut bien noter que nous utilisons des types simples du langage Java (comme *int* et *short*), des classes de base Java (comme *String* et *Date*), des classes « primitives » utilisateur (comme *Numero* et *Email*), qu'il faudra définir précisément, et enfin des classes du modèle (comme *Theme* et *Organisme*).

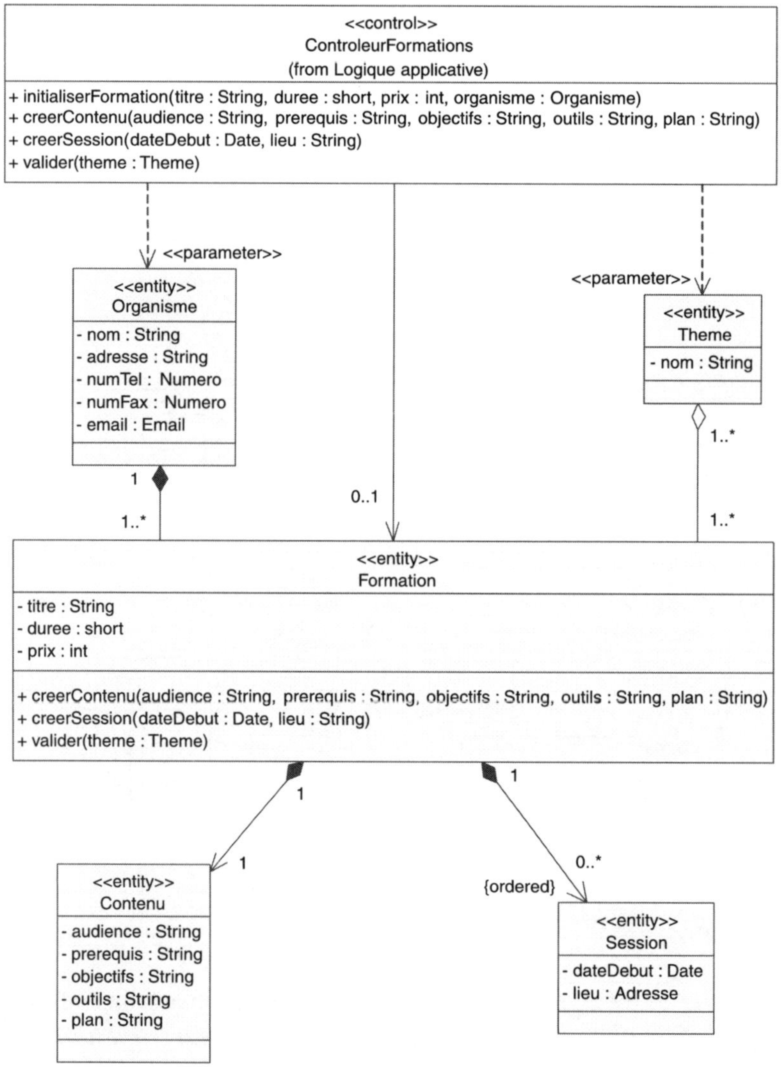

Figure 7-63.
Diagramme de classes de conception amélioré

Étape 10 – Définition des opérations système (itérations #3 et #4)

À ce stade, nous tenons pour acquis que les itérations 1 et 2 ont été réalisées avec succès. Les cas d'utilisation *Consulter le catalogue* et *Mettre à jour* ont été conçus, implémentés et testés. Le package métier *Catalogue de formations* a été affiné et enrichi en conséquence. Un état possible de son diagramme de classes de conception (ne montrant que les classes <<`entity`>>) est présenté sur la figure suivante.

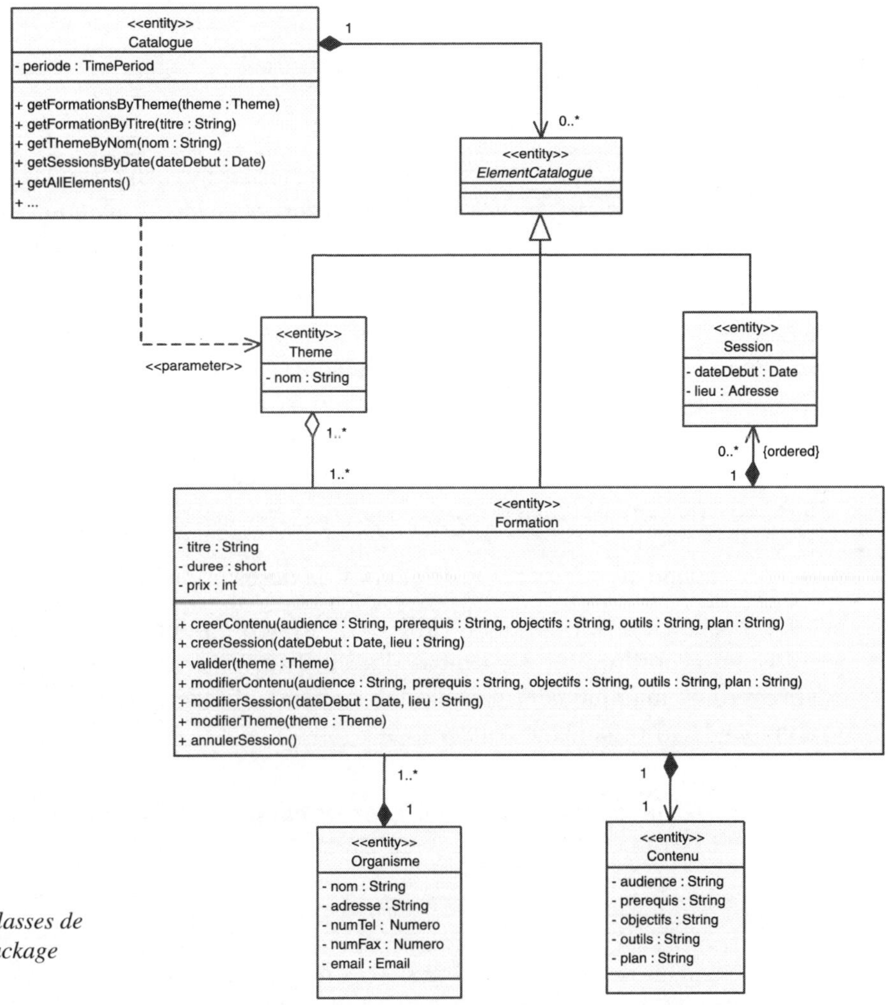

Figure 7-64.
Diagramme de classes de conception du package Catalogue

On notera que de nombreuses opérations ont été ajoutées, ainsi qu'une classe abstraite *ElementCatalogue* qui englobe les thèmes, les formations et les sessions, dans l'optique de la création d'une demande de formation par un employé à partir d'un élément quelconque du catalogue de formations.

Le stockage du catalogue dans une base de données relationnelle est opérationnel, ainsi que l'interface homme-machine des deux cas d'utilisation.

Le mécanisme d'authentification est également disponible dans une version qui va nous permettre de continuer notre travail.

EXERCICE 7-23. Opérations système

Nous allons maintenant concevoir et implémenter les troisième et quatrième itérations[8]. Commençons donc par le cas d'utilisation *Demander une formation*. Sa description de haut niveau a été réalisée à l'étape 1 (exercice 7-3). Nous la citons pour mémoire :

« L'employé peut consulter le catalogue, et sélectionner un thème, ou une formation, ou même une session particulière. La demande est automatiquement enregistrée par le système et transmise au responsable formation par e-mail. Si l'employé n'a pas choisi une session, mais simplement une formation ou un thème, le responsable formation va consulter le catalogue et sélectionner les sessions qui paraissent correspondre le mieux à la demande. Cette sélection sera transmise par e-mail à l'employé, qui pourra ainsi faire une nouvelle demande plus précise. »

Pour le second cas, *Traiter les demandes*, la description était la suivante :

« Le responsable formation va utiliser le système pour indiquer aux employés sa décision (accord ou refus). En cas d'accord sur une session précise, le système va envoyer automatiquement par fax une demande d'inscription sous forme de bon de commande à l'organisme concerné. »

Listez les opérations système pour les cas d'utilisation DEMANDER UNE FORMATION et TRAITER LES DEMANDES.

Solution

Nous allons tout d'abord réaliser un diagramme de séquence système du scénario nominal du cas d'utilisation *Demander une formation*.

8. Nous groupons les itérations par deux uniquement à des fins pédagogiques, afin que les différents modèles réalisés soient le plus intéressant possible.

Figure 7-65.
Diagramme de séquence système du scénario nominal

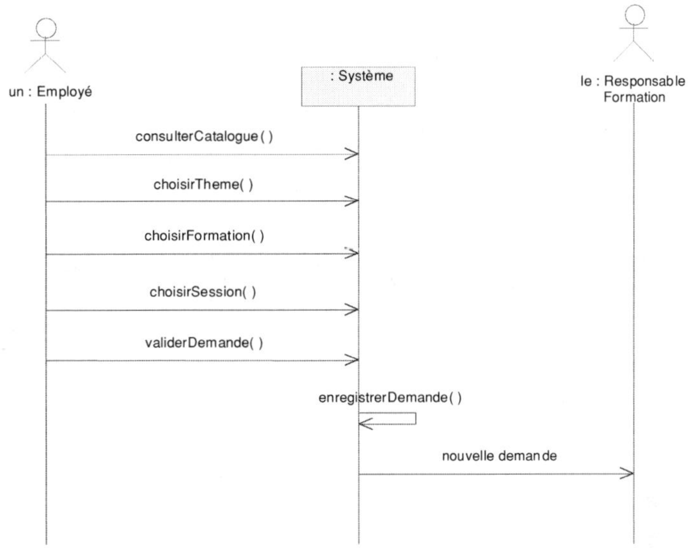

Il est aisé de trouver les autres opérations système pour le second cas :

- *accepterDemande*() par le responsable ;
- *refuserDemande*() par le responsable.

Les opérations système pour les cas d'utilisation *Demander une formation* et *Traiter les demandes* sont donc réunies sur le schéma suivant.

Figure 7-66.
Opérations système pour le cas d'utilisation Demander une formation

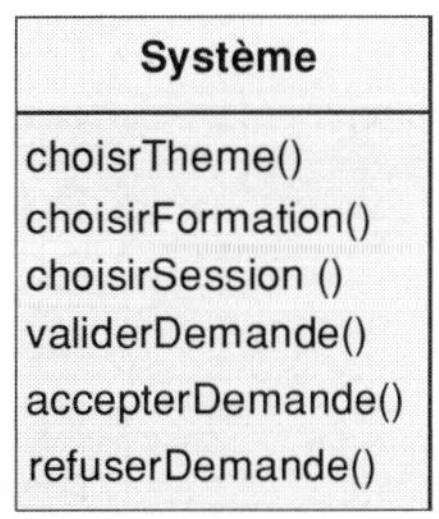

Étape 11 – Contrats d'opérations (itérations #3 et #4)

EXERCICE 7-24.
Contrats d'opérations système

Utilisez le plan type précédent de contrat d'opération système.

Rédigez les contrats de VALIDERDEMANDE et REFUSERDEMANDE.

Solution

En premier lieu, nous allons extraire du diagramme de classes du package *Demandes de formation* (voir figure 7-26) la partie concernée par notre question. En effet, les opérations système *validerDemande* et *refuserDemande* vont agir sur des objets et des liens émanant du diagramme ci-après.

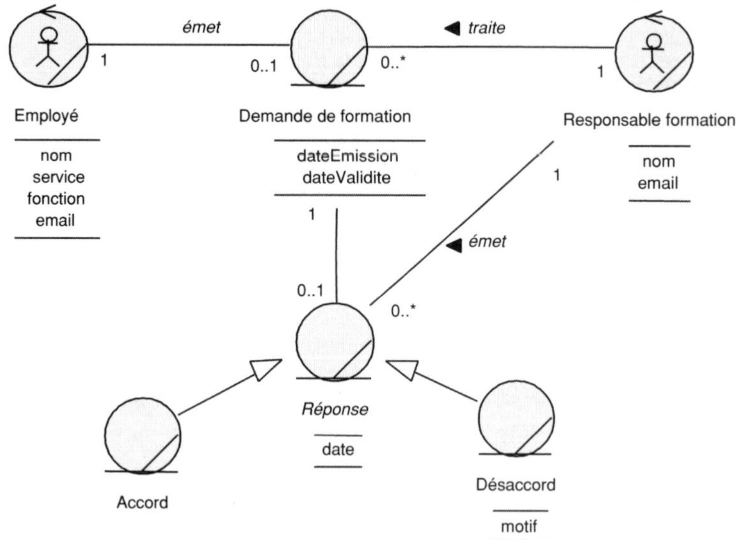

Figure 7-67. *Extrait du diagramme de classes déduit de la modélisation métier*

Établissons tout d'abord le contrat de l'opération *validerDemande* :

- Nom
  validerDemande.
- Responsabilités
  Créer une demande initiale d'après les éléments du catalogue et la transmettre au responsable formation pour instruction.
- Références
  Cas d'utilisation *Demander une formation*.
- Pré-conditions
  – le catalogue de formations existe ;
  – l'employé est connecté sur l'intranet ;
  – un objet e représentant l'employé existe dans l'application.
- Post-conditions
  – une demande de formation ddf a été créée ;
  – les attributs *dateValidite* et *dateEmission* de ddf ont été initialisés ;
  – ddf a été liée à l'employé e ;
  – ddf a été liée à un élément du catalogue de formation (c'est un aspect qui faisait défaut dans le diagramme de la modélisation métier) ;

– un e-mail contenant ddf a été transmis au responsable formation.

- Exceptions
  – L'employé peut annuler sa création de demande à tout moment avant de valider.

Poursuivons par le contrat de l'opération *refuserDemande* :

- Nom
  refuserDemande.
- Responsabilités
  Refuser une demande transmise par un employé et lui retourner le motif du refus.
- Références
  Cas d'utilisation *Traiter les demandes*.
- Pré-conditions
  – une demande de formation ddf existe ;
  – le responsable est connecté sur l'intranet ;
  – un objet e représentant l'employé existe dans l'application et est relié à ddf.
- Post-conditions
  – la demande de formation ddf a été détruite ;
  – un objet Désaccord d a été créé ;
  – les attributs *date* et *motif* de d ont été initialisés ;
  – un e-mail contenant d a été transmis à l'employé e.
- Exceptions
  – Néant.

Étape 12 – Diagrammes de communication (itérations #3 et #4)

EXERCICE 7-25.
Diagramme de communication

Comme à l'étape 8 pour les itérations 1 et 2, nous allons poursuivre notre travail de conception en réalisant un diagramme de communication.

Élaborez un diagramme de communication qui réalise VALIDERDEMANDE.

Solution

La démarche est analogue à celle que nous avons adoptée pour l'exercice 7-20. Le diagramme de communication représentant l'initialisation de la demande de formation par l'employé est tout à fait similaire à celui de la figure 7-46.

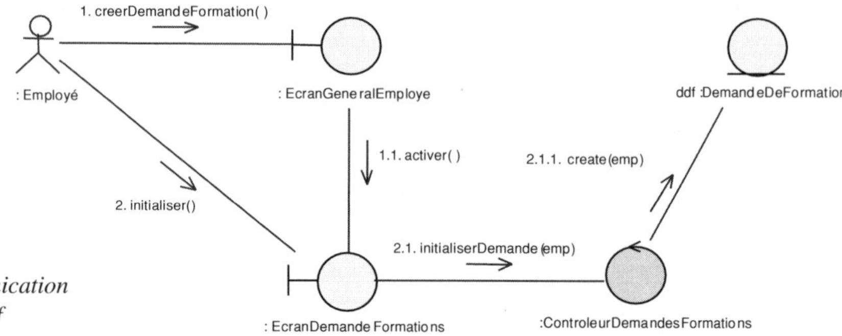

Figure 7-68.
Diagramme de communication de l'initialisation de ddf

Continuons par l'établissement du lien avec un élément du catalogue de formation, puis par le positionnement des attributs *dateValidite* et *dateEmission*, et enfin l'envoi du message au responsable.

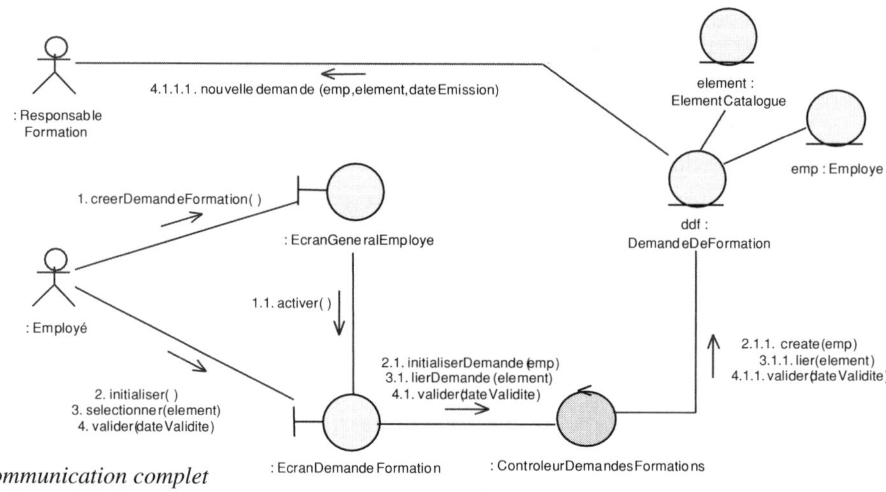

Figure 7-69.
Diagramme de communication complet de l'opération système validerDemande

Étape 13 – Diagrammes de classes de conception (itérations #3 et #4)

EXERCICE 7-26.
Diagramme de classes de conception

Sur le modèle de la figure 7-64 et en extrapolant à partir de la réponse précédente mais aussi en vous appuyant sur votre connaissance du sujet, réalisez un diagramme de classes de conception du package *Demandes*.

Vous pouvez vous référer également au diagramme d'états de la question 7-15.

Élaborez le diagramme de classes de conception du package DEMANDES.

Solution

Nous avons déjà passé en revue les subtilités du diagramme de classes aux chapitres 3 et 4. La classe d'association *Inscription* ne vous surprendra donc pas. On notera la façon dont nous avons complété le compartiment opérations de la classe *DemandeDeFormation*, en particulier avec les opérations privées, nécessaires pour l'envoi des messages aux acteurs.

On notera encore que nous avons fait figurer dans le diagramme les classes *Session* et *ElementCatalogue* bien qu'elles n'appartiennent pas au package courant. En effet, il est important de montrer leurs relations avec des classes du package *Demandes* pour justifier ensuite le sens des dépendances entre les packages englobants. Précisément, il ne faut représenter que les associations navigables, les dépendances ou les généralisations qui pointent vers les classes externes à celles du package concerné.

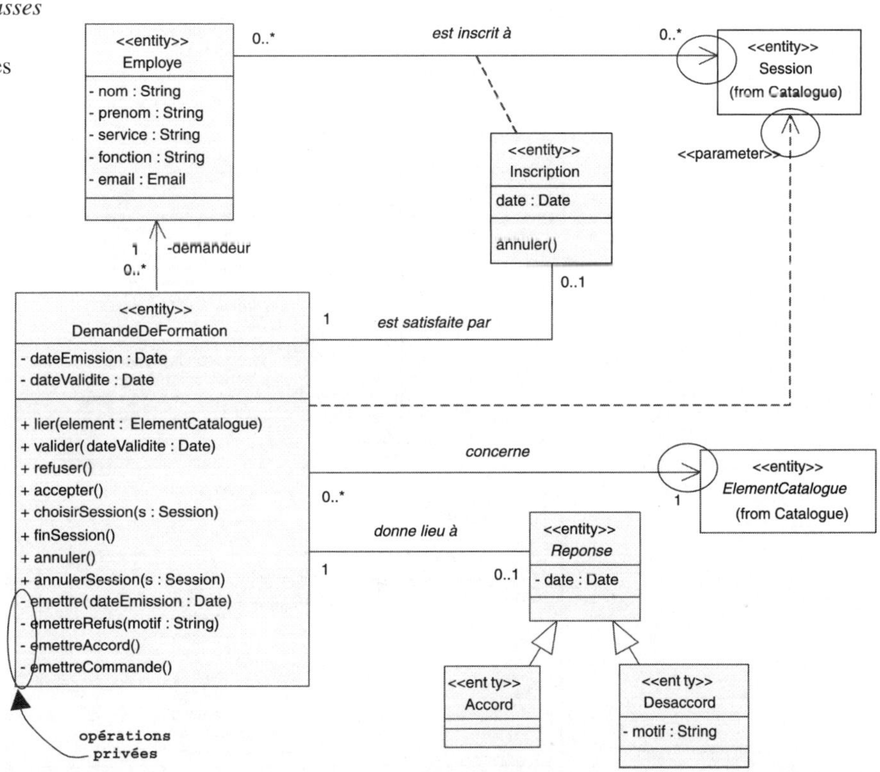

Figure 7-70.
Diagramme de classes de conception du package Demandes

Étape 14 – Retour sur l'architecture

EXERCICE 7-27. Diagramme de packages

Reprenez la figure 7-38 qui représentait l'architecture en couches du système et montrez toutes les classes que nous avons identifiées à l'intérieur des packages correspondants. Ne tenez pas compte de la couche services techniques, pas plus que des classes de base Java.

Complétez le diagramme de packages d'architecture.

Solution

Il suffit de recenser toutes les classes que nous avons utilisées dans nos différents diagrammes, et de les représenter à l'intérieur du package adéquat.

L'architecture logique détaillée des trois premières couches est montrée sur la figure suivante.

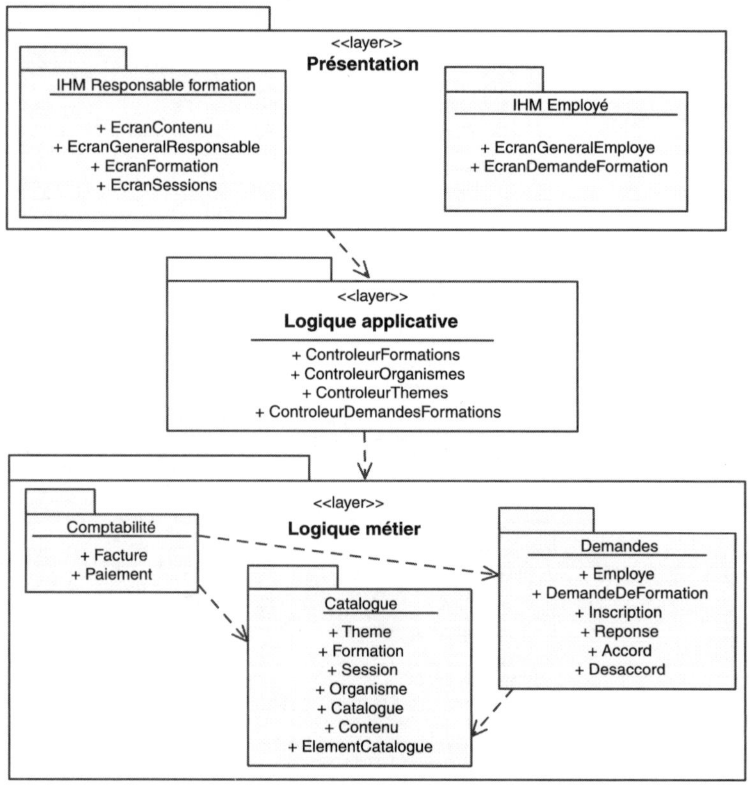

Figure 7-71.
Détail de l'architecture en couches des quatre premières itérations

Étape 15 – Passage au code objet

Les modèles de conception que nous avons réalisés permettent de produire, d'une manière aisée, du code dans un langage de programmation objet tel que Java ou C# :

- Les diagrammes de classes permettent de décrire le squelette du code, à savoir toutes les déclarations.

À retenir

PRODUCTION DU SQUELETTE DE CODE JAVA (OU C#) À PARTIR DES DIAGRAMMES DE CLASSES

En première approche :

– la classe UML devient une classe Java (idem en C#) ;

– les attributs UML deviennent des variables d'instances Java (idem en C#) ;

– les opérations UML deviennent des méthodes Java (idem en C#).

On notera que les rôles navigables produisent des variables d'instances, tout comme les attributs, mais avec un type utilisateur au lieu d'un type simple. Le constructeur par défaut est implicite.

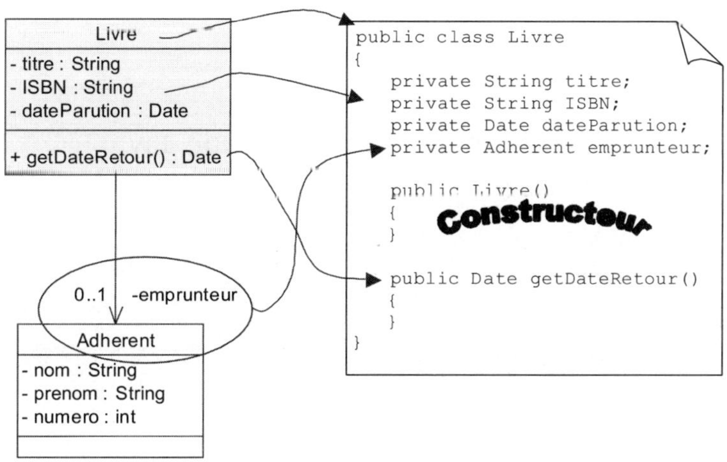

Figure 7-72.
Squelette du code Java de la classe Livre

- Avec les diagrammes de communication, il est facile d'écrire le corps des méthodes, en particulier la séquence d'appels de méthodes sur les objets qui collaborent.

À retenir

PRODUCTION DU CORPS DES MÉTHODES À PARTIR DES DIAGRAMMES DE COMMUNICATION

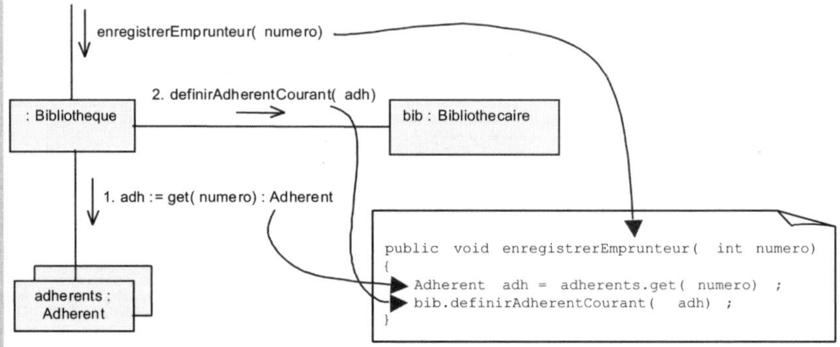

Figure 7-73.
Corps de la méthode enregistrerEmprunteur *en Java (idem en C# !)*

EXERCICE 7-28.
Production d'un squelette de code Java

À partir de la figure 7-70, proposez un squelette de code Java pour la classe *DemandeDeFormation*.

Écrivez le squelette Java de la classe DEMANDEDEFORMATION.

Solution

Reprenons le schéma 7-70 en enlevant ce qui ne concerne pas la classe *DemandeDeFormation*. Les règles précédentes suffisent pour produire le squelette de la classe en Java. La seule difficulté tient à ce qu'il ne faut pas oublier la directive d'importation pour les relations avec les classes qui appartiennent à d'autres packages, ainsi que pour les classes de base Java.

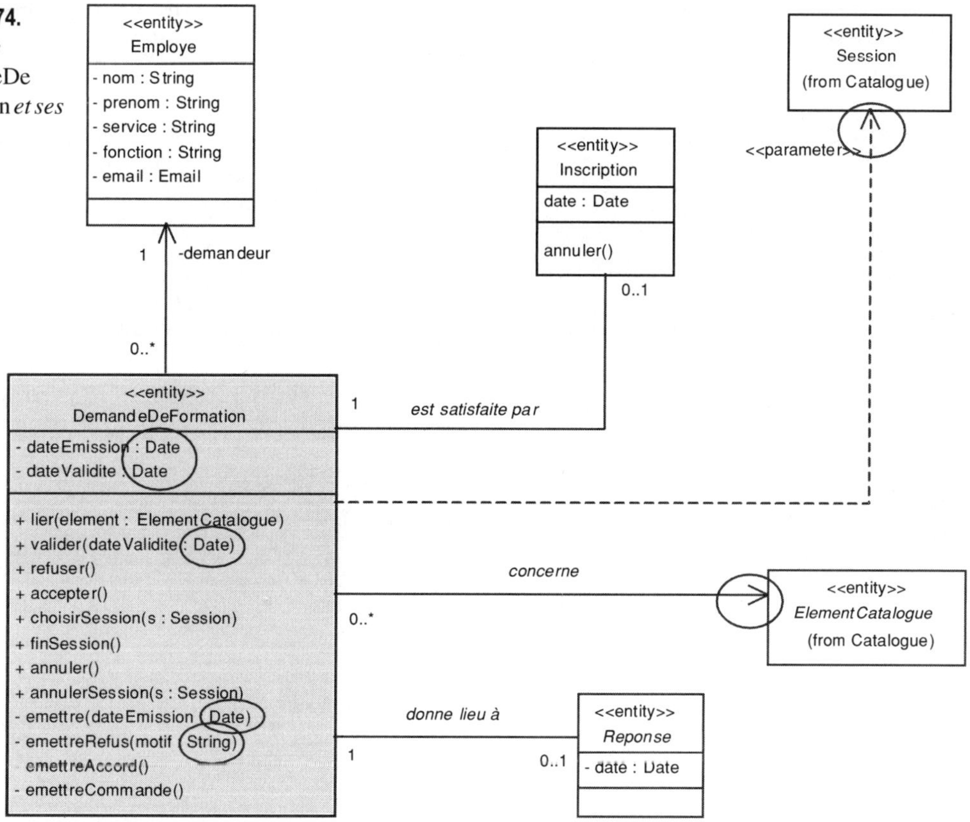

Figure 7-74. *La classe* DemandeDeFormation *et ses relations*

Le code Java correspondant est montré sur le schéma suivant.

On remarquera les directives d'importation ainsi que les quatre dernières méthodes qui permettent l'accès en lecture (*get*) et en écriture (*set*) aux attributs, pour respecter le principe d'encapsulation.

```
package demandes;

import java.util.*;
import catalogue.Session;
import catalogue.ElementCatalogue;

public class DemandeDeFormation
{
    private Date dateEmission;
    private Date dateValidite;
    private Employe demandeur;
    private Inscription inscription;
    private ElementCatalogue elementCatalogue;
    private Reponse reponse;

    public DemandeDeFormation()
    {
    }

    public void lier( ElementCatalogue element)
    {
    }

    public void valider(Date dateValidite)
    {
    }

    public void refuser()
    {
    }

    public void accepter()
    {
    }

    public void choisirSession(Session s)
    {
    }

    public void finSession()
    {
    }
```

```
    public void annuler()
    {
    }

    public void annulerSession(Session s)
    {
    }

    private void emettre(Date dateEmission)
    {
    }

    private void emettreRefus(String motif)
    {
    }

    private void emettreAccord()
    {
    }

    private void emettreCommande()
    {
    }

    public Date getDateEmission()
    {
       return dateEmission;
    }

    public void setDateEmission(Date de)
    {
       dateEmission = de;
    }

    public Date getDateValidite()
    {
       return dateValidite;
    }

    public void setDateValidite(Date dv)
    {
       dateValidite = dv;
    }
}
```

Figure 7-75.
Squelette de code Java de la classe DemandeDeFormation

EXERCICE 7-29.
Production d'un squelette de code C#

Pour bien montrer que notre conception permet ensuite facilement de dériver du code dans n'importe quel langage objet, faites le même exercice que précédemment, mais en utilisant le langage C# (de la plate-forme .NET) plutôt que Java.

Écrivez le squelette C# de la classe DEMANDEDEFORMATION.

Solution

```
namespace Demandes;
{
  using System;
  using Catalogue.Session;
  using Catalogue.ElementCatalogue;

  public class DemandeDeFormation
  {
     private DateTime dateEmission;
     private DateTime dateValidite;
     private Employe demandeur;
     private Inscription  inscription;
     private ElementCatalogue  elementCatalogue;
     private Reponse  reponse;

     public  DemandeDeFormation()
     {
     }

     public  void lier( ElementCatalogue  element)
     {
     }

     public  void valider(DateTime  dateValidite)
     {
     }

     public  void refuser()
     {
     }

     public  void accepter()
     {
     }

     public  void choisirSession(Session s)
     {
     }

     public  void finSession()
     {
     }

     public  void annuler()
     {
     }

     public  void annulerSession(Session s)
     {
     }

     private  void emettre(DateTime  dateEmission)
     {
     }

     private  void emettreRefus(string motif)
     {
     }

     private  void emettreAccord()
     {
     }

     private  void emettreCommande()
     {
     }

     public DateTime  getDateEmission()
     {
        return  dateEmission;
     }

     public  void  setDateEmission( DateTime  de)
     {
        dateEmission = de;
     }

     public DateTime getDateValidite()
     {
        return  dateValidite;
     }

     public  void  setDateValidite(DateTime  dv)
     {
        dateValidite =  dv;
     }
} }
```

Figure 7-76.
Squelette de code C# de la classe DemandeDeFormation

Notez qu'en C#, on utiliserait probablement la notion de propriété (*property*) pour coder les accesseurs de façon plus élégante, par exemple :

```
public DateTime propDateValidite
  {
    get { return DateValidite; }
    set { DateValidite=value; }
  }
```

EXERCICE 7-30.
Production d'un squelette de code Java (bis)

À partir de la figure 7-64, proposez un squelette de code Java pour la classe *Formation*.

Écrivez le squelette Java de la classe FORMATION.

Solution

Reprenons le schéma 7-64 en enlevant ce qui ne concerne pas la classe *Formation*.

Quelques difficultés supplémentaires apparaissent, par rapport à la question précédente :

- la relation de généralisation avec *ElementCatalogue*,
- les multiplicités « 1..* » avec *Theme* et « 0..* {ordered} » avec *Session*.

Figure 7-77.
La classe Formation *avec ses relations*

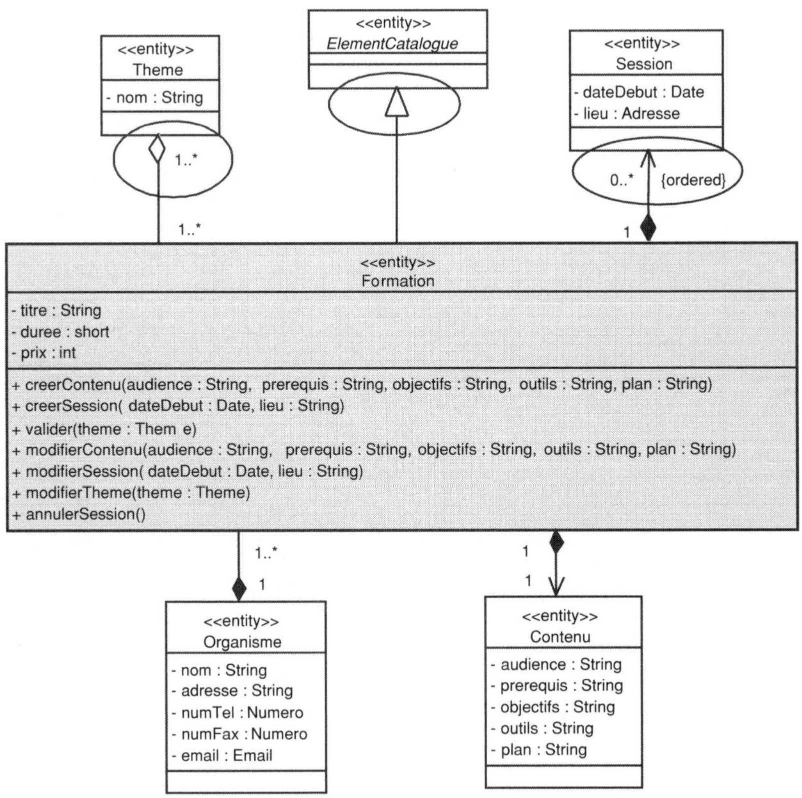

Les règles précédentes ne suffisent plus. Nous avons vu un exemple de transformation d'une association navigable de multiplicité « 1 » (ou « 0..1 »), mais comment traduire les associations navigables de multiplicité « * » ?

À retenir

TRADUCTION EN JAVA DES ASSOCIATIONS AVEC MULTIPLICITÉ "*"

Le principe en est relativement simple : une multiplicité « * » va se traduire par un attribut de type collection de références d'objets au lieu d'une simple référence sur un objet.

La difficulté consiste à choisir la bonne collection parmi les très nombreuses classes de base que propose Java. Bien qu'il soit possible de créer des tableaux d'objets en Java, ce n'est pas forcément la bonne solution. En la matière, on préfère plutôt recourir à des collections, parmi lesquelles les plus utilisées sont *ArrayList* (anciennement *Vector*) et *HashMap* (anciennement *HashTable*). Utilisez *ArrayList* si vous devez respecter un ordre et récupérer les objets à partir d'un indice entier ; utilisez *HashMap* si vous souhaitez récupérer les objets à partir d'une clé arbitraire.

Voici quelques exemples des solutions à retenir pour effectuer un choix pertinent :

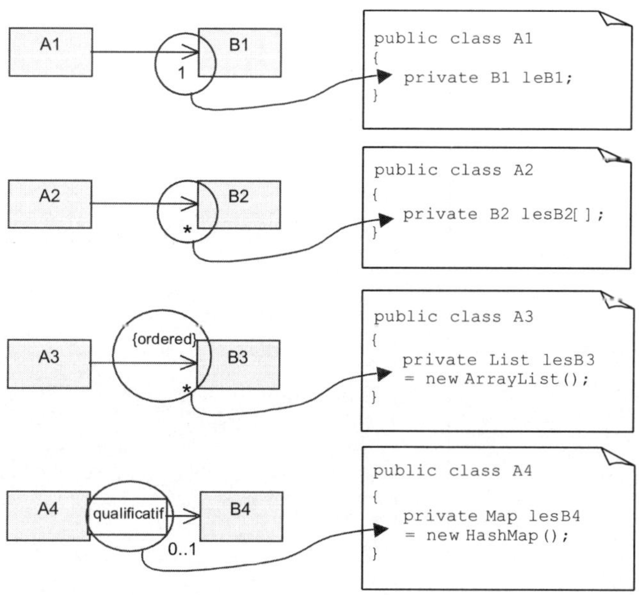

Figure 7-78.
Traductions possibles des associations en Java

Pour la classe *Formation*, nous allons utiliser :

- une *ArrayList* pour l'association ordonnée avec la classe *Session* ;

- une *HashMap* pour l'association avec la classe *Theme*, plutôt qu'un simple tableau : nous nous servirons du nom de thème comme qualificatif.

Toutes ces explications nous conduisent au code suivant pour la classe *Formation*.

Figure 7-79.
Squelette de code Java de la classe Formation

```
package catalogue;

import java.util.*;

public class Formation  extends ElementCatalogue

{
   private String titre;
   private short duree;
   private int prix;
   private List sessions = new ArrayList();
   private Map themes = new HashMap();
   private Contenu contenu;
   private Organisme organisme;

   public Formation()
   {
   }

   public void creerContenu(String audience, String  prerequis,
     String objectifs, String outils, String plan)
   {
   }

   public void creerSession(Date dateDebut, String lieu)
   {
   }

   public void valider( Theme theme)
   {
   }

   public void modifierContenu(String audience, String  prerequis,
     String objectifs, String  outils,String plan)
   {
   }

   public void modifierSession(Date  dateDebut, String lieu)
   {
   }

   public void modifierTheme( Theme theme)
   {
   }

   public void annulerSession()
   {
   }

   public String getTitre() {return titre;}

   public void setTitre(String t) {titre = t;}

   public short getDuree() {return duree;}

   public void setDuree(short d) {duree = d;}

   public int getPrix() {return prix;}

   public void setPrix(int p) {prix = p;}

}
```

EXERCICE 7-31.
Production d'un squelette de code C# (bis)

Écrivez le squelette C# de la classe FORMATION.

Solution

À retenir

TRADUCTION EN C# DES ASSOCIATIONS AVEC MULTIPLICITÉ "*"

Le principe est identique à Java : une multiplicité « * » va se traduire par un attribut de type collection de références d'objets au lieu d'une simple référence sur un objet.

Comme en Java, on préfère recourir à des collections, parmi lesquelles les plus utilisées sont *ArrayList*, *SortedList* et *HashTable*. Utilisez *ArrayList* si vous devez respecter un ordre et récupérer les objets à partir d'un indice entier ; utilisez HashTable ou *SortedList* si vous souhaitez récupérer les objets à partir d'une clé arbitraire.

Voici quelques exemples des solutions à retenir pour effectuer un choix pertinent :

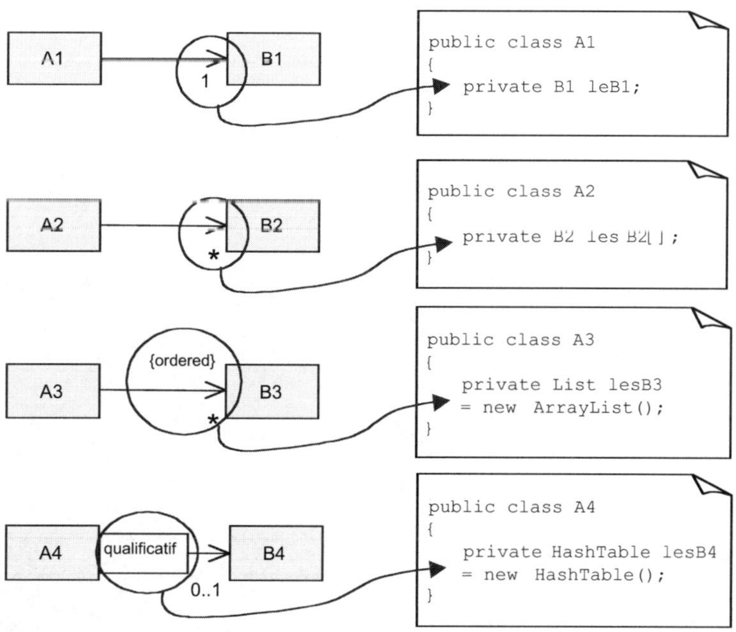

Figure 7-80.
Traductions possibles des associations en C#

Pour la classe *Formation*, nous allons utiliser :

- une *ArrayList* pour l'association ordonnée avec la classe *Session* ;
- une *HashTable* pour l'association avec la classe *Theme*, plutôt qu'un simple tableau : nous nous servirons du nom de thème comme qualificatif.

Toutes ces explications nous conduisent au code suivant pour la classe *Formation*.

Figure 7-81.
Squelette de code C# de la classe Formation

```
namespace Catalogue;
{
  using System;

  public class Formation : ElementCatalogue

  {
     private string titre;
     private short duree;
     private int prix;
     private List sessions = new  ArrayList();
     private HashTable themes = new  HashTable();
     private Contenu  contenu;
     private Organisme  organisme;

     public Formation()
     {
     }

     public void creerContenu (string audience, string  prerequis,
       string objectifs, string outils, string plan)
     {
     }

     public void creerSession(DateTime  dateDebut, string lieu)
     {
     }

     public void valider( Theme theme)
     {
     }

     public void modifierContenu(string audience, string  prerequis,
       string objectifs, string  outils, string plan)
     {
     }

     public void modifierSession(DateTime  dateDebut, string lieu)
     {
     }

     public void modifierTheme( Theme theme)
     {
     }

     public void annulerSession()
     {
     }

     public string getTitre() {return titre;}

     public void setTitre(string t) {titre = t;}

     public short getDuree() {return  duree;}

     public void setDuree(short d) {duree = d;}

     public int getPrix() {return prix;}

     public void setPrix(int p) {prix = p;}

 } }
```

Étape 16 – Déploiement de l'application

Nous allons maintenant décrire l'implantation physique de notre application de gestion des demandes de formation grâce à deux derniers types de diagrammes proposés par UML :

- le diagramme de composants ;
- le diagramme de déploiement.

À retenir

DIAGRAMME DE COMPOSANTS

Le diagramme de composants montre les dépendances entre les composants logiciels qui constituent l'application. Un composant représente toute partie physique et remplaçable d'un système qui se conforme, et fournit, la réalisation d'un ensemble d'interfaces.

Les notations qui suivent sont des nouveautés d'UML 2.0.

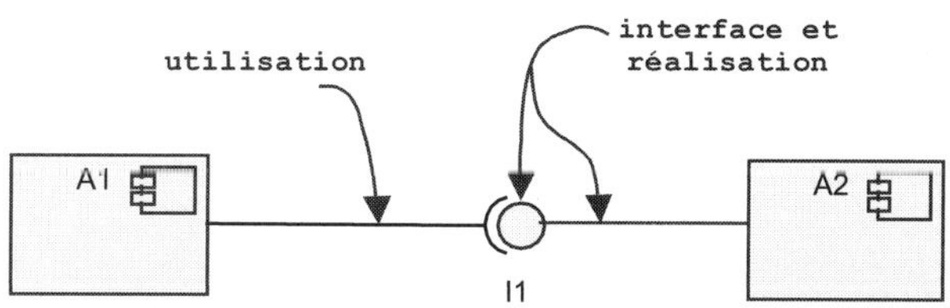

Figure 7-82.
Exemple de composants et interfaces

DIAGRAMME DE DÉPLOIEMENT

Le diagramme de déploiement montre la configuration physique des différents matériels qui participent à l'exécution du système, ainsi que les instances de composants qu'ils supportent.

Ce diagramme est constitué de « nœuds » connectés par des liens physiques. Les symboles des nœuds peuvent contenir des instances de composants, ainsi que des objets. Les composants qui n'existent plus au « run-time » n'apparaissent pas sur ce diagramme ; ils doivent être représentés sur les diagrammes de composants.

EXERCICE 7-32. Diagramme de composants

Proposez un diagramme de composants réaliste pour les quatre premières itérations du système de gestion des demandes de formation.

Ne montrez que des composants suffisamment importants, qui représentent une communication entre de nombreuses classes. N'oubliez pas que le langage cible est Java.

Élaborez un diagramme de composants pour les deux premières itérations.

Solution

Les composants principaux se déduisent de toute l'étude précédente. Chaque acteur a sa propre interface homme-machine, matérialisée par une applet Java. Ces deux applets utilisent un même service d'authentification général. En revanche, les deux applets n'ont pas les mêmes accès sur le module *Catalogue*. Nous avons représenté ce dernier grâce au concept d'interface. Le module *Catalogue* offre en effet deux interfaces différentes (*IResponsable* et *IEmploye*) permettant en particulier de restreindre l'accès en consultation aux employés, alors que le responsable peut modifier le catalogue. Le catalogue est stocké dans une base de données spécifique, de même que les employés. Enfin, un composant réutilisable, *Calendrier*, sert à la fois au catalogue et aux demandes.

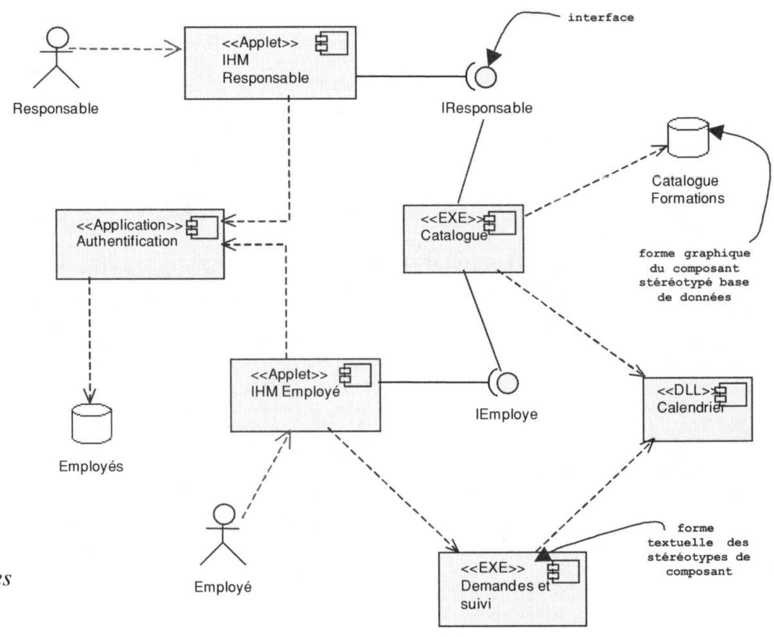

Figure 7-83.
Diagramme de composants des quatre premières itérations

Pour rendre le diagramme plus complet et plus agréable à lire, on notera également que nous avons utilisé une représentation graphique particulière du composant de stéréotype base de données, et que nous avons fait figurer les acteurs sur le diagramme.

EXERCICE 7-33.
Diagramme de déploiement

Achevons cette étude de cas par le diagramme de déploiement. Proposez un diagramme de déploiement réaliste pour les quatre premières itérations du système de gestion des demandes de formation.

Ne montrez plus les dépendances entre les composants afin d'alléger le schéma.

Élaborez un diagramme de déploiement pour les quatre premières itérations.

Solution

Chaque acteur a son propre poste client qui est un « PC » connecté au serveur intranet de l'entreprise, lequel est lui-même un PC serveur NT. Ce serveur intranet contient en particulier l'application d'authentification. On notera au passage la représentation de la multiplicité du poste client de l'employé.

Le serveur métier héberge pour sa part les autres applications ainsi que les bases de données. Il s'agit là d'une machine Unix et ce pour des raisons historiques…

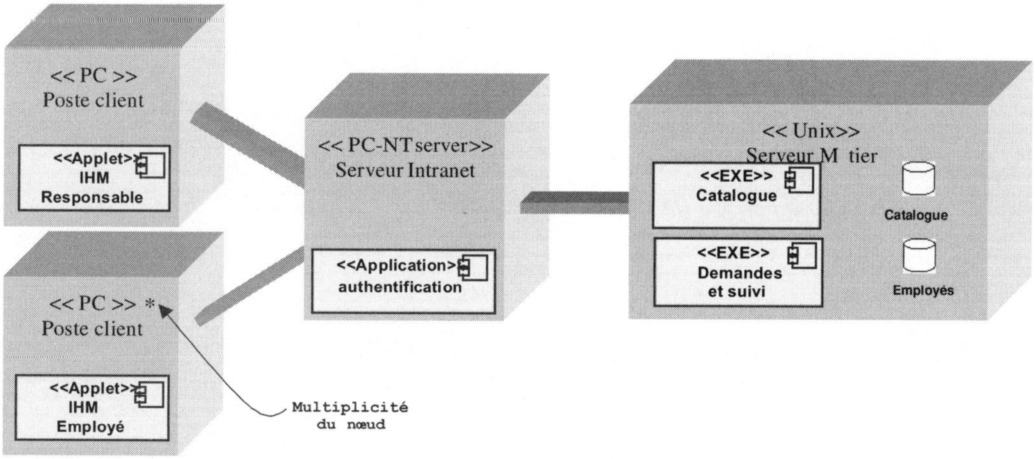

Figure 7-84.
Diagramme de déploiement correspondant aux quatre premières itérations

Chapitre 8

Exercices complémentaires

clés

■ Opération système ■ Diagramme de communication ■ Diagramme de séquence ■ Méthode ■ Typage ■ Navigabilité des associations ■ Dépendances entre classes ■ Collection d'objets ■ Code Java ■ Code C#.

Ce chapitre va nous permettre de compléter au moyen d'une dernière étude de cas notre panorama des techniques de modélisation UML, en insistant sur celles mises en œuvre durant l'activité de conception, en particulier :

- Les diagrammes d'interaction ;
- Les diagrammes de classes.

ÉTUDE DU SYSTÈME D'INFORMATION D'UNE BIBLIOTHÈQUE

Nous allons partir d'un modèle d'analyse d'un système informatique qui doit permettre de gérer une bibliothèque. Cette bibliothèque ne prête que des livres dans un premier temps.

Le diagramme de classes d'analyse est montré sur la figure suivante.

Figure 8-1.
Diagramme de classes d'analyse du S.I. de la bibliothèque

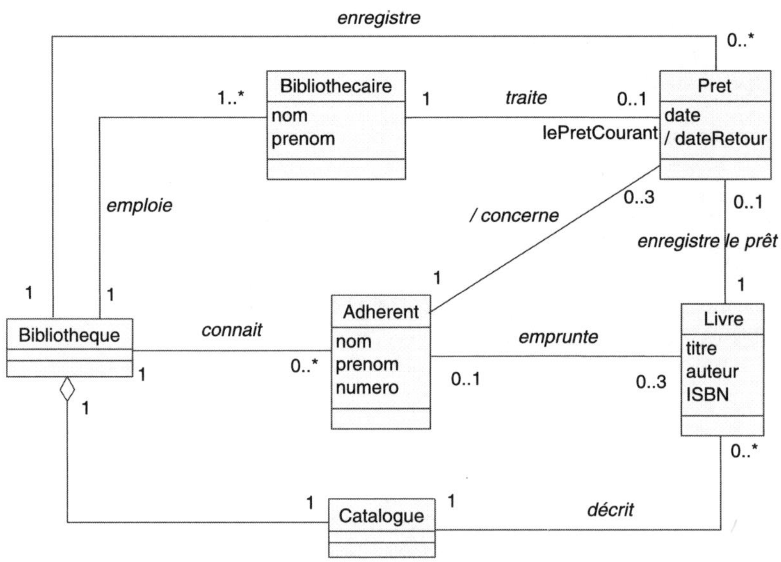

Le diagramme de cas d'utilisation provisoire est présenté ci-après.

Figure 8-2.
Diagramme de cas d'utilisation préliminaire du S.I. de la bibliothèque

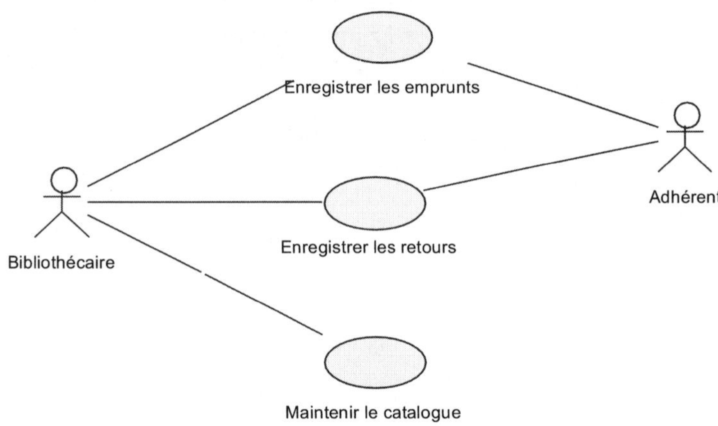

Poursuivons par les opérations système du cas d'utilisation *Enregistrer les emprunts* qui sont détaillées sur le diagramme de séquence système suivant.

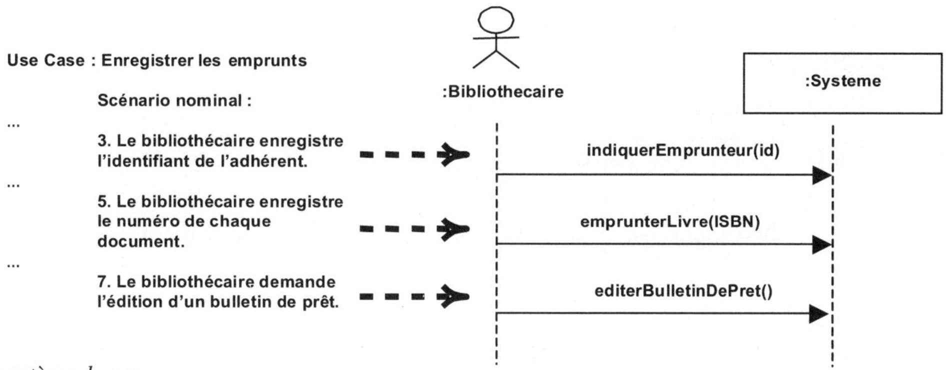

Figure 8-3.
Opérations système du cas d'utilisation Enregistrer les emprunts

Nous allons ensuite nous intéresser au contrat de l'opération *emprunterLivre*. Notez que nous passons sous silence la première opération *indiquerEmprunteur*, mais uniquement parce qu'elle est moins riche que la deuxième et n'apporterait rien à notre étude. Dans la réalité, les opérations système doivent bien sûr être conçues par ordre chronologique.

- Nom
  emprunterLivre (ISBN).
- Responsabilités
  Enregistrer l'emprunt d'un livre identifié par son numéro ISBN.
- Références
  Cas d'utilisation *Enregistrer les emprunts*.
- Pré-conditions
  - le catalogue de livres existe et n'est pas vide ;
  - l'adhérent a été reconnu par le système et n'a pas atteint le seuil maximal d'emprunts.
- Post-conditions
  - un prêt p a été créé ;
  - l'attribut *date* de p a été positionné à la date du jour ;
  - l'attribut *dateRetour* de p a été positionné à (la date du jour + deux semaines) ;
  - p a été lié au livre l dont l'attribut ISBN vaut l'ISBN passé en paramètre ;
  - p a été lié à l'adhérent concerné et à la bibliothèque.

EXERCICE 8-1. Diagramme de communication de conception

Développez un diagramme de communication pour l'opération système *emprunterLivre* à partir des informations précédentes.

Détaillez chacune de vos décisions de conception.

Ne vous préoccupez pas des classes d'interface (<<boundary>>).

Développez un diagramme de communication pour EMPRUNTERLIVRE.

Solution

Notre diagramme de communication démarre par la réception d'un message système venant d'un acteur. Puisque la possibilité nous est donnée de ne pas nous préoccuper des objets d'interface, nous allons directement choisir un objet qui traitera cet événement système.

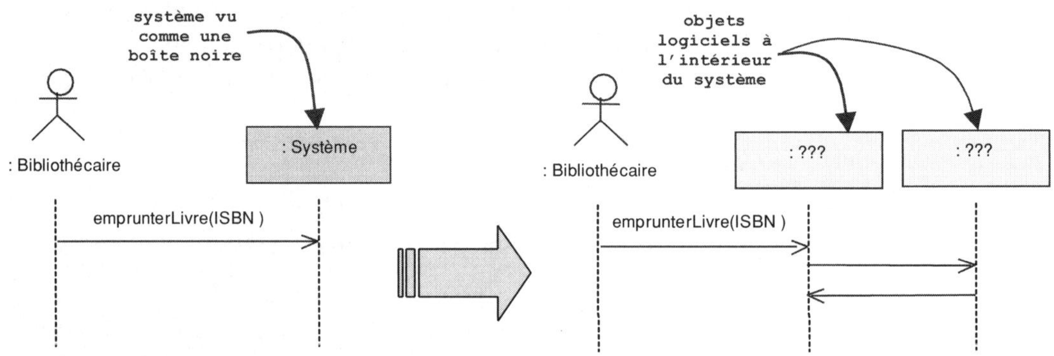

Figure 8-4.
Passage de l'analyse à la conception

La solution que nous avions mise en œuvre au chapitre précédent (étape 6) nous amenait à introduire un objet artificiel de conception de type « contrôleur » que nous aurions pu appeler ici *ControleurEmprunts*.

En fait, dans le cas d'un système comprenant un nombre restreint d'opérations système, une approche plus simple est possible, qui n'oblige pas à ajouter une nouvelle classe. Cette solution consiste à utiliser comme contrôleur une instance d'une classe d'analyse existante :

- soit un objet représentant le système entier ou l'organisation elle-même ;
- soit un objet représentant un rôle qui aurait réalisé l'opération système.

Le premier choix possible est le plus direct, mais son inconvénient majeur, c'est que l'on affecte le traitement de toutes les opérations système à un objet unique, qui risque rapidement d'être surchargé en matière de responsabilités. C'est une solution acceptable dans notre exemple, et la classe candidate est la classe *Bibliotheque*.

La seconde possibilité permet en général de répartir les opérations système sur plusieurs objets. Mais ici la seule classe candidate est la classe *Bibliothecaire*, ce qui n'apporte rien par rapport à la solution précédente. Nous conservons donc *Bibliotheque* comme objet contrôleur pour notre opération système. Le diagramme de communication peut donc démarrer de la manière suivante.

Figure 8-5.
Diagramme de communication de l'opération emprunterLivre *(début)*

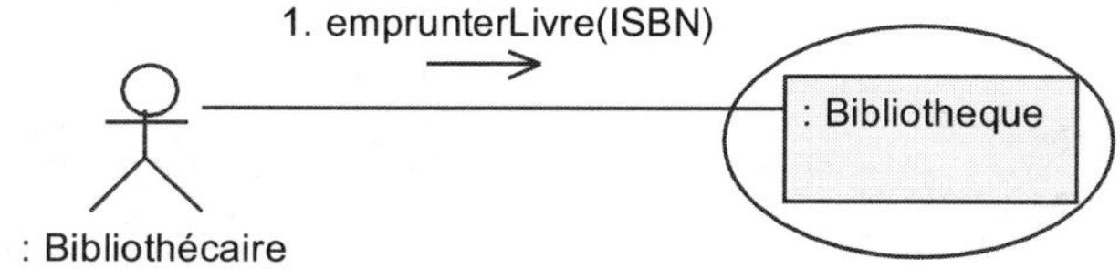

Comment devons-nous maintenant procéder ? Il faut tout simplement étudier le contrat d'opération. Rappelez-vous cependant que les post-conditions répertoriées dans le contrat ne sont pas forcément ordonnées. Dans notre cas, il semble quand même raisonnable de commencer par la création de l'objet prêt puisque les autres post-conditions s'appliquent à ses attributs ou à ses liens.

La question qui se pose alors est la suivante : quel objet doit avoir la responsabilité de la création du prêt p ?

Si nous revenons au diagramme de classes d'analyse, nous constatons que quatre classes possèdent déjà une association avec la classe *Prêt*, à savoir : *Bibliothecaire*, *Bibliotheque*, *Livre* et *Adherent*. Elles sont donc toutes de bonnes candidates initiales. Cependant, le meilleur choix est en général fourni par la classe qui possède une association de type composition, agrégation ou « enregistre ». Dans notre exemple, la classe *Bibliotheque* est justement liée à *Pret* par une association « enregistre ». Comme, en outre, la *Bibliotheque* est déjà le contrôleur, elle constitue le candidat idéal.

Le diagramme de communication devient alors :

Figure 8-6.
Diagramme de communication de l'opération emprunterLivre *(suite)*

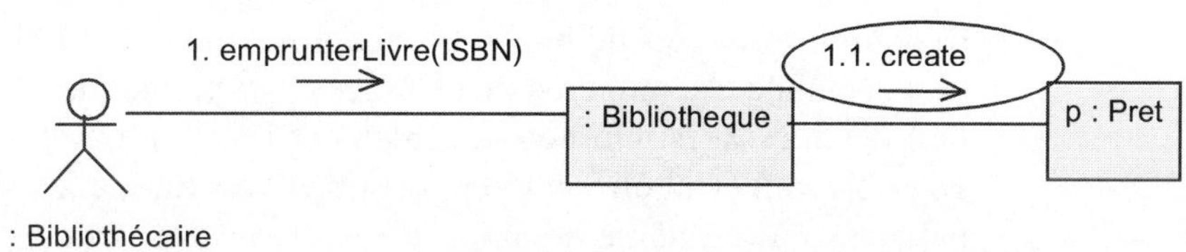

On notera l'utilisation déroutante au premier abord du message en anglais *create*. En effet, en toute rigueur, l'objet p ne peut pas recevoir le message *create*, puisqu'il n'existe pas encore ! Il s'agit là d'une bonne pratique qui évite d'entrer dans des considérations qui dépendent du langage de programmation cible. En Java (ou en C#), ce message de création se traduira probablement par le mot-clé `new` et l'appel du constructeur de la classe *Pret*, qui retournera une référence sur le nouvel objet.

Ainsi, la bibliothèque a maintenant une référence sur l'objet p nouvellement créé. Notez que, puisque le message de création renvoie toujours une référence sur le nouvel objet, nous ne montrons pas le retour explicitement, bien que cela soit légal. On pourrait obtenir une représentation plus lourde telle que celle qui est illustrée par la figure suivante.

Figure 8-7. *Diagramme de communication de l'opération* emprunterLivre *(suite alternative)*

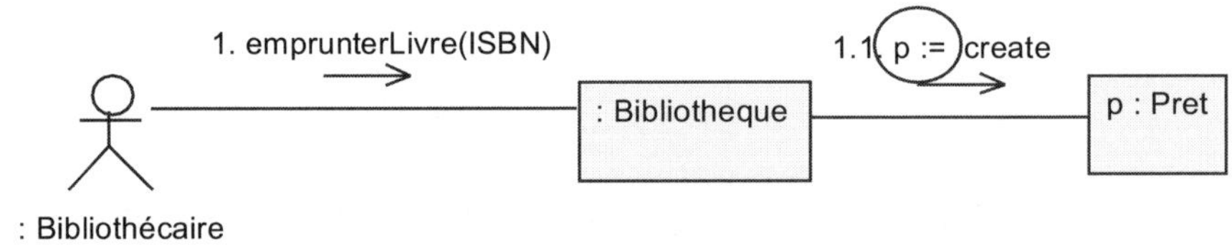

Poursuivons notre réflexion. Les attributs *date* et *dateRetour* ne pourraient-ils pas être positionnés par l'objet p dès sa création, suite à la récupération de la date du jour par une méthode que nous ne détaillerons qu'en conception détaillée ?

C'est ce que nous représentons sur le diagramme de communication suivant.

Figure 8-8. *Diagramme de communication de l'opération* emprunterLivre *(suite 2)*

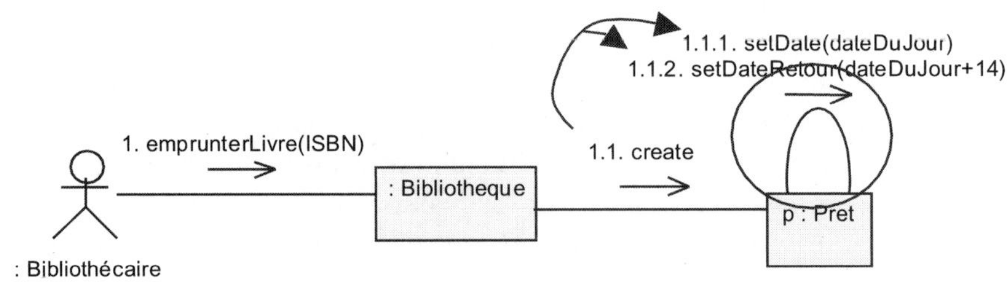

Remarquez une fois de plus (voir chapitre 7, étape 8) l'utilisation de la notation décimale des numéros de messages, qui permet de représenter l'imbrication des messages. On notera également l'utilisation de la boucle au-dessus de l'objet qui symbolise un lien de l'objet vers lui-même comme support d'un message « à soi-même ».

Le diagramme de séquence correspondant (avec la notation des « focus of control ») est donné ci-après en comparaison.

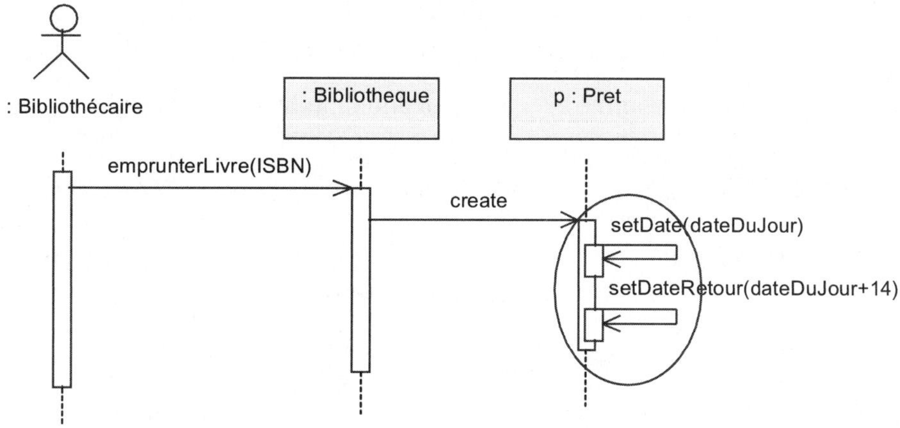

Figure 8-9. *Diagramme de séquence de l'opération* emprunterLivre *(suite 2)*

Revenons à l'établissement du contrat de l'opération. Que devons-nous faire maintenant ? Il nous faut un lien avec le livre dont l'attribut ISBN vaut l'ISBN passé en paramètre de l'opération *emprunterLivre.*

Quel objet est-il le mieux placé pour trouver un livre en fonction de son ISBN ?

Reprenons le diagramme de classes d'analyse (figure 8-1) : la classe *Catalogue* est la candidate idéale, puisque le catalogue connaît tous les livres. Mais quel objet doit-il lui formuler la demande ? Ce sera soit le prêt p, soit la bibliothèque, d'après notre diagramme de communication.

Pour respecter le principe de faible couplage, il vaut mieux que la bibliothèque s'en charge, car elle possède déjà une association avec le catalogue, contrairement au prêt. De plus, il est fort probable que la bibliothèque doive collaborer avec le catalogue dans le cadre d'autres opérations système, par exemple lors de l'ajout de nouveaux livres. Il faut donc que la bibliothèque ait un lien permanent avec le catalogue, ce qui n'est pas du tout le cas du prêt. Toutes ces raisons font clairement pencher la balance en faveur de la bibliothèque.

On notera que cela suppose que les objets catalogue et bibliothèque soient créés lors de l'initialisation du système et qu'un lien de visibilité soit établi entre eux. Il est courant en conception objet de travailler d'abord sur les collaborations entre objets « métier », puis de traiter dans un second temps le problème plus technique de l'initialisation du système informatique. Cela permet de s'assurer que les bonnes décisions d'affectation de responsabilités aux objets dans le contexte des collaborations métier contraignent bien l'initialisation et pas le contraire.

Revenons à notre choix de communication entre la bibliothèque et le catalogue. Comment nommer le message ? Appelons-le *chercherLivre*, avec un numéro ISBN en paramètre, et comme retour une référence *livre* sur le bon objet livre.

Le diagramme de communication modifié est présenté ci-après.

Figure 8-10.
Diagramme de comunication de l'opération emprunterLivre *(suite 3)*

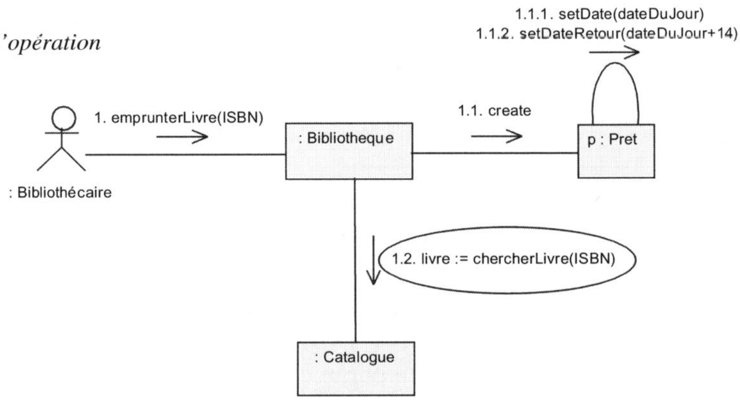

Que se passe-t-il si le catalogue ne parvient pas à trouver un livre dont l'ISBN correspond à celui recherché ? Ne faut-il pas plutôt attendre d'avoir obtenu cette référence *livre* pour effectuer la création du prêt p ?

C'est tout à fait cela et, pour ce faire, il suffit simplement de permuter l'ordre des deux messages, comme cela est représenté sur la figure suivante. On notera que la numérotation décimale des messages d'affectation des attributs est mise à jour en conséquence.

Figure 8-11.
Diagramme de communication de emprunterLivre *(suite 3 corrigée)*

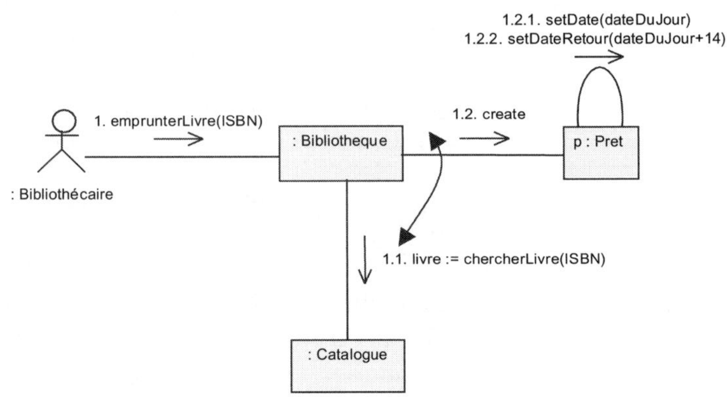

Sur le diagramme de classes, il y a une association « 1 - * » entre *Catalogue* et *Livre*. Cela implique que le catalogue va utiliser une collection d'objets livres, probablement implémentée en Java sous la forme d'une *HashMap*. Nous avons déjà donné les règles de traduction des multiplicités d'associations en collections Java au chapitre précédent (figure 7-75). Nous y avons également expliqué l'utilisation du concept de « multi-objet » dans les diagrammes de communication pour éviter justement de prendre trop tôt des décisions de conception détaillée (voir figure 7-46). C'est la solution que nous allons aussi adopter ici, avec un message plus générique que *chercherLivre*, puisque le multi-objet représente un objet technique « sur étagère », et non pas un objet métier.

Le diagramme de communication est complété comme suit :

Figure 8-12.
Diagramme de communication de l'opération emprunterLivre *(suite 4)*

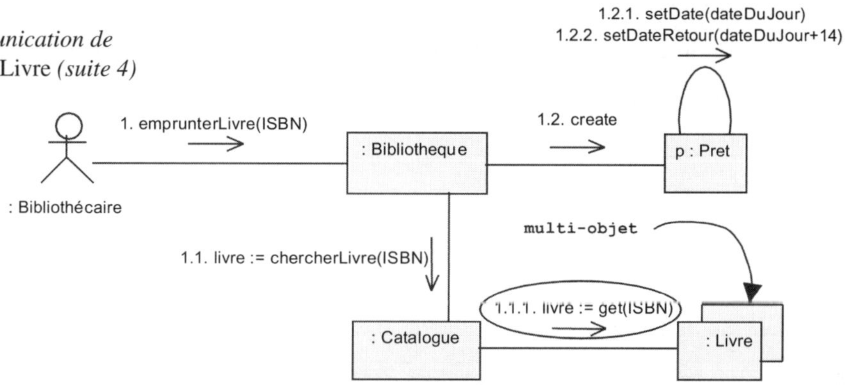

Maintenant que nous avons localisé le bon livre et que sa référence a été retournée à la bibliothèque, nous pouvons nous en servir pour établir le lien entre le livre et le prêt. La solution la plus directe consiste à passer la référence livre en paramètre au message de création, comme cela est représenté ci-après.

Figure 8-13.
Diagramme de communication de l'opération emprunterLivre *(suite 5)*

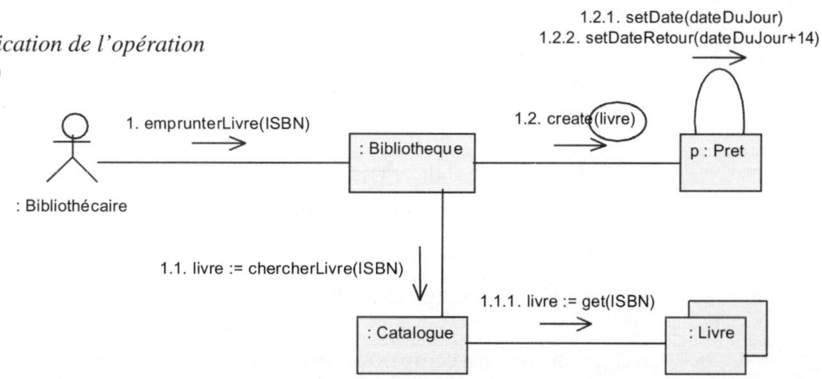

Reprenons la liste des post-conditions à vérifier, en indiquant le numéro correspondant du diagramme de communication précédent :

- un prêt p a été créé : 1.2 ;
- l'attribut *date* de p a été positionné à la date du jour : 1.2.1 ;
- l'attribut *dateRetour* de p a été positionné à (la date du jour + deux semaines) : 1.2.2 ;
- p a été lié au livre l dont l'attribut ISBN vaut l'ISBN passé en paramètre : 1.1 et 1.2 ;
- p a été lié à l'adhérent concerné et à la bibliothèque : cela reste à faire.

Il nous faut donc réaliser la dernière post-condition. Quel objet peut-il connaître l'adhérent concerné ? Et d'ailleurs, quand le système a-t-il identifié l'adhérent ?

Rappelons-nous que nous traitons actuellement l'opération système *emprunterLivre*, mais elle a été précédée par *indiquerEmprunteur*, comme le schéma suivant le rappelle.

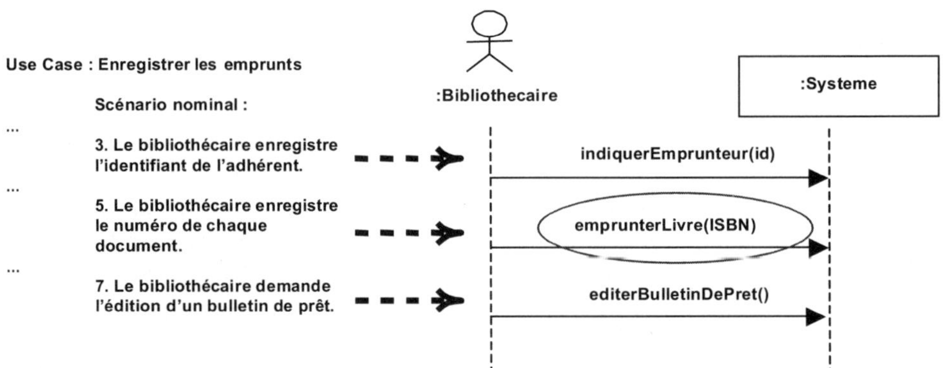

Figure 8-14.
Opérations système du cas d'utilisation Enregistrer les emprunts

Il est donc tout à fait raisonnable de penser que, lors de l'opération système *indiquerEmprunteur*, la bibliothèque a conservé une référence sur l'adhérent en cours de traitement. Elle peut donc également passer une référence sur l'adhérent au message de création du prêt p.

Le diagramme de communication devient maintenant :

Figure 8-15.
Diagramme de communication de l'opération emprunterLivre *(suite 6)*

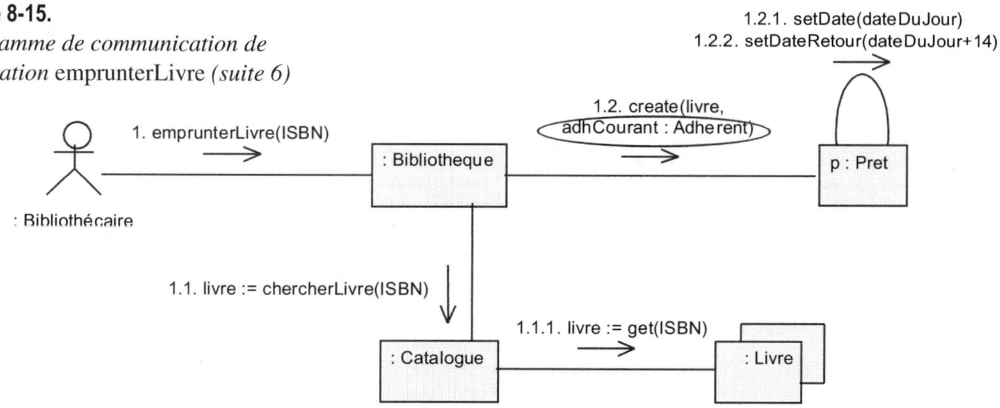

La dernière post-condition stipule également qu'un lien doit exister entre la bibliothèque et le nouveau prêt p. Comme c'est la bibliothèque qui crée p, le lien existe déjà, au moins de façon transitoire. Cependant, nous pouvons remarquer qu'il existe une association « 1 - * » entre les classes *Bibliotheque* et *Pret*, comme cela est le cas également entre *Catalogue* et *Livre*.

Figure 8-16.
Diagramme de classes d'analyse du S.I. de la bibliothèque

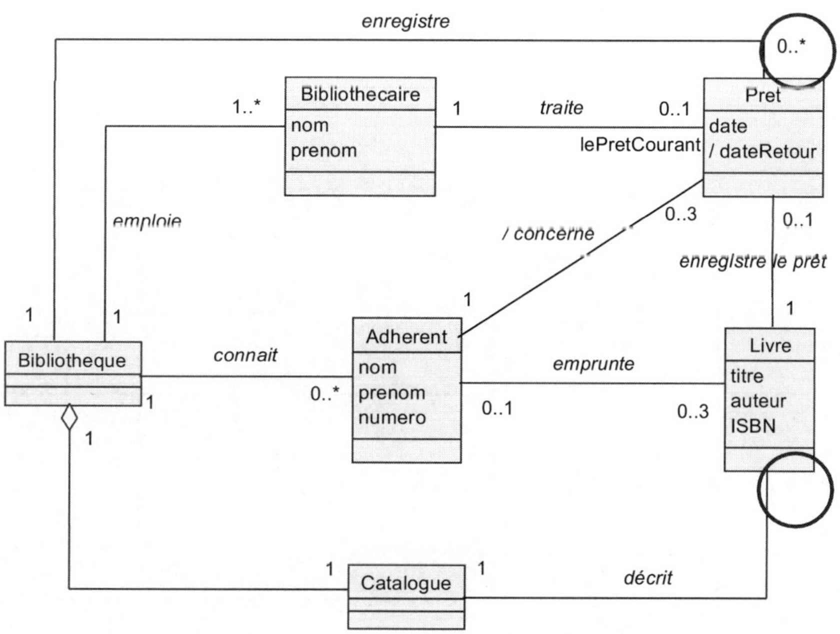

Or, quelle construction UML avons-nous mise en œuvre dans le cas du catalogue et des livres : un multi-objet. Ainsi, par analogie, si la bibliothèque veut conserver une trace durable des prêts qui ont été créés, il lui faut une collection, à laquelle elle doit ajouter le nouveau prêt p. Comme au chapitre 7 (voir figure 7-46), nous allons utiliser un message générique *add*() auquel nous passerons en paramètre la référence sur le prêt p.

Les diagrammes de communication et de séquence complets sont montrés aux figures suivantes.

Figure 8-17.
Diagramme de communication complet de l'opération emprunterLivre

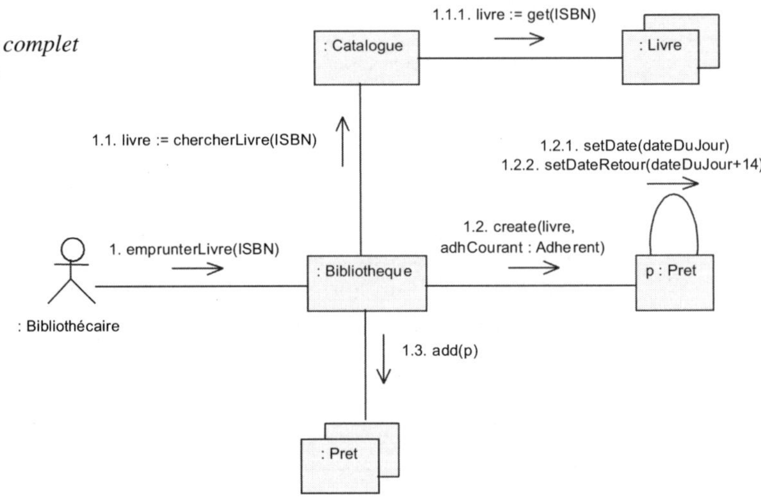

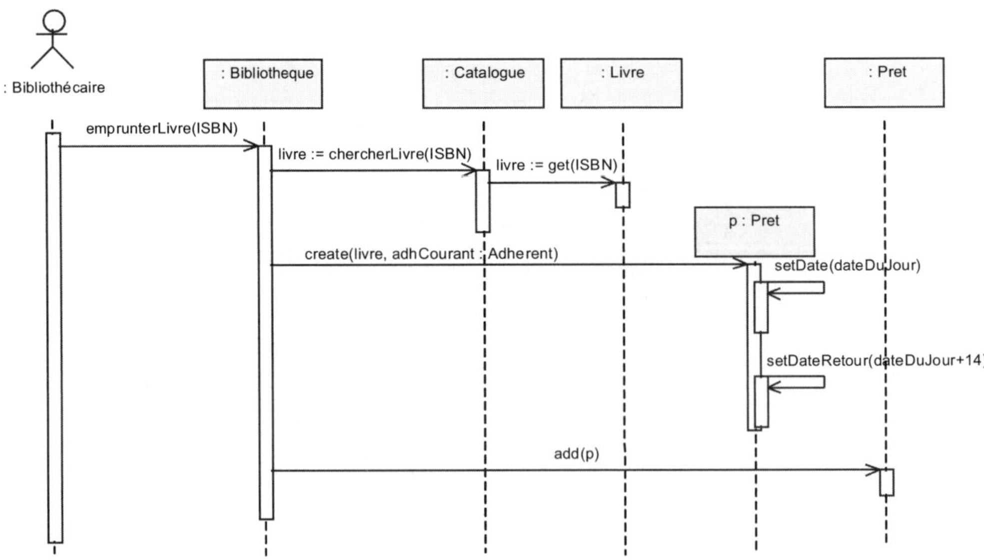

Figure 8-18.
Diagramme de séquence complet de l'opération emprunterLivre

EXERCICE 8-2.
Diagramme de classes de conception

Proposez un diagramme de classes de conception qui prenne en compte les résultats de la question précédente.

Développez le diagramme de classes de conception correspondant…

Solution

Par rapport au diagramme de classes d'analyse (figure 8-1), nous pouvons :

- ajouter des méthodes : les opérations système traitées par la classe *Bibliotheque*, mais aussi *chercherLivre* de la classe *Catalogue* ;
- typer les attributs, ainsi que les paramètres et le retour des méthodes ;
- restreindre la navigabilité des associations d'après le sens des messages sur les liens entre objets du diagramme de communication ;
- préciser les noms des rôles du côté navigable des associations et ajouter des qualificatifs ;
- supprimer les classes et associations inutiles d'après les diagrammes de communication ;
- décider de transformer les attributs dérivés en méthodes ou les garder en tant que données membres (ex. : l'attribut dérivé */dateRetour* de *Pret* est devenu la méthode *getDateRetour*) ;
- ajouter les dépendances entre classes suite aux liens temporaires entre objets : *Bibliotheque* dépend de *Livre* car elle récupère une référence sur un objet livre d'après le message 1.1 du diagramme de collaboration précédent.

Figure 8-19. *Diagramme de classes de conception*

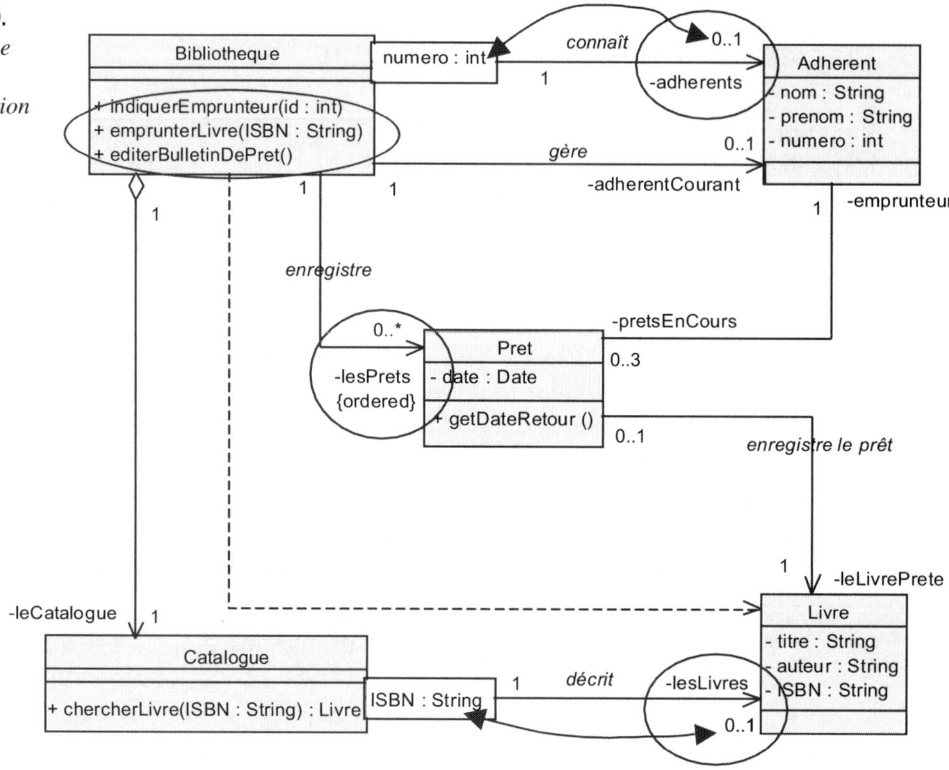

EXERCICE 8-3. Structuration en packages

Proposez un découpage du diagramme de classes de conception qui minimise les dépendances.

Réalisez un diagramme de packages d'architecture logique...

Solution

De manière similaire à l'étude de cas précédente, le catalogue de livres est un candidat naturel à la réutilisation, d'autant qu'aucune relation ne part de l'ensemble de classes *Catalogue + Livre*.

Le diagramme de packages décrivant l'architecture logique est donc donné par le schéma suivant.

Figure 8-20.
Diagramme de packages de conception

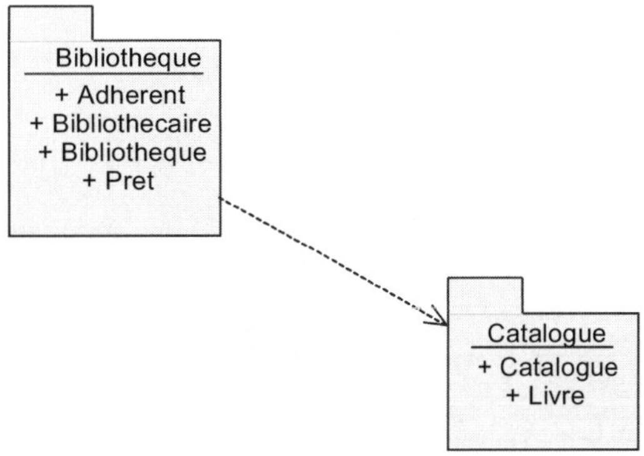

Le diagramme de classes du package Bibliothèque est très similaire à celui de la figure 8-19, mais avec l'indication de localisation des classes sous la forme (from XX) popularisée par l'outil Rational/Rose.

Figure 8-21.
Diagramme de classes de conception du package Bibliotheque

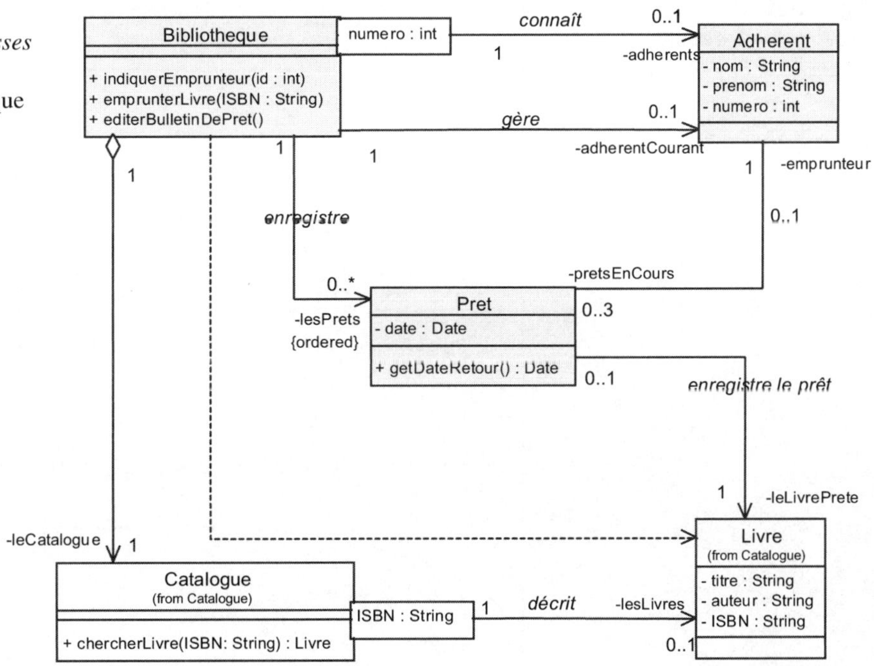

EXERCICE 8-4.
Passage au code Java

Proposez un squelette de code Java pour la classe *Bibliotheque*.

Remplissez le corps de la méthode *emprunterLivre*.

Codez la classe Bibliotheque en Java...

Solution

Comme on l'a déjà expliqué à l'étape 15 du chapitre 7, le passage du diagramme de classes au squelette de code Java et du diagramme de communication au corps des méthodes est assez direct. Ainsi, on obtient facilement le fragment suivant du fichier « Bibliotheque.java » :

Figure 8-22.
Squelette de code Java de la classe Bibliothèque

```
package bibliotheque ;

import java.util.*;
import catalogue.*;

public class Bibliotheque

{
   private Catalogue leCatalogue;
   private Map adherents = new HashMap();
   private List lesPrets = new ArrayList();
   private Adherent adherentCourant;

   public Bibliotheque ()
   {
     …
   }

   public void indiquerEmprunteur(int id)
   {
     …
   }

   public void emprunterLivre(String ISBN)
   {
     Livre livre = leCatalogue.chercherLivre(ISBN);
     Pret p = new Pret(livre, adherentCourant);
     lesPrets.add(p);
   }

   public void editerBulletinDePret()
   {
     …
   }
}
```

EXERCICE 8-5.
Passage au code C#

Proposez un squelette de code C# pour la classe *Bibliotheque*.

Remplissez le corps de la méthode *emprunterLivre*.

Codez la classe BIBLIOTHEQUE en C#...

Solution

Comme pour l'exercice 8-4, on obtient facilement le fragment suivant du fichier « Bibliotheque.cs » :

Figure 8-23.
Squelette de code C# de la classe Bibliothèque

```
namespace Bibliotheque ;

{
  using System;
  using Catalogue.* ;

  public class Bibliotheque

  {
     private Catalogue leCatalogue;
     private HashTable adherents = new HashTable();
     private ArrayList lesPrets = new ArrayList();
     private Adherent adherentCourant;

     public Bibliotheque ()
     {
       ...
     }

     public void indiquerEmprunteur(int id)
     {
       ...
     }

     public void emprunterLivre(string ISBN)
     {
       Livre livre = leCatalogue.chercherLivre(ISBN);
       Pret p = new Pret(livre, adherentCourant);
       lesPrets.add(p);
     }

     public void editerBulletinDePret()
     {
       ...
     }

} }
```

Conseils méthodologiques

ARCHITECTURE EN COUCHES

- Séparez votre application en couches. Le principal intérêt que revêt la séparation en trois couches (3-tiers) est d'isoler la logique métier des classes de présentation (IHM), ainsi que d'interdire un accès direct aux données stockées par ces classes de présentation. Le souci premier est de répondre au critère d'évolutivité : pouvoir modifier l'interface de l'application sans devoir modifier les règles métier, et pouvoir changer de mécanisme de stockage sans avoir à retoucher l'interface, ni les règles métier.
- Pour améliorer la modularité, introduisez un objet artificiel, appelé « contrôleur », entre les objets graphiques et les objets métier. Cet objet de conception connaît l'interface des objets de la couche métier et joue le rôle de « façade » vis-à-vis de la couche présentation.
- Dans les cas simples, le contrôleur peut-être un objet d'une classe d'analyse existante :
  - soit un objet représentant le système entier ou l'organisation elle-même ;
  - soit un objet représentant un rôle qui aurait réalisé l'opération système.
- Décrivez votre architecture en couches par un diagramme statique qui ne montre que des packages et leurs dépendances. Vous pouvez utiliser le stéréotype prédéfini « `layer` » pour distinguer les packages qui représentent les couches.
- N'oubliez pas que le processus d'analyse/conception est fondamentalement itératif. L'architecture préliminaire pourra être affinée ou modifiée (principalement, au niveau des partitions à l'intérieur de chaque couche) par le travail de conception qui va suivre la première découpe d'analyse.

CONTRAT D'OPÉRATION

- Utilisez les contrats d'opérations : ils permettent ainsi de faire le lien entre le point de vue fonctionnel/dynamique des cas d'utilisation et le point de vue statique d'analyse. Un contrat d'opérations décrit les changements d'état du système quand une opération système est effectuée. Ces modifications sont exprimées en termes de « post-conditions » qui détaillent le nouvel état du système après l'exécution de l'opération. Les principales post-conditions concernent la création (ou la destruction) d'objets et de liens issus du modèle statique d'analyse, ainsi que la modification de valeurs d'attributs.
- Utilisez le plan type de description textuelle de contrat d'opérations donné ci-après :
  - nom
  - responsabilités

- références
- pré-conditions
- post-conditions
- exceptions (optionnel)
- notes (optionnel)

- Concevez les opérations système en respectant leur chronologie.
- N'oubliez pas que les post-conditions ne représentent que le nouvel état du système à la fin de l'exécution de l'opération système. Elles ne sont absolument pas ordonnées : c'est le rôle du concepteur de choisir quel objet doit réaliser chaque action, et dans quel ordre.
- Pour détailler visuellement une architecture logique, il suffit de recenser toutes les classes utilisées dans les différents diagrammes, et de les représenter graphiquement à l'intérieur du package adéquat dans un diagramme de packages.

DE L'ANALYSE À LA CONCEPTION

- Pour passer de l'analyse à la conception, utilisez les trois stéréotypes de Jacobson qui permettent de montrer graphiquement comment un message émis par un acteur traverse les couches présentation, application et métier :
  - <<`boundary`>> : classes qui servent à modéliser les interactions entre le système et ses acteurs ;
  - <<`control`>> : classes utilisées pour représenter la coordination, l'enchaînement et le contrôle d'autres objets – elles sont en général reliées à un cas d'utilisation particulier ;
  - <<`entity`>> : classes qui servent à modéliser des informations durables et souvent persistantes.
- Partez des opérations système pour initialiser votre étude dynamique sous la forme de diagrammes de communication (ou de séquence).

DIAGRAMMES D'INTERACTIONS DE CONCEPTION

- Sur les diagrammes de communication, utilisez la numérotation décimale qui permet de montrer l'imbrication des messages, d'une façon comparable à la représentation des « focus of control » sur le diagramme de séquence.
- Le diagramme de séquence devient de moins en moins lisible au fur et à mesure que l'on ajoute des objets. C'est pour cette raison simple que le diagramme de communication est très utile en conception : il permet de disposer les objets dans les deux dimensions afin d'améliorer la lisibilité du schéma. Le diagramme de communication présente un autre avantage sur le diagramme de séquence : il permet aussi de représenter les relations structurelles entre les objets.

- Dans vos diagrammes de communication, utilisez la construction UML du « multi-objet ». Cela permet de ne pas ajouter trop tôt de classe de conception détaillée, liée au langage de programmation, comme *Vector* de la STL C++ ou *ArrayList* en Java, etc.
- Une idée intéressante pour améliorer la lisibilité du diagramme de communication consiste à le découper en deux en prenant l'objet contrôleur comme charnière :
  – une première partie afin de spécifier la cinématique de l'interface homme-machine avec les acteurs, les objets <<`boundary`>> et l'objet <<`control`>> ;
  – une seconde partie afin de spécifier la dynamique des couches applicatives et métier avec l'objet <<`control`>> et les objets <<`entity`>>.
- Dans un premier temps, travaillez sur les collaborations entre objets « métier », ensuite traitez le problème plus technique de l'initialisation du système informatique. Cela permet de s'assurer que les bonnes décisions d'affectation de responsabilités aux objets dans le contexte des collaborations métier contraignent bien l'initialisation, et pas le contraire.

DIAGRAMMES DE CLASSES DE CONCEPTION

- Les diagrammes de communication vont permettre d'élaborer des diagrammes de classes de conception, et ce en ajoutant principalement les informations suivantes aux classes issues du modèle d'analyse :
  – les opérations : un message ne peut être reçu par un objet que si sa classe a déclaré l'opération publique correspondante ;
  – la navigabilité des associations ou les dépendances entre classes, suivant que les liens entre objets sont durables ou temporaires, et en fonction du sens de circulation des messages.
- Attention : un lien durable entre objets va donner lieu à une association navigable entre les classes correspondantes ; un lien temporaire (par paramètre : « `parameter` », ou variable locale : « `local` ») va donner lieu à une simple relation de dépendance. N'ajoutez pas les classes qui correspondent aux multi-objets dans le diagramme de classes de conception, de façon à rester le plus longtemps possible indépendant du langage de programmation cible.
- Par rapport aux messages des diagrammes de communication, ne faites pas apparaître dans les diagrammes de classes de conception :
  – les opérations de création (message *create*) ;
  – les opérations génériques sur les classes conteneurs (*add*(), etc.) ;
  – les opérations d'accès aux attributs.
- Vous pouvez utiliser les stéréotypes « `parameter` » et « `local` »[1] sur les dépendances entre classes, pour refléter le type de lien temporaire qui existe entre les objets correspondants dans le diagramme de communication.

1. Bien que ces stéréotypes semblent avoir disparu du standard UML dans UML-2.0, nous continuerons à en préconiser l'utilisation.

- Conserver un couplage faible est un principe qu'il faut bien avoir à l'esprit pour toutes les décisions de conception ; c'est un objectif sous-jacent à évaluer d'une façon continue. En effet, en y pourvoyant, on obtient en général une application plus évolutive et plus facile à maintenir.
- N'oubliez pas de faire aussi figurer dans le diagramme de classes celles qui n'appartiennent pas au package courant. En effet, il est important de montrer leurs relations avec des classes du package courant pour justifier ensuite le sens des dépendances entre les packages englobants. Précisément, il ne faut représenter que les associations navigables, les dépendances ou les généralisations qui pointent vers les classes externes à celles du package concerné.

PASSAGE AU CODE OBJET

- Les modèles UML de conception permettent de produire aisément du code dans un langage de programmation objet tel que Java ou C# :
  - les diagrammes de classes permettent de décrire le squelette du code, à savoir toutes les déclarations ;
  - les diagrammes de communication (ou de séquence) permettent d'écrire le corps des méthodes, en particulier la séquence d'appels de méthodes sur les objets qui interagissent.
- En première approche :
  - la classe UML devient une classe Java ou C# ;
  - les attributs UML deviennent des variables d'instances Java ou C# ;
  - les méthodes qui permettent l'accès en lecture (*get*) et en écriture (*set*) aux attributs, pour respecter le principe d'encapsulation, sont implicites (en C#, on utilisera la notion de *property*) ;
  - les opérations UML deviennent des méthodes Java ou C# ;
  - les rôles navigables produisent des variables d'instances, tout comme les attributs, mais avec un type utilisateur au lieu d'un type simple ;
  - le constructeur par défaut est implicite.
- N'oubliez pas la directive d'importation pour les relations avec les classes qui appartiennent à d'autres packages, ainsi que pour les classes de base Java ou C# .
- Comment traduire les associations navigables de multiplicité « * » ? Utilisez un attribut de type collection de références d'objets au lieu d'une simple référence sur un objet. La difficulté consiste à choisir la bonne collection parmi les très nombreuses classes de base que proposent Java et C#. Bien qu'il soit possible de créer des tableaux d'objets, ce n'est pas forcément la bonne solution. En la matière, on préfère plutôt recourir à des collections, parmi lesquelles les plus utilisées sont :
  - En Java : *ArrayList* (anciennement *Vector*) et *HashMap* (anciennement *HashTable*). Utilisez *ArrayList* si vous devez respecter un ordre et récupérer les objets à partir d'un indice entier ; utilisez *HashMap* si vous souhaitez récupérer les objets à partir d'une clé arbitraire.

– En C# : *ArrayList, SortedList* et *HashTable*. Utilisez *ArrayList* si vous devez respecter un ordre et récupérer les objets à partir d'un indice entier ; utilisez *HashTable* ou *SortedList* si vous souhaitez récupérer les objets à partir d'une clé arbitraire.

DIAGRAMMES DE COMPOSANTS ET DE DÉPLOIEMENT

- Décrivez l'implantation physique de votre application grâce à deux derniers types de diagrammes proposés par UML :
  – le diagramme de composants ;
  – le diagramme de déploiement.
- Utilisez le diagramme de composants pour montrer les dépendances précises entre les composants logiciels qui constituent l'application. Détaillez si possible les interfaces des composants et reliez les dépendances aux interfaces plutôt qu'aux composants dans leur ensemble. Utilisez la nouvelle notation UML 2.0 pour l'interface requise :

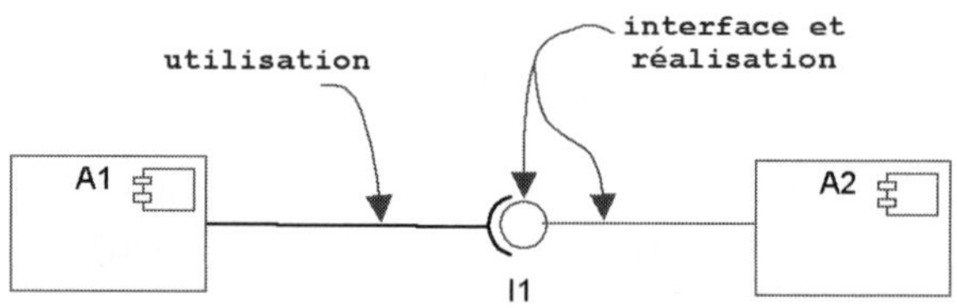

- Utilisez le diagramme de déploiement pour montrer la configuration physique des différents matériels qui participent à l'exécution du système, ainsi que les instances de composants qu'ils supportent. Attention : les composants qui n'existent plus au « run-time » n'apparaissent pas sur ce diagramme ; ils doivent être représentés sur les diagrammes de composants.

CONCLUSION

Nous avons donc terminé cette première visite guidée dans le monde merveilleux de la conception orientée objet ! Il y aurait encore bien d'autres sujets à évoquer, entre autres, la conception d'interfaces homme-machine, la gestion de la persistance, la distribution de composants. Si vous souhaitez approfondir certains de ces thèmes, vous pourrez vous reporter à la bibliographie qui est présentée en annexe[2]. Nous vous conseillons en particulier de passer du temps à étudier les fameux « Design Patterns ».

2. On trouve également de nombreuses ressources utiles sur le Web :
- www.hillside.net/patterns (le site officiel des design patterns…)
- www.dotnetguru.org (un très bon site français sur la plate-forme .NET, C#, etc.)
- www.therationaledge.com (un magazine gratuit en ligne…)

Annexe 1

Correspondances UML – Java – C#

UML est un langage de modélisation visuelle, Java et C# sont des langages de programmation textuels. UML est plus riche que les langages de programmation dans le sens où il offre des moyens d'expression plus abstraits et plus puissants. Cependant, il existe généralement une façon privilégiée de traduire les concepts UML en déclarations Java ou C# (nous avons également essayé de respecter les conventions de nommage de chaque langage).

Cette annexe vous propose une synthèse des correspondances importantes entre les concepts de modélisation UML et le monde de l'implémentation dans un langage orienté objet[1].

1. Pour un approfondissement des différences entre les langages Java et C#, allez faire un tour sur www.dotnetguru.org. Vous y trouverez en particulier un article intitulé : « L'essentiel de C# versus Java » (www.dotnetguru.org/article.php?sid=18)

LA STRUCTURE STATIQUE

Les concepts structuraux (ou statiques) tels que classes et interfaces sont fondamentaux aussi bien en UML qu'en Java ou C#. Ils sont représentés en UML dans les diagrammes de classes, et constituent le squelette d'un code orienté objet.

CLASSE

La classe est le concept fondamental de toute technologie objet. Le mot-clé correspondant existe aussi bien en Java qu'en C#.

Par défaut chaque classe UML devient un fichier .java (Java) ou .cs (C#).

<table>
<tr><th>UML</th><th>Java</th></tr>
<tr><td rowspan="3">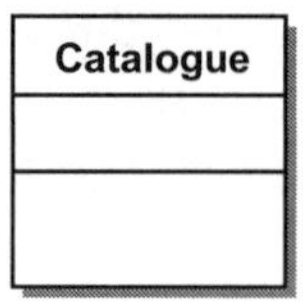
</td><td>public class Catalogue {
    ...
}</td></tr>
<tr><th>C#</th></tr>
<tr><td>public class Catalogue {
    ...
}</td></tr>
</table>

Une classe abstraite est simplement une classe qui ne s'instancie pas directement mais qui représente une pure abstraction afin de factoriser des propriétés. Elle se note en *italique*.

<table>
<tr><th>UML</th><th>Java</th></tr>
<tr><td rowspan="3">
</td><td>abstract public class Personne {
    ...
}</td></tr>
<tr><th>C#</th></tr>
<tr><td>abstract public class Personne {
    ...
}</td></tr>
</table>

INTERFACE

La notion UML d'interface (représentée sous ses deux formes graphiques) se traduit par le mot-clé correspondant aussi bien en Java qu'en C#.

UML	Java	C#

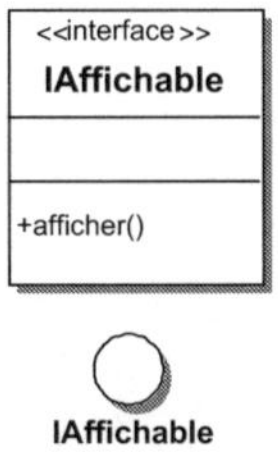	`interface IAffichable {`
	`    void afficher();`
	`}`
		`interface IAffichable {`
		`    void Afficher();`
		`}`

PACKAGE

Le package en tant que regroupement de classes ou d'interfaces existe aussi bien en Java qu'en C#, mais avec une syntaxe différente.

UML	Java	C#

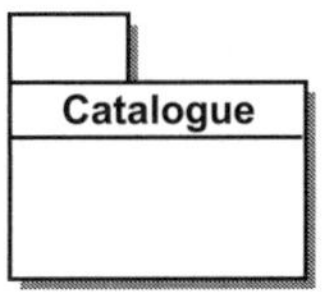	`package catalogue;`
	`...`
		`namespace Catalogue`
		`{`
		`    ...`
		`}`

ATTRIBUT

Les attributs deviennent des variables en Java et en C#. Leur type est soit un type primitif (`int`, etc.), soit une classe fournie par la plate-forme (`String`, `Date`, etc.). Attention à ne pas oublier dans ce cas la directive d'importation du package correspondant.

La visibilité des attributs est montrée en les faisant précéder par + pour public, # pour protégé (`protected`), - pour privé (`private`).

Les attributs de classe en UML deviennent des membres statiques en Java ou en C#.

Les attributs de type référence à un autre objet ou à une collection d'objets sont discutés dans la section « Association ».

UML

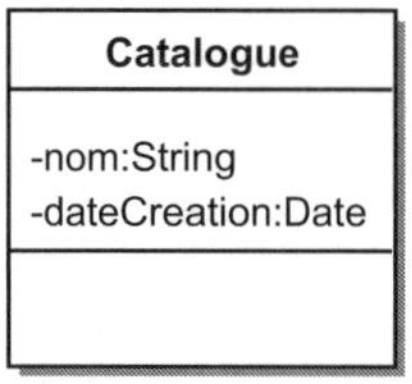

Java

```
import java.util.Date;

public class Catalogue {
    private String nom;
    private Date dateCreation;
    ...
}
```

C#

```
using System;

public class Catalogue {
    private string nom;
    private DateTime dateCreation;
    ...
}
```

UML

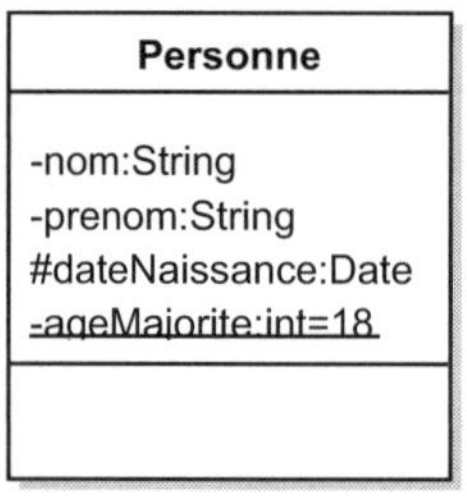

Java

```
abstract public class Personne {
    private String nom;
    private String prenom;
    protected Date dateNaissance;
    private static int ageMajorite = 18;
}
```

C#

```
abstract public class Personne {
    private string nom;
    private string prenom;
    protected DateTime dateNaissance;
    private static int ageMajorite = 18;
}
```

OPÉRATION

Les opérations deviennent des méthodes en Java et en C#.

Leur visibilité est définie avec les mêmes conventions que les attributs.

Les opérations de classe deviennent des méthodes statiques ; les opérations abstraites (en italique) se traduisent par le mot-clé correspondant en Java ou en C#.

UML

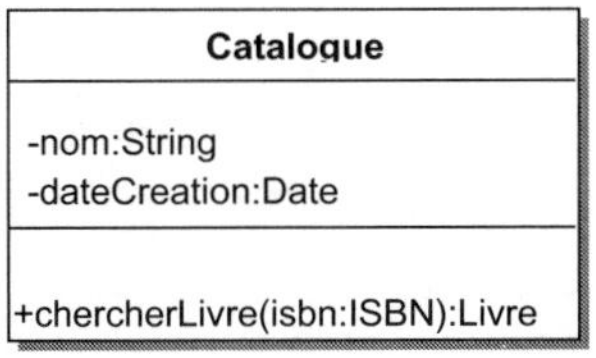

Java

```
public class Catalogue {
    private String nom;
    private Date dateCreation;
    public Livre chercherLivre(ISBN isbn) {
        …
    }
    …
}
```

C#

```
public class Catalogue {
    private string nom;
    private DateTime dateCreation;
    public Livre ChercherLivre(ISBN isbn) {
        …
    }
    …
}
```

UML

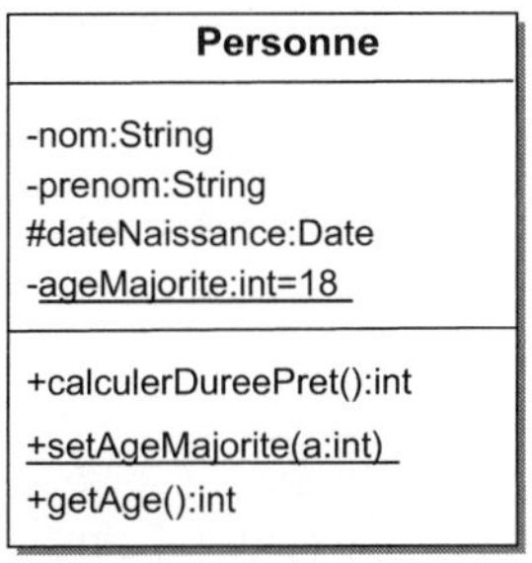

Java

```
abstract public class Personne {
    private String nom;
    private String prenom;
    protected Date dateNaissance;
    private static int ageMajorite = 18;
    public abstract int calculerDureePret();
    public static void setAgeMajorite(int aMaj) {
    …
    }
    public int getAge() {
    …
    }
}
```

C#

```
abstract public class Personne {
    private string nom;
    private string prenom;
    protected DateTime dateNaissance;
    private static int ageMajorite = 18;
    public abstract int CalculerDureePret();
    public static void SetAgeMajorite(int aMaj) {
    …
    }
    public int GetAge() {
    …
    }
}
```

LES RELATIONS

Les relations UML entre concepts statiques sont très riches et ne se traduisent pas toutes de façon simple par un mot-clé dans les langages objet Java ou C#.

GÉNÉRALISATION

Le concept UML de généralisation se traduit directement par le mécanisme de l'héritage dans les langages objet. La syntaxe est différente en Java et en C#.

<table>
<tr><th>UML</th><th>Java</th></tr>
<tr><td rowspan="3">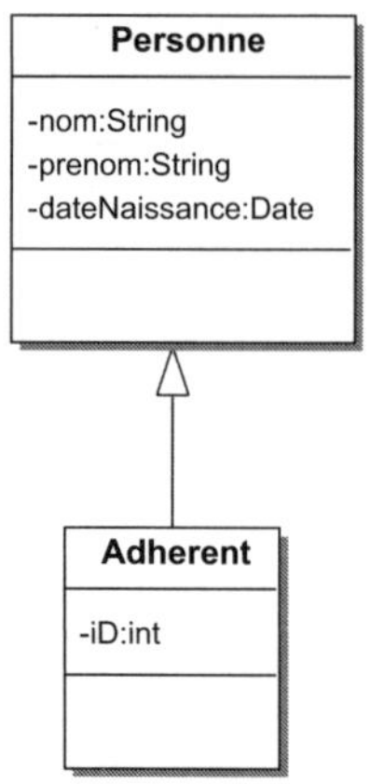
</td><td>

```
public class Adherent extends Personne {
    private int iD;
}
```

</td></tr>
<tr><th>C#</th></tr>
<tr><td>

```
public class Adherent : Personne {
    private int iD;
}
```

</td></tr>
</table>

RÉALISATION

Une classe UML peut implémenter plusieurs interfaces. Contrairement à C++, les langages Java et C# proposent directement ce mécanisme, mais pas l'héritage multiple entre classes.

C# utilise la syntaxe du C++ pour l'héritage. Le même mot-clé s'utilise pour l'héritage d'implémentation et d'interface contrairement à Java qui spécifie `extends` et `implements`.

UML

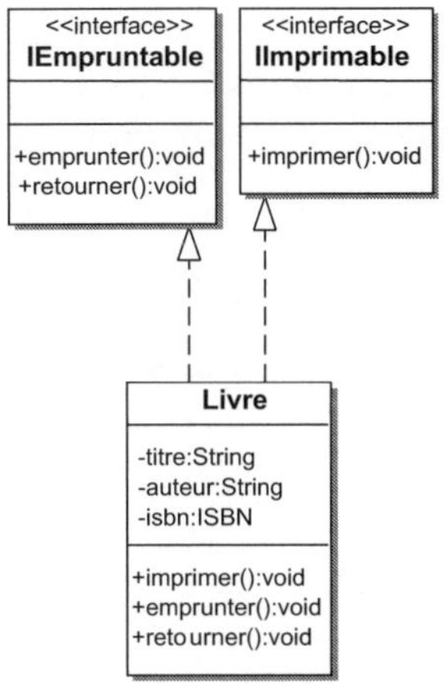

Java

```
public class Livre implements
 IImprimable, IEmpruntable {
    private String titre;
    private String auteur;
    private ISBN isbn;
    public void imprimer(){
    ...
}
    public void emprunter(){
    ...
}
    public void retourner(){
    ...
 }
}
```

C#

```
public class Livre :
 IImprimable, IEmpruntable {
    private string titre;
    private string auteur;
    private ISBN isbn;
    public void Imprimer(){
    ...
}
    public void Emprunter(){
    ...
}
    public void Retourner(){
    ...
 }
}
```

DÉPENDANCE

La dépendance est un concept très général en UML.

Une dépendance entre une classe A et une classe B existe par exemple si A possède une méthode prenant comme paramètre une référence sur une instance de B, ou si A utilise une opération de classe de B. Il n'existe pas de mot-clé correspondant en Java ou en C#.

La dépendance entre packages se traduit de façon indirecte par des directives d'importation ou d'usage en Java et en C#.

UML	Java
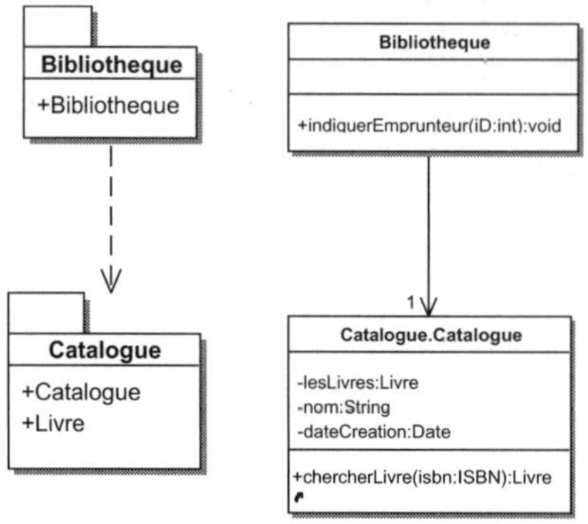	voir code ci-dessous

Java

```
package bibliotheque;

import catalogue;
public class Bibliotheque {
    private Catalogue leCatalogue;
    ...
    }
}
```

C#

```
namespace Bibliotheque
{
  using Catalogue;
  public class Bibliotheque {
    private Catalogue leCatalogue;
    ...
    }
  }
}
```

ASSOCIATION

Les associations navigables se traduisent par du code Java ou C# qui dépend notamment de la multiplicité de l'extrémité concernée, mais aussi de l'existence d'une contrainte `{ordered}` ou d'un qualificatif.

Une association navigable avec une multiplicité 1 se traduit par une variable d'instance, tout comme un attribut, mais avec un type référence vers une instance de classe du modèle au lieu d'un type simple.

Une multiplicité « * » va se traduire par un attribut de type collection de références d'objets au lieu d'une simple référence sur un objet. La difficulté consiste à choisir la bonne collection parmi les très nombreuses classes de base que proposent Java et C#. Bien qu'il soit possible de créer des tableaux d'objets, ce n'est pas forcément la bonne solution. En la matière, on préfère plutôt recourir à des collections, parmi lesquelles les plus utilisées sont :

- En Java : *ArrayList* (anciennement *Vector*) et *HashMap* (anciennement *HashTable*). Utilisez *ArrayList* si vous devez respecter un ordre et récupérer les objets à partir d'un indice entier ; utilisez *HashMap* si vous souhaitez récupérer les objets à partir d'une clé arbitraire.
- En C# : *ArrayList*, *SortedList* et *HashTable*. Utilisez *ArrayList* si vous devez respecter un ordre et récupérer les objets à partir d'un indice entier ; utilisez *HashTable* ou *SortedList* si vous souhaitez récupérer les objets à partir d'une clé arbitraire.

UML	Java	C#

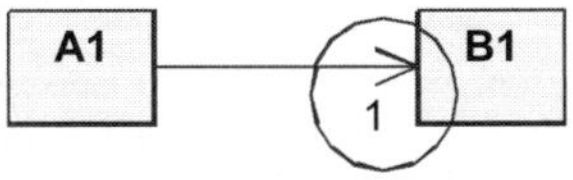	public class A1 {
	    private B1 leB1;
	    …
	}
		public class A1 {
		    private B1 leB1;
		    …
		}

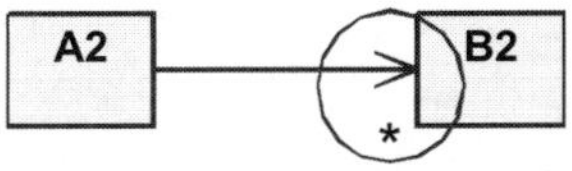	public class A2 {
	    private B2 lesB2[];
	    …
	}
		public class A2 {
		    private B2[] lesB2;
		    …
		}

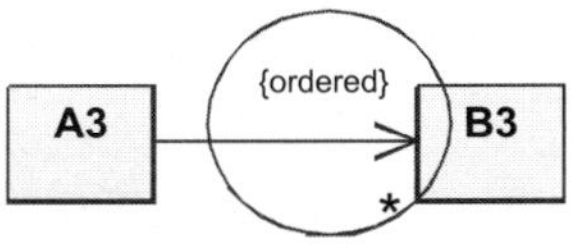	public class A3 {
	    private List lesB3
	    = new ArrayList();
	    …
	}
		public class A3 {
		    private ArrayList lesB3
		    = new ArrayList();
		    …
		}

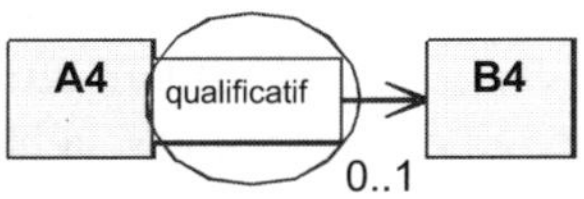	public class A4 {
	    private Map lesB4
	    = new HashMap ();
	    …
	}
		public class A4 {
		    private HashTable lesB4
		    = new HashTable ();
		    …
		}

Une association bidirectionnelle se traduit simplement par une paire de références, une dans chaque classe impliquée dans l'association. Le nom des rôles aux extrémités d'une association servent à nommer les variables de type référence.

UML	Java	C#

	public class Homme {
	    private Femme epouse;
	    …
	}
	
	public class Femme {
	    private Homme mari;
	    …
	}
		public class Homme {
		    private Femme epouse;
		    …
		}
		
		public class Femme {
		    private Homme mari;
		    …
		}

Une association réflexive se traduit simplement par une référence sur un objet de la même classe.

<table>
<tr><th rowspan="1">UML</th><th>Java</th></tr>
<tr><td rowspan="3">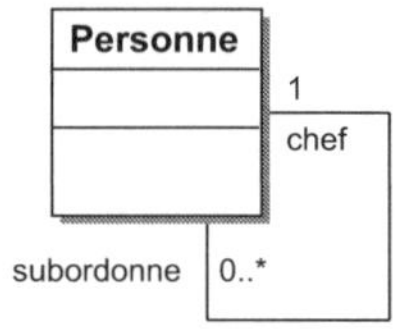
</td><td><pre>public class Personne {
    private Personne subordonne[];
    private Personne chef ;
    ...
}</pre></td></tr>
<tr><th>C#</th></tr>
<tr><td><pre>public class Personne {
    private Personne[] subordonne;
    private Personne chef ;
    ...
}</pre></td></tr>
</table>

AGRÉGATION ET COMPOSITION

L'agrégation est un cas particulier d'association non symétrique exprimant une relation de contenance. Les agrégations n'ont pas besoin d'être nommées : implicitement elles signifient « contient », « est composé de ». La sémantique des agrégations n'est pas fondamentalement différente de celle des associations simples, elles se traduisent donc comme indiqué précédemment en Java ou en C#. La seule contrainte est qu'une association ne peut contenir de marque d'agrégation qu'à l'une de ses extrémités.

Une composition est une agrégation plus forte impliquant que :

- une partie ne peut appartenir qu'à un seul composite (agrégation non partagée) ;
- la destruction du composite entraîne la destruction de toutes ses parties (le composite est responsable du cycle de vie des parties).

Dans certains langages objet, par exemple C++, la composition implique la propagation du destructeur, mais cela ne s'applique ni à Java ni à C#.

Par contre, la notion de classe imbriquée peut s'avérer intéressante pour traduire la composition. Elle n'est cependant pas du tout obligatoire.

UML	Java	C#

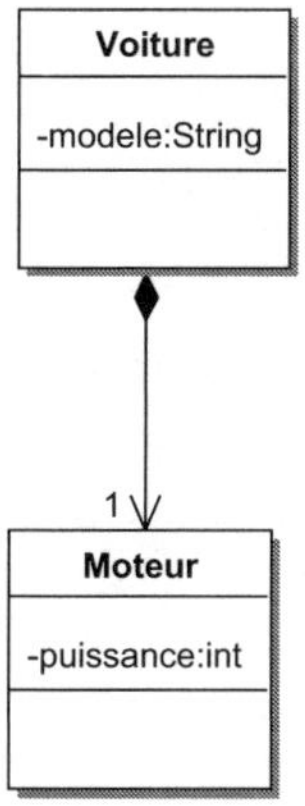	public class Voiture {
	private String modele;
	private Moteur moteur;
	private static class Moteur {
	private int puissance;
	}
	...
	}
		public class Voiture {
		private string modele;
		private Moteur moteur;
		private class Moteur {
		private int puissance;
		}
		...
		}

CLASSE D'ASSOCIATION

Il s'agit d'une association promue au rang de classe. Elle possède tout à la fois les caractéristiques d'une association et d'une classe et peut donc porter des attributs qui se valorisent pour chaque lien. Ce concept UML avancé n'existe pas dans les langages de programmation objet, il faut donc le traduire en le transformant en classe normale, et en ajoutant des variables de type référence.

UML	Java / C#

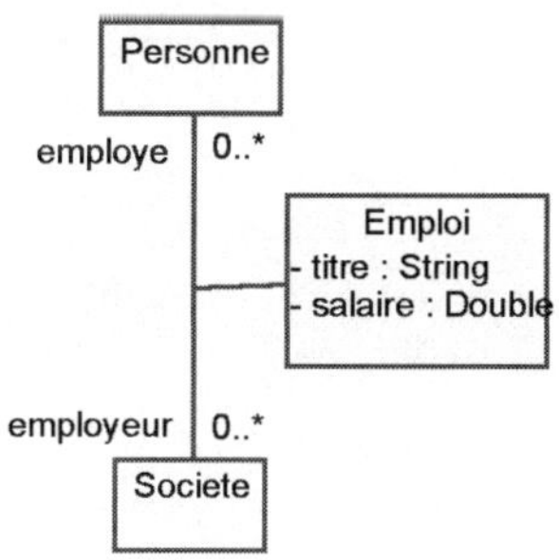	**Java**
	public class Emploi {
	private String titre;
	private double salaire;
	private Personne employe;
	private Societe employeur ;
	...
	}
	C#
	public class Emploi {
	private string titre;
	private double salaire;
	private Personne employe;
	private Societe employeur ;
	...
	}

Annexe 2

Glossaire

Le glossaire qui suit est principalement inspiré du document de l'OMG spécifiant UML 2.0 (03-08-02.pdf).

ACTEUR ■ Construction qui représente un rôle joué par un utilisateur humain ou un autre système qui interagit directement avec le système étudié.

ACTEUR MÉTIER ■ Acteur stéréotypé qui représente une entité externe à l'entreprise (dans le cadre de la modélisation métier).

ACTEUR PRINCIPAL ■ Acteur pour qui le cas d'utilisation produit un résultat observable (par opposition à acteur *secondaire*). Le nom du cas d'utilisation doit correspondre à l'objectif de l'acteur principal.

ACTEUR SECONDAIRE ■ Acteur qui n'est sollicité par le système que lors du cas d'utilisation, ou qui en retire un résultat secondaire (par opposition à acteur *principal*).

ACTION ■ Unité fondamentale de spécification comportementale qui représente un traitement ou une transformation. Les actions sont contenues dans les activités, qui fournissent leur contexte.

ACTIVITÉ ■ Spécification d'un comportement paramétré qui est exprimé par un flot d'exécution *via* une séquence d'unités subordonnées (dont les éléments primitifs sont des actions individuelles).

ACTIVITÉ CONTINUE ■ Activité durable qui ne s'arrête que lorsque se produit un événement qui fait sortir l'objet de l'état englobant.

ACTIVITÉ FINIE ■ Activité durable qui peut être interrompue par un événement, mais s'arrête de toute façon d'elle-même au bout d'un certain temps, ou quand une certaine condition est remplie.

AGRÉGATION ■ Forme d'association non symétrique qui exprime un couplage fort et une relation de subordination.

ARCHITECTURE ■ Ensemble des décisions significatives ayant trait à l'organisation d'un système logiciel, à la sélection des éléments structurels dont le système est composé et de leurs interfaces, ainsi qu'à leur comportement tel qu'il est spécifié dans les collaborations entre ces éléments.

ARCHITECTURE LOGIQUE ■ 1) *En analyse* : vue de l'architecture d'un système comprenant les classes d'analyse, les packages d'analyse et les réalisations de cas d'utilisation ; vue qui, pour l'essentiel, affine et structure les besoins du système.

2) *En conception* : vue de l'architecture d'un système comprenant les classes de conception, les sous-systèmes de conception, les interfaces et les réalisations de cas d'utilisation qui constituent le vocabulaire du domaine de la solution du système.

ASSOCIATION ■ Relation entre classifieurs (classes, cas d'utilisation, etc.), qui décrit un ensemble de liens entre instances.

ASYNCHRONE ■ Forme de communication non bloquante et sans accusé de réception.

ATTRIBUT ■ Propriété structurelle d'un classifieur qui caractérise ses instances.

ATTRIBUT DÉRIVÉ ■ Attribut intéressant pour l'analyste, mais redondant, car sa valeur peut être déduite d'autres informations disponibles dans le modèle.

CAS D'UTILISATION ■ Un cas d'utilisation (*use case*) représente un ensemble de séquences d'actions qui sont réalisées par le système et qui produisent un résultat observable intéressant pour un acteur particulier. On peut également le voir comme une collection de scénarios reliés par un objectif utilisateur commun.

CLASSE ■ Description abstraite d'un ensemble d'objets qui partagent les mêmes propriétés, comportements et sémantique.

CLASSE ABSTRAITE ■ Classe qui ne s'instancie pas directement.

CLASSE CONCRÈTE ■ Par opposition à une classe abstraite, classe qui s'instancie directement pour donner des objets.

CLASSE D'ASSOCIATION ■ Association promue au rang de classe. Elle possède tout à la fois les caractéristiques d'une association et d'une classe. Permet de décrire des attributs qui se valorisent pour des liens et non pas pour des objets.

COLLABORATION ■ Société de classes, d'interfaces et d'autres éléments travaillant de concert pour fournir un comportement coopératif plus important que la somme de tous ses éléments. Une collaboration définit le contexte d'une interaction.

COLLECTION ■ Terme générique qui désigne tous les regroupements d'objets sans préciser la nature du regroupement.

COMPOSANT ■ Partie modulaire d'un système qui encapsule son contenu. Un composant définit son comportement en termes d'interfaces fournies et requises.

COMPOSITION ■ Forme forte d'agrégation, dans laquelle les parties ne peuvent appartenir à plusieurs agrégats et où le cycle de vie des parties est subordonné à celui de l'agrégat.

CONCEPTION ■ Détermination du *comment* d'une application (par opposition à l'analyse qui spécifie le *quoi*).

CONDITION (de garde) ■ Expression booléenne qui doit être vraie pour que la transition qui la porte soit validée lorsque l'événement déclencheur se produit.

CONSTRUCTEUR ■ Opération de classe qui construit des objets.

CONTRAINTE ■ Relation sémantique entre éléments de modélisation qui définit une condition qui doit être vérifiée par les éléments concernés. Elle peut être exprimée en texte libre ou dans une notation plus formelle.

CONTRAT D'OPÉRATION ■ Description des changements d'états du système quand une opération système est effectuée. Ces modifications sont exprimées en termes de « post-conditions » qui détaillent le nouvel état du système après l'exécution de l'opération.

CONTRÔLEUR ■ Objet artificiel introduit pour séparer les couches logicielles « Présentation » et « Métier ».

COUCHE ■ Segmentation horizontale des modèles.

COUPLAGE ■ 1) Dépendance entre éléments de modélisation.
2) Le « couplage » représente une mesure de la quantité d'autres classes auxquelles une classe donnée est connectée, dont elle a connaissance, ou dont elle dépend.

DÉLÉGATION ■ Mécanisme de communication entre objets qui permet à un objet fournisseur de confier des tâches à un objet sous-traitant, sans le montrer à l'objet client.

DÉPENDANCE ■ Relation sémantique entre deux éléments, dans laquelle la modification d'un des éléments (l'élément indépendant) peut affecter la sémantique de l'autre élément (l'élément dépendant).

DÉPLOIEMENT ■ Le déploiement montre la configuration physique des différents matériels qui participent à l'exécution du système, ainsi que les instances de composants qu'ils supportent.

ENTITÉ MÉTIER ■ Classe stéréotypée qui représente une entité passive, manipulée par un travailleur métier (dans le cadre de la modélisation métier).

ERREUR (ou exception) ■ Événement qui provoque la terminaison prématurée d'un cas d'utilisation et qui empêche d'atteindre les post-conditions.

ESSENTIEL ■ Se dit d'un cas d'utilisation analytique, indépendant de toute technologie d'interfaçage avec les acteurs.

ÉTAT ■ Condition ou situation qui se produit dans la vie d'un objet pendant laquelle il satisfait une certaine condition, exécute une activité particulière ou attend certains événements.

ÉVÉNEMENT ■ Spécification d'une occurrence remarquable qui a une localisation dans le temps et l'espace. Un événement peut déclencher une transition dans le contexte des diagrammes d'états.

ÉVÉNEMENT INTERNE ■ Formalisé par le pseudo-événement « `when` » suivi d'une expression booléenne en argument : la transition est déclenchée lorsque la condition passe de faux à vrai.

ÉVÉNEMENT TEMPOREL ■ Formalisé par le pseudo-événement « `after` » suivi d'une durée en argument qui représente l'échéance d'un *timer*.

EXTENSION ■ Relation stéréotypée `extend` entre cas d'utilisation : le cas d'utilisation de base en incorpore implicitement un autre, de façon optionnelle, à un endroit spécifié indirectement dans celui qui procède à l'extension.

FACTORISATION ■ Identification puis extraction de similitudes entre classes au moyen d'une superclasse.

GÉNÉRALISATION ■ Relation entre classifieurs où les descendants héritent les propriétés de leur parent commun. Ils peuvent néanmoins comprendre chacun des propriétés spécifiques supplémentaires, mais aussi modifier les comportements hérités.

GÉNÉRALISATION MULTIPLE ■ Forme de généralisation dans laquelle une classe dérive de plusieurs superclasses. Souvent synonyme d'héritage multiple.

HÉRITAGE ■ Mécanisme par lequel des éléments plus spécifiques récupèrent automatiquement la structure et le comportement d'éléments plus généraux ; principale technique de réalisation de la généralisation.

IDENTITÉ ■ Caractéristique intrinsèque d'un objet qui le distingue de tous les autres objets.

IMPORTATION ■ Relation de dépendance entre packages qui rend visibles les éléments publics d'un package au sein d'un autre package.

INCLUSION ■ Relation stéréotypée « `include` » entre cas d'utilisation : le cas d'utilisation de base en incorpore explicitement un autre, de façon obligatoire, à un endroit spécifié dans ses enchaînements.

INSTANCE ■ Une entité possédant une identité unique, créée à partir d'un classifieur (un objet est une instance d'une classe).

INTERFACE ■ Partie visible d'une classe ou d'un package ; parfois synonyme de spécification ou de vue externe, ou encore de vue publique. Ensemble nommé d'opérations qui caractérise le comportement d'un élément.

LIEN ■ Connexion sémantique entre objets par laquelle un objet peut communiquer avec un autre objet par envoi de message. Une instance d'association.

LIGNE DE VIE ■ Représentation de l'existence d'un élément participant dans un diagramme de séquence.

MESSAGE ■ Élément de communication unidirectionnel entre objets qui déclenche une activité dans l'objet destinataire. La réception d'un message provoque un événement dans l'objet récepteur.

Utilisé dans les diagrammes de séquence système pour représenter les interactions entre les acteurs et le système vu comme une boîte noire.

MÉTHODE ■ Réalisation d'une opération. Elle spécifie l'algorithme ou la procédure associée à l'opération.

MODÉLISATION MÉTIER ■ Modélisation des processus, des ressources et de l'organisation d'une entreprise, en amont de toute informatisation.

MULTI-OBJET ■ Construction UML qui représente en un seul symbole plusieurs objets de la même classe (en particulier dans un diagramme de collaboration). Cela permet de ne pas ajouter trop tôt des classes de conception détaillée, liées au langage de programmation.

MULTIPLICITÉ ■ Décrit le nombre d'objets (min et max) qui peuvent participer à une relation avec un autre objet dans le cadre d'une association. Plus généralement, une multiplicité est un sous-ensemble des entiers non négatifs.

NAVIGABILITÉ ■ Qualité d'une association qui permet le passage d'une classe à l'autre dans une direction donnée.

NŒUD ■ Élément physique existant à l'exécution et représentant une ressource de calcul, doté en principe au moins de mémoire et souvent de capacités de traitement.

OBJET ■ Entité aux frontières bien définies qui est constituée d'un état, d'un comportement et d'une identité ; un objet est une instance d'une classe.

OPÉRATION ■ Élément de comportement des objets, défini de manière globale dans la classe. Spécification d'une méthode.

OPÉRATION SYSTÈME ■ Comportement de niveau système, déclenché par un message provenant d'un acteur (par analogie à une opération au niveau d'un objet, déclenchée par une réception de message provenant d'un autre objet).

PACKAGE ■ Mécanisme général de regroupement d'éléments en UML, qui peut être utilisé par exemple pour regrouper des cas d'utilisation, ou des classes et des associations. Les packages peuvent être imbriqués dans d'autres packages.

PATTERN ■ Solution de modélisation récurrente et documentée, applicable dans un contexte donné. En UML, il s'agit d'une collaboration paramétrée.

POST-CONDITION ■ Condition booléenne qui devient vraie pour le système à la fin de l'exécution d'un cas d'utilisation, sauf pour les scénarios d'erreur. Également utilisée pour spécifier dans une opération la condition booléenne qui doit être vraie après l'exécution de l'opération.

PRÉ-CONDITION ■ Condition booléenne qui doit être vraie pour que l'exécution d'un cas d'utilisation puisse démarrer ; ou avant l'exécution d'une opération.

PRIVÉ ■ Invisible de l'extérieur d'une classe (ou d'un package).

PROCESSUS MÉTIER ■ Cas d'utilisation stéréotypé qui permet de représenter un processus d'entreprise (dans le cadre de la modélisation métier).

PSEUDO-ÉTAT ■ Désigne des états particuliers dans le cadre du diagramme d'états, comme l'état initial, l'état final et l'historique.

PUBLIC ■ Visible de l'extérieur d'une classe (ou d'un package).

QUALIFICATIF ■ Attribut qui permet de « partitionner » l'ensemble des objets en relation avec un objet donné dans le cadre d'une association multiple.

RÉEL ■ Se dit d'un cas d'utilisation décrit du point de vue de la conception, en termes d'événements d'interface utilisateur, d'entrées de données, etc.

RÉFLEXIVE ■ Se dit d'une association dont les rôles concernent la même classe.

RÉGION CONCURRENTE ■ Ensemble de sous-états exclusifs qui peuvent exister simultanément avec d'autres sous-états contenus dans le même super-état.

RÔLE ■ Nom donné à une extrémité d'une association ; par extension, manière dont les instances d'une classe voient les instances d'une autre classe au travers d'une association.

SCÉNARIO ■ Une succession particulière d'enchaînements, qui s'exécute du début à la fin du cas d'utilisation. On distingue classiquement le scénario nominal, les scénarios alternatifs et ceux d'erreur.

SIGNATURE ■ Identifiant non ambigu d'une opération, construit à partir du nom de l'opération et de ses paramètres (ainsi que de son paramètre de retour optionnel).

SOUS-CLASSE ■ Classe spécialisée, reliée à une autre classe plus générale par une relation de généralisation.

SOUS-ÉTAT ■ État englobé dans un super-état. Les sous-états peuvent être séquentiels ou concurrents.

SPÉCIALISATION ■ Point de vue descendant porté sur une classification, par opposition à généralisation.

STÉRÉOTYPE ■ Création d'un nouvel élément de modélisation par extension de la sémantique d'un élément existant du métamodèle UML. Certains stéréotypes sont prédéfinis dans UML, d'autres peuvent être définis par l'utilisateur.

SUPER-CLASSE ■ Classe générale reliée à une autre classe plus spécialisée par une relation de généralisation.

SUPER-ÉTAT ■ État composite qui contient des sous-états.

SYNCHRONE ■ Forme de communication bloquante, avec accusé de réception implicite.

TRANSITION ■ Connexion entre deux états d'un automate, qui est déclenchée par l'occurrence d'un événement, et conditionnée par une condition de garde, induisant certaines activités.

TRANSITION AUTOMATIQUE ■ Transition sans événement déclencheur explicite. Représente la terminaison de l'activité durable finie de l'état de départ.

TRANSITION INTERNE ■ Transition sans état d'arrivée. Représente une réponse à un événement sans changement d'état.

TRANSITION PROPRE ■ Transition pour laquelle l'état d'arrivée est le même que l'état de départ. Provoque néanmoins une sortie de l'état puis une rentrée dans ce même état, ce qui déclenche les éventuelles activités de sortie et d'entrée.

TRAVAILLEUR MÉTIER ■ Classe stéréotypée qui représente un humain agissant à l'intérieur de l'entreprise (dans le cadre de la modélisation métier).

UNITÉ D'ORGANISATION ■ Package stéréotypé qui structure le modèle métier (dans le cadre de la modélisation métier).

USE CASE ■ Voir *cas d'utilisation*.

VISIBILITÉ ■ Niveau d'encapsulation des attributs et des opérations dans les classes (en standard : public, protégé ou privé).

Annexe 3

Bibliographie

Bibliographie ch1-2

[Adolph 02] *Patterns for Effective Use Cases*, S. Adolph, P. Bramble, 2002, Addison-Wesley.

[Bittner 02] *Use Case Modeling*, K. Bittner, I. Spence, 2002, Addison-Wesley.

[Booch 00] *Le guide de l'utilisateur UML,* G. Booch et al., 2000, Eyrolles.

[Cockburn 01] *Rédiger des cas d'utilisation efficaces*, A. Cockburn, 2001, Eyrolles.

[Jacobson 92] *Object-Oriented Software Engineering: A Use Case Driven Approach*, I. Jacobson, 1992, Addison-Wesley.

[Jacobson 00] *Le processus unifié de développement logiciel*, I. Jacobson et al., 2000, Eyrolles.

[Kulak 03] *Use Cases: Requirements in Context*, D. Kulak, E. Guiney, 2003, Addison-Wesley.

[Larman 97] *Applying UML and Patterns: An Introduction to Object-Oriented Analysis and Design*, C. Larman, 1997, Prentice Hall.

[Larman 03] *UML et les Design Patterns*, C. Larman, 2003, Campus Press.

[Robertson 99] *Mastering the Requirements Process*, S. Robertson, J. Robertson, 1999, ACM press / Addison Wesley.

[Roques 04] *UML 2 en action : de l'analyse des besoins à la conception Java*, P. Roques, F. Vallée, 2004, Eyrolles.

[Roques 02] *Les cahiers du Programmeur UML : modéliser un site e-commerce*, P. Roques, 2002, Eyrolles.

[Rosenberg 99] *Use Case Driven Object Modeling with UML*, D. Rosenberg, 1999, Addison-Wesley.

[Rosenberg 01] *Applying Use Case Driven Object Modeling with UML – An Annotated e-Commerce Example*, D. Rosenberg, K. Scott, 2001, Addison-Wesley.

[Schneider 01] *Applying Use Cases: A Practical Guide*, G. Schneider, J. Winters, 2001, Addison-Wesley.

[Windle 02] *Software Requirements: Using the Unified Process*, D. Windle, L. Abreo, 2002, Prentice Hall.

[Yourdon 03] *Managing Software Requirements – A Use Case Approach*, E.Yourdon, 2003, Addison-Wesley.

Bibliographie ch3-4

[Booch 00] *Le guide de l'utilisateur UML,* G. Booch et al., 2000, Eyrolles.

[Coad 97] *Object Models: Strategies, Patterns and Applications*, 2nd ed., P. Coad, D. North, M. Mayfield, 1997, Prentice Hall.

[Fowler 97] *Analysis Patterns: Reusable Object Models*, M. Fowler, 1997, Addison-Wesley.

[Hay 96] *Data Model Patterns: Conventions of Thought*, D. Hay, 1996, Dorset House Publishing.

[Larman 97] *Applying UML and Patterns: An Introduction to Object-Oriented Analysis and Design*, C. Larman, 1997, Prentice Hall.

[Larman 03] *UML et les Design Patterns*, C. Larman, 2003, Campus Press.

[Muller 03] *Modélisation objet avec UML*, P.-A. Muller, 2003, Eyrolles

[Roques 04] *UML 2 en action : de l'analyse des besoins à la conception Java*, P. Roques, F. Vallée, 2004, Eyrolles.

[Roques 02] *Les cahiers du Programmeur UML : modéliser un site e-commerce*, P. Roques, 2002, Eyrolles.

[Rumbaugh 91] *Object-Oriented Modeling and Design*, J. Rumbaugh *et al.*, 1991, Prentice Hall.

Bibliographie ch5-6

[Booch 00] *Le guide de l'utilisateur UML,* G. Booch et al., 2000, Eyrolles.

[Douglass 04] *Real Time UML : Advances in the UML for Real-Time Systems (3rd Edition),* B. Douglass, 2004, Addison-Wesley.

[Mellor 91] *Object Lifecycles: Modeling the World in States*, S. Mellor, S. Shlaer, 1991, Prentice Hall.

[Roques 99] *Hierarchical Context Diagrams with UML: An experience report on Satellite Ground System Analysis*, P. Roques, E. Bourdeau, P. Lugagne, in <<UML>>'98: Beyond the Notation, J. Bezivin & P. A. Muller (éd.), 1999, Springer Verlag LNCS 1618.

[Roques 04] *UML 2 en action : de l'analyse des besoins à la conception Java*, P. Roques, F. Vallée, 2004, Eyrolles.

[Rumbaugh 99] *The Unified Modeling Language Reference Manual*, J. Rumbaugh, I. Jacobson, G. Booch, 1999, Addison-Wesley.

Bibliographie ch7-8

[Buschmann 96] *Pattern-Oriented Software Architecture: A System of Patterns*, F. Buschmann et al., 1996, Wiley.

[Coad 99] *Java Modeling in Color with UML: Enterprise Components and Process*, P. Coad et al., 1999, Prentice Hall.

[Eckel 02] *Thinking in Java*, B. Eckel, 2002, Prentice Hall

[Gamma 95] *Design Patterns: Elements of Reusable Object-Oriented Software*, E. Gamma et al., 1995, Addison-Wesley.

[Grand 02] *Patterns in Java: A Catalog of Reusable Design Patterns Illustrated With UML,* Vol. 1, M. Grand, 2002, Wiley.

[Larman 97] *Applying UML and Patterns: An Introduction to Object-Oriented Analysis and Design*, C. Larman, 1997, Prentice Hall.

[Larman 03] *UML et les Design Patterns*, C. Larman, 2003, Campus Press.

[Meyer 00] *Conception et programmation orientées objet, 2è éd.,* B. Meyer, 2000, Eyrolles.

[Roques 04] *UML 2 en action : de l'analyse des besoins à la conception Java*, P. Roques, F. Vallée, 2004, Eyrolles.

[Roques 02] *Les cahiers du Programmeur UML : modéliser un site e-commerce*, P. Roques, 2002, Eyrolles.

[Shalloway 02] *Design patterns par la pratique*, A. Shalloway, J. Trott, 2002, Eyrolles.

Index

A

B

C

D

E

F

G

H

I

J

L

M

N

O

P

Q

R

S

T

U

Accorde moins d'importance à la personne qu'à ce qu'elle enseigne.

Dicton bouddhique

Puisse chaque disciple prendre soin de ne pas s'attacher aux mots comme s'ils exprimaient parfaitement le sens. Lorsqu'un homme montre quelque chose avec le doigt, on peut prendre le bout de son doigt pour ce qu'il désigne. De même les ignorants et les simples d'esprit sont comme des enfants, incapables de renoncer à cette idée que la vraie signification est contenue dans le bout-du-doigt des mots.

Lankâvatâra Sûtra

Le mieux est l'ennemi du bien.

Voltaire

Dépôt légal : septembre 2004
N° d'éditeur : 7111
N° d'imprimeur : 355084M
Imprimé en France